Desvendando Mitos

O Uso de uma Leitura Evolutiva e Instrumental Mítica

Marilene Krom
e Colaboradores

2ª EDIÇÃO • 2016

Desvendando Mitos - O Uso de uma Leitura Evolutiva e Instrumental Mítica
2ª edição
Copyright © 2016 Artesã Editora

É proibida a duplicação ou reprodução deste volume, no todo ou em parte, sob quaisquer formas ou por quaisquer meios (eletrônico, mecânico, gravação, fotocópia, distribuição na Web e outros), sem permissão expressa da Editora.

Coordenação Editorial
Karol Oliveira

Gráficos e arte da capa:
BMC Studio Web

Revisão ortográfica:
Ana Maria C. Guedes
Luiz Beltramin

Diagramação e finalização da capa:
Erika Woelke - Canal 6 Editora

```
K935d    Krom, Marilene.
              Desvendando mitos: o uso de uma leitura evolutiva e
         instrumental mítica / Marilene Krom e colaboradores. - 2. ed.
         - Belo Horizonte: Marilene Krom, 2016.
              208 p. ; 23 cm.

              ISBN 978-85-88009-49-3

              1. Terapia familiar. 2. Abordagem intergeracional de família.
         I. Krom, Marilene. II. Título.
                                              CDD: 616.89156
```

IMPRESSO NO BRASIL
Printed in Brazil

ARTESÃ EDITORA LTDA.
Site: www.artesaeditora.com.br
Emai: contato@artesaeditora.com.br
Belo Horizonte/MG

Ao Cósmico,
em respeito à Mística Lei de Amra.
Aos Anjos de Deus, que iluminam meu caminho,
e me resgatam dos ancoradouros da vida.

Ao Daniel,
que com seu sorriso e seu canto,
preenche de arco-íris
meu horizonte.

AGRADECIMENTOS

Aos meus filhos Alessandra, Leonardo e Guilherme, pelo apoio e carinho.

À minha mãe Maria pela inesgotável fonte de amor.

Às amigas pelo companheirismo. Às profissionais, pela disponibilidade e colaboração, Christine, Susie, Carmelina, Adriana, Milena e Regina.

Ao Marcelo, pela ajuda na organização do material.

Aos alunos e clientes, pelo estímulo constante para me aprimorar.

Especialmente a todos que me ofereceram a oportunidade de ouvir suas histórias...

SUMÁRIO

APRESENTAÇÃO 9

INTRODUÇÃO 13

CAPÍTULO I
UMA LEITURA EVOLUTIVA E INSTRUMENTAL MÍTICA 15

CAPÍTULO II
OS MITOS DOS IMIGRANTES 31

CAPÍTULO III
AS DIVERSAS FACES DA VIOLÊNCIA ATRAVÉS DAS GERAÇÕES 51

CAPÍTULO IV
A CONSTRUÇÃO DO CASAMENTO SOB O OLHAR MÍTICO 63

CAPÍTULO V
DR. BLUMENAU:
UMA MARCANTE FIGURA MÍTICA 85

CAPÍTULO VI
OS MITOS EM SUA RELAÇÃO COM O COMPORTAMENTO CRIMINOSO ... 99

CAPÍTULO VII
AS PODEROSAS FORÇAS OCULTAS DAS PESSOAS E FAMÍLIAS EM SITUAÇÕES ESPECIAIS 121

CAPÍTULO VIII
UMA DAS PESSOAS INESQUECÍVEIS 135

CAPÍTULO IX
O USO DOS RITUAIS EM TERAPIA 157

CAPÍTULO X
OS ESTIGMAS E PROFECIAS QUE SE REPETEM NAS FAMÍLIAS 167

CAPÍTULO XI
RECONSTRUÇÃO E REPARAÇÃO 177

BIBLIOGRAFIA 189

ANEXOS 199

APRESENTAÇÃO

Há aproximadamente vinte anos me dedico a estudar um conteúdo presente na vida familiar que me fascina, amplia o meu olhar e aprofunda a minha compreensão. E este pode ser sentido e percebido em toda a complexa organização de uma família.

A este conteúdo denominei "Mitos Familiares", emprestando o termo de antigo uso na filosofia e na antropologia, tendo sido possível identificar esse conteúdo ao estender o olhar através de pelo menos três gerações, em nossa memória familiar.

Nesse longo processo pude haurir conhecimentos, fui engrossando e tornando consistente uma teoria que como uma lente que se abre, em um leque de perspectivas de conhecimento, foi gradativamente ampliando-se e desvendando horizontes, de maneira a propiciar o reconhecimento de dinâmicas e elementos importantes, habitantes neste território tão ainda inexplorado.

Posteriormente intitulei esta teoria de "Leitura Evolutiva e Instrumental Mítica", pois ela é Evolutiva ao permitir ver a formação desses conteúdos através da vida pessoal e familiar, caminhar com as pessoas em suas famílias, através da formação das expectativas, parar nos momentos cruciais míticos e seguir com elas nos momentos importantes do seu ciclo vital.

Foi possível ver os mitos se fortalecendo com a união e afeto familiar, rompendo-se e enfraquecendo-se, com as rupturas, conflitos e eventos traumatizantes. Verifiquei como esses se encaixam e estendi o olhar para os processos afetivos e relacionais presentes na construção do casamento.

Pude constatar a força e o poder de alguns elementos importantes tais como o da figura mítica e a do guardião do mito familiar. Acompanhei o movimento de construção, reorganização e desaparecimento dos mitos nas famílias.

É Instrumental, pois facilita a identificação do conteúdo diferenciando-o dos vários mitos que podem ser encontrados numa família. Com esse modelo, houve o vislumbre de vários tipos de repetições que ocorrem através das gerações, desde os conflitos conjugais e os problemas recorrentes entre pais e filhos até gravidez na adolescência, além de vários tipos de doenças e situações de violência, crime e exposição às situações de risco.

Neste livro, apresento inicialmente um resumo do que intitulei a Leitura Evolutiva e Instrumental Mítica, que fui desenvolvendo com o passar deste tempo, acrescida com um numero considerável de pesquisas e atendimentos. Os casos ditos sabiam que seus dados serviriam para estudo e pesquisa, e os lugares e os nomes das pessoas mencionadas nos relatos são fictícios, pois os seus dados verdadeiros foram resguardados.

Faço aqui a vinculação mítica com vários temas relevantes a serem apresentados. A seguir realizo um retrospecto do movimento da imigração, identificando os mitos culturais e familiares que participam ativamente no processo de miscigenação do povo brasileiro.

Prossigo relatando a identificação de poderosas forças ocultas nas famílias em situações especiais, com familiares surdos ou com deformações faciais, averiguo os movimentos míticos em situação de repetição de doenças, tais como problemas cardíacos, dermatológicos ou transtornos e doenças afetivas e emocionais.

Apresento um retrospecto da importância do movimento da mitologia, quando as pessoas se casam e reorganizam os mitos de suas famílias de origem mostrando o quão relevantes são os processos afetivos e relacionais, que ocorrem nesse delicado momento de construção familiar.

Dou continuidade com relatos da presença dos estigmas e das profecias familiares mostrando o efeito nocivo sobre as pessoas e a determinação sobre suas vidas. Vou conceituando-as e, posteriormente, traçando caminhos de reorganização das mitologias familiares.

Através dessa leitura, surge um novo olhar que desencadeia outros estudos que se ampliam a cada dia e se enriquecem com novas aquisições. Alguns encontrados neste livro, um deles a identificação da figura mítica do Dr. Blumenau, cuja determinação influenciou a capacidade de superação exercida por seus descendentes, em catástrofes naturais que assolaram a região que tem seu nome.

Outros capítulos são frutos de orientação e trabalho conjunto, tal como o que aponta a repetição da violência através das gerações, expondo suas diversas faces e o seu poder maléfico. Ou aquele que mostra a presença do comportamento criminoso, apontando o poder dos estigmas e profecias que existem nas famílias e instiga a busca de novas condutas a serem seguidas.

Persisto com o relato de como uma das pessoas que conheci se tornou inesquecível pela sua força determinação e coragem no enfrentamento de difícil situação de vida.

Através da observação dos rituais apresento o seu uso terapêutico com a família e sugiro alguns que se mostram poderosos no trabalho com os mitos.

Nesse longo percurso, é possível ampliar a compreensão a respeito do que ocorre com as pessoas e famílias e, no final, traçar movimentos para identificação e reorganização desses conteúdos.

No capítulo reconstrução e reparação, cito exemplos e mostro um roteiro para este trabalho. Sei que este é apenas o começo, um olhar com algumas perspectivas que se abrem a uma maior compreensão. Outros, a partir deste, vão ampliar o horizonte. Fico imensamente grata por poder observar, entender e aumentar a minha compreensão do que ocorre com esses conteúdos, e contar com aqueles que leem, ouvem e participam nessa busca de maior conhecimento desse fenômeno da natureza humana.

Marilene Krom

INTRODUÇÃO

Este livro apresenta uma maneira de identificar, diferenciar e trabalhar com os Mitos Familiares e com vários conteúdos a ele relacionados.

O capítulo I proporciona um consistente modelo teórico, fruto de muitos estudos e pesquisas a teoria/método Leitura Evolutiva e Instrumental Mítica (LEIM).

No capítulo II é revisado o movimento imigratório, indicando a influência mítica na formação das nossas famílias.

O capítuloIII mostra a violência em várias famílias, suas diversas faces se perpetuando através das gerações e as questões míticas que as propiciam.

O capítulo IV observa com o olhar mítico, através dos processos afetivos e relacionais a construção de três casamentos.

No capítulo V é apresentado um exemplo de uma marcante figura mítica, que pelo seu poder influência toda uma comunidade.

O capítulo VI. adentra no comportamento de várias pessoas criminosas, e nas questões das determinações míticas.

No capítulo VII são desvendadas as poderosas forças ocultas na vida de várias pessoas em situações especiais.

No capítulo VIII há a história de uma pessoa que pela sua força e coragem se tornou inesquecível.

O capítulo IX expõe através de exemplos o uso que se faz dos rituais em terapia. No capítulo X são tratados os conceitos de estigmas e profecias e mostra como esses prejudicam intensamente a vida das pessoas.

O capítulo XI aborda a possibilidade de reconstrução e reparação utilizando o recurso que agora se torna disponível.

No capítulo XII são proporcionados anexos para facilitar o trabalho com os Mitos.

CAPÍTULO I

UMA LEITURA EVOLUTIVA E INSTRUMENTAL MÍTICA

"Conhecer os mitos é mergulhar nas camadas profundas da natureza humana".

Ao adentrar nesta compreensão, convém inicialmente atentar para a força das nossas crenças e das resistências que apresentamos frente às mudanças que se fazem necessárias, que podem ser descobertas nas expectativas que acalentamos, encontrando-se as mesmas enraizadas em nosso psiquismo. Estas que tem como uma de suas fontes originárias o sentido que adquire a nossa própria vida e os valores que atribuímos às coisas.

O sentido imputado à vida, à família e aos relacionamentos tem sua origem na família, a qual permite ao indivíduo a construção de sua identidade, garantindo-lhe o pertencimento a um grupo, ao mesmo tempo em que repercute ou filtra as influências culturais.

Além das influências culturais, históricas e econômicas na família, existem outras extremamente importantes, dificilmente reconhecidas ou identificadas. Trata-se das influências intergeracionais, que perpassam as gerações e podem ser verificadas quando se analisam as famílias através de suas histórias. Essa investigação permite vê-las percorrendo as várias etapas de seu ciclo de vida em várias gerações[1].

Num círculo dinâmico, as famílias incorporam os mitos culturais, haja vista as italianas, que, com frequência, apresentam o mito de união por conta de sua história e seus costumes, enquanto, na família japonesa, é comum a presença do mito da autoridade como o norteador familiar. Assim o indivíduo incorpora os mitos familiares, uma vez

---

1 De acordo com Carter e Mc Goldrick (1984), as transições que ocorrem no crescimento e desenvolvimento do indivíduo, implicam em movimentos de mudança no grupo familiar devendo, portanto, ser considerados no contexto do Ciclo Vital da Família.

que se cria e se educa neste meio, mas também a experiência de vida de cada um torna-se soberana na maneira como este mito é organizado.

Nos mitos, como eu já disse: "A história não se perde, está nos mitos, assim como os mitos são reencontrados nas histórias. Representam o potencial criador das sociedades e dos relacionamentos, assim como são em si mesmos a sabedoria acumulada através dos tempos"[2].

Através da reconstrução dessas histórias, é possível vê-las atribuindo determinados significados aos acontecimentos que fortalecem ou não o sentido que já trazem de suas famílias de origem.

Muitos conteúdos na família, que são conhecidos na terapia familiar, perpassam as gerações e pertencem ao não dito na família; as pessoas não falam a respeito dos mesmos, não os identificam, não estão habituadas a fazê-lo.

Discutirei rapidamente alguns destes conteúdos já conhecidos na ciência, estabelecendo uma relação desses com o olhar mítico. Um desses é a estrutura de lealdade, que são expectativas em relação às quais as pessoas assumem determinados compromissos, num livro oculto de créditos e débitos familiares. O que constatei é que frequentemente o nome na família, ou a profissão que se escolhe, têm a ver com as Lealdades Invisíveis[3].

Em minha experiência ao olhar pela ótica mítica dependendo do sentido que já existe nessas famílias, as Lealdades Invisíveis são direcionadas para realizações específicas; para uma família pode ser direcionada para o desvelo e o cuidado com a terra; para outra, para o cuidado e ajuda aos familiares, ou, ainda, para outra pode significar o resgate da justiça familiar.

Pode também ocorrer que, quando alguns membros da família não respondem às expectativas de lealdades, a família fica contaminada por esse clima emocional que sobrecarrega os relacionamentos e enfraquece os sentidos que as mesmas atribuem à família e à própria vida.

É possível, portanto, encontrar nas famílias diversos sentidos organizadores, que movimentam e dirigem as lealdades diferentemente. Em muitas circunstâncias encontrei os segredos que envolvem informações que são ocultas ou partilhadas diferencialmente entre ou no meio das pessoas. Pude verificar que a maneira de como se lida com os segredos é diretamente influenciada pelo sentido presente na família.

Quando predomina o sentido da autoridade na família, dificilmente os pais são questionados pelos filhos e, quando predomina o sentido da união, muitas vezes as pessoas se unem para manter o segredo. É possível que ocorram na família; os cortes bruscos

---

2   Citação final da Tese "O Encaixe dos Mitos na Construção do Casamento" Doutorado na Pontifícia Universidade Católica de São Paulo (1997).
3   Borzormeny N. y Spark G.M. (1973)

são frequentemente dramáticos e referem-se a um distanciamento emocional, podendo acontecer quando as pessoas deixam as famílias, saem do lugar ou rompem os vínculos.

Muitas vezes, quando isso não ocorre, os conflitos se repetem sistematicamente através das gerações. Frequentemente se refere aos conflitos conjugais, dificuldade de relacionamento entre pais e filhos e entre várias gerações. Na forma como esses fatos acontecem, as forças que os mantêm estão diretamente ligadas ao tipo de sentido existente na família.

Quando a família percorre o seu ciclo de vida, promove mudanças que se fazem necessárias. Esses momentos transicionais são muito importantes, pois pontuam o tempo familiar, aglutinam expectativas e facilitam a passagem dos conteúdos intergeracionais. Tais momentos e outros que são imprevisíveis podem promover estresse familiar.

O aumento da ansiedade na família[4] pode caminhar em duas direções: na vertical, na qual incluem os tabus, mitos, segredos e expectativas das mesmas, movendo-se para a próxima geração; e na linha horizontal, onde ocorrem as transições evolutivas esperadas no ciclo de vida familiar. A habilidade da família para manejar essas transições pode ser afetada pelo grau de ansiedade vindo de ambos os lados.

O conteúdo mais abrangente na família com potencial para envolver todos os outros, organizá-los e direcioná-los é o que chamo de Mito Familiar, o qual pode ser visto como o sentido presente na família.

Na compreensão do Mito, percorri a filosofia, antropologia, até o conhecimento atual na terapia familiar. Passei a acreditar que os mitos envolvem tudo, são conteúdos que se entrelaçam, se organizam determinando forças que dão origem aos sentidos na família, nos quais os mitos culturais influenciam a formação dos mitos familiares e estes a formação dos mitos individuais.

Tal como conceituo, o **Mito Familiar:** *"O mito constitui em sua essência a concepção de mundo própria da família onde se cria a realidade familiar e o mapa de mundo individual"*[5]. E o Mito Individual: *"Essência da concepção de mundo, onde se cria a noção de realidade e o mapa de mundo de cada um"*.

Existem outros conteúdos importantes ligados aos Mitos na família, como o reconhecimento de que a **Família** em si já é um Mito. Pois, a família como é vista atualmente no significado que lhe é referido, construiu-se progressivamente no passado e congrega em si pela sua história os sentidos de propriedade, união, autoridade entre outros. É de boa sugestão verificar mais a respeito no capítulo IV.

---

4 Carter E. y Mc Goldrick (1984)
5 Tese "O Mito nas Histórias Familiares de Adolescentes com Problemas", Dissertação de Mestrado Pontifícia Universidade Católica de São Paulo. (1992)

As famílias, de acordo com suas passagens pelas gerações, dependendo das influências culturais, condições de vida, principalmente de sua história e do significado atribuído aos acontecimentos, podem incorporar ou não determinados mitos. Uma situação importante é a de nossa história familiar, pois estamos na 3ª ou 4ª geração dos imigrantes. A imigração se configurou como um Momento Crucial Mítico[6], no qual alguns mitos das famílias de origem foram resgatados em toda a sua força, uns maximizados e, outros, abandonados, servindo às mudanças contextuais.

Achei necessário diferenciar os vários Mitos que encontrei, para facilitar o trabalho com eles: o Mito que chamei **Espinha Dorsal**, o qual tem um papel mais importante por determinar a base e o maior número de pautas ou formas de agir na família. Outros mitos podem adquirir o lugar de **Mitos Auxiliares** que se encaixam no Mito Espinha Dorsal determinando pautas auxiliares, ou seja, como, em muitos casos, o Mito da União e o Mito da Religião, os quais definirei a seguir.

Alguns mitos podem ser facilmente reconhecidos tais como o Mito da União presente e visível nos rituais das famílias italianas ou o Mito da Autoridade, nas famílias japonesas.

Identifiquei dois tipos de Mitos quanto à sua qualidade: os **Construtivos ou Organizadores** que, predominantemente, organizam as famílias, podendo, porém, tornar-se disfuncionais quando suas pautas forem rigidificadas. Os **Mitos Nocivos ou Desorganizadores**, na medida em que possibilitam condições para aumentar o estresse familiar, provocam ansiedade, rupturas, coalizões, distanciamentos físicos, condutas depressivas, de alienação e drogadição entre outras. Com frequência, criam condições para o estabelecimento de estigmas e profecias familiares, tal como o Mito da Doença, do Poder, Infelicidade e Loucura entre outros que serão definidos posteriormente[7].

Observei que os Mitos podem ser diferenciados quanto às suas determinações: o **Mito da União** tem uma determinada configuração na família, que favorece o pertencimento e a manutenção de padrões afetivos já que *"a união é a coisa mais importante para a gente"*, garantindo a sua perpetuação. Toma facilmente o lugar do mito espinha dorsal da família, é possível visualizá-lo, também, na função de mito auxiliar a outras malhas míticas.

---

6   Momentos Cruciais são episódios na vida das pessoas importantes tanto para estabelecimento, aparecimento e a manutenção mítica já trazida intergeracionalmente das famílias anteriores, que podem fazer parte do ciclo vital da família, como representar momentos cruciais na vida das pessoas. Os conteúdos podem ser confirmados, é assumida a hierarquia de valores da própria família, o seu próprio sentido e concepção do mundo, ser maximizados, isto é, amplia-se e pontua a sua importância ou ser minimizados estes núcleos continuam presentes, mas, em escala menor, podendo haver uma reorganização de valores frente aos conteúdos míticos. Krom M. (2000)

7   Krom M. Família e Mitos. (2000).

UMA LEITURA EVOLUTIVA E INSTRUMENTAL MÍTICA

Na sua ausência ou diante do seu enfraquecimento, *"depois deste problema a família nunca mais foi a mesma"*, sendo possíveis vários movimentos, pois sua falta pode propiciar o afastamento dos membros familiares entre si, pondo em risco a própria perpetuação da família.

Outro movimento que pode ser apontado é que, diante do desligamento de familiares e da perda mítica, quando se reconstrói a família, o mito da união torna-se uma expectativa no âmbito individual ou no âmbito familiar, para a recuperação dos padrões de proximidade e afetividade na família.

Observo aí a influência da família como Mito *"Mater Familae"*, uma vez que esta tem sua história relacionada ao seu conceito atual e os sentidos presentes em sua configuração, sendo a afetividade uma conquista recente e consistente.

Quanto ao **Mito da Propriedade**: esta configuração mítica pode ser contextualizada historicamente na própria função da família antiga e na maneira como se acertavam os casamentos nessas sociedades cuja única finalidade era preservar o patrimônio. Este mito, ao assegurar a manutenção dos bens e a estabilidade familiar *"Nossa vida é a terra"*, *"a gente vive pela terra"*, tem perpassado gerações.

O **Mito da Religião**: aparece comumente nas famílias, norteado pela prática de uma determinada religião, por normas evangélicas, recebendo, em cada família, significados e conotações especiais. Mostra-se presente, muitas vezes, nos nomes que se dão aos filhos, em rituais religiosos em que todos participam. Pode ser assimilado, ganhar outros significados e ser modificado pelas famílias. *"Na Páscoa o meu pai abençoava todos os filhos"*, *"todos tinham que participar das festas religiosas e das procissões"*.

Um sentido frequentemente encontrado nas famílias diz respeito ao **Mito da Ajuda e Cuidado** que se identifica pela ajuda mútua, material e afetiva e o cuidado com bens e pessoas. Pode ser ajustado e tornar-se um mito complementar ao Mito da União ou se caracterizar como um sentido específico com identidade própria. O que vai esclarecer é a análise pormenorizada desse sentido e da sua repetição e permanência na família em várias gerações. Esses mitos serão discutidos quando falaremos da imigração no capítulo II e da sua influência nas famílias brasileiras.

Dois mitos que, com frequência encontro nas nossas famílias de imigrantes, referem-se aos **Mitos da Conquista e do Sucesso**: que determinam maneiras de conquistar bens ou coisas. Originaram-se, comumente, em modelos familiares exemplares que determinaram um caminho, tornaram-se figuras míticas[8] *"todos tinham que ter sucesso em alguma coisa"*.

---

8   Verificar conceituação a seguir.

A conquista se diferencia do sucesso, uma vez que, no mito do sucesso não vale só conquistar coisas materiais ou pessoas, mas sobressair-se e ser admirado e imitado. Este mito pode ter sido fortalecido em nossa sociedade pelas condições da própria imigração.

Um mito interessante a considerar que será mais bem elucidado no capítulo II refere-se ao **Mito da Imigração**: "Durante toda a vida da humanidade os desbravadores e destemidos são admirados e quando enfrentam dificuldades e promovem conquistas facilmente são vistos heroicamente, o que favoreceu a criação de um sentido de desbravar continentes e terras, buscar novas oportunidades e recursos de subsistência. Torna-se diretamente ligado aos sentidos de sobrevivência, conquista e sucesso".

Mito da Autoridade: a distribuição da família em uma hierarquia de poder, na qual as pessoas exercem determinadas funções assegurando-se a autoridade como respeito à hierarquia e acatando-se opiniões e sugestões de pais e parentes.

O **Mito Étnico** se caracteriza pelo sentido de preservação de uma determinada etnia, originado da sua história, organizando, de uma maneira singular, os sentidos de união, propriedade e religião de um povo. Encontrei-o em algumas famílias que imigraram como consta no capítulo II.

O **Mito da Sobrevivência** responde ao instinto básico da preservação da espécie para garantir a alimentação, moradia e segurança, de acordo com determinados princípios, ou, de qualquer maneira, ou, a qualquer custo. Este Mito, cuja relação será discutida com o comportamento criminoso, encontra-se no capítulo VI.

Entre os vários mitos Nocivos e Desorganizadores existe o **Mito do Poder**, encontro em famílias nas quais ocorre o abuso de autoridade, geralmente em história de patriarcado e autoritarismo, favorecendo a repetição da violência doméstica. Estes itens serão analisados com profundidade no capítulo III, onde me debruço sobre as diversas faces da violência através das gerações.

Os **Mitos da Doença, Loucura, Maldade e Infelicidade**, mostram algumas características comuns; as pessoas se sentem fadadas a determinado tipo de adoecimento ou comportamento, à espera de tal profecia *"isto me espera"*. Não conseguem fugir do estigma *"somos loucos"*, submetendo-se, com frequência ao *"não vou escapar"*.

Os **estigmas** se caracterizam como marcas de várias maneiras: desde as de aspectos físicos a características afetivas e emocionais que se destacam e passam a fazer parte das identificações pessoais.

As **profecias** são determinações a serem cumpridas na área pessoal, afetiva e profissional e abrangem uma perspectiva futura. Essas questões vão mais bem esplanadas no capítulo III, VI e X.

É possível identificar mais de um Mito em uma família, uma vez que as famílias vão se formando e, quando as pessoas se casam, trazem muitas vezes mitos diferentes, os quais necessitam de ajuste entre as pessoas em suas diferentes concepções de mundo, assim como verifico em alguns casos, como "O Mito da Conquista e o Mito da União".

Um aspecto a apontar é que, de acordo com essa Leitura Instrumental Mítica, para o reconhecimento dos mitos, na trajetória familiar, determinados momentos do ciclo vital podem ganhar significado e importância sob a ótica mítica, ou seja, os acontecimentos podem desvendar e clarificar os mitos familiares presentes.

Um evento importante no ciclo de vida é o nascimento de um filho, que oferece à oportunidade de se observar a lealdade da família, evidenciada, muitas vezes, no nome que se dá aos filhos.

A Morte é um momento que gera muitos movimentos míticos, as forças da família são acionadas, a estrutura familiar fica a descoberto. Nota-se que as pessoas se mobilizam na família, para preencher o lugar vazio, ou para direcionar ajuda e cuidado aos que ficaram visando dar cumprimento às funções anteriormente exercidas pelo ausente.

A Escolha Profissional mostra-se direcionada por fortes modelos familiares, servem para que o jovem reflita a respeito das próprias habilidades e expectativas de realização pessoal. Tal escolha é fortemente determinada e construída por forças míticas na medida em que vai responder diretamente às expectativas individuais e familiares.

Averiguo que alguns momentos de nossa existência se tornam marcantes pelas experiências intensas ou drásticas que, além de marcar "a ferro em brasa" um tempo, servem para testar as forças presentes nos Mitos Individuais e nos Mitos Familiares.

Nesses **Momentos Cruciais Míticos** as forças familiares são colocadas em teste e mobilizadas no sentido de direcionar ou fortalecer determinadas condutas nas pessoas. Com muita frequência, essas situações são demarcadas através de juras ou tomadas de decisão que alcançam poderoso significado na vida pessoal.

Outros momentos importantes para a Formação de Expectativas Míticas são os episódios que ocorrem no ciclo de vida da família, podendo ser vistos tanto do ponto de vista individual como familiar.

O que verifico é que uma série não resolvida de conflitos, a ansiedade vertical que ocorre influenciando as gerações futuras, somada à horizontal que ocorre no ciclo de vida das famílias ou estresse constante, pode favorecer razoável perda mítica, pois as pautas determinadas não são cumpridas, os rituais enfraquecidos e esse desgaste consomem toda a energia familiar. Esses momentos mostram-se minimizando os mitos presentes e, com frequência, enfraquecendo os vínculos familiares.

Os vínculos fragilizados e a comunicação deficiente não permitem a passagem eficiente dos conteúdos míticos. Uma condição interessante foi a da imigração, a mudança para um país até então desconhecido, mobiliza todo o poder mítico nessas famílias.

Diante de difíceis e estressantes situações e de ocorrências inesperadas, os conteúdos míticos, o sentido, que se atribui à própria vida e à vida familiar, é reavaliado.

Sentidos como o de *"conquista"* são acrescidos de outros ou minimizados. Diante da nova realidade, tal como a necessidade da *"luta pela sobrevivência"*, ou *"união"*, os novos significados ampliam-se, servindo como eixos norteadores das mudanças e reconstruções que se fazem a seguir na vida familiar.

Constato que os mitos são, portanto, fundamentais para o sentido que as pessoas atribuem às suas vidas, influenciam diretamente as expectativas das famílias quanto à maneira de se conduzir, assim como as expectativas que são geradas sucessivamente influenciam a transformação mítica.

Muitos desses momentos e situações que aponto servem para mudança, geram **Movimentação ou Reorganização Mítica**. À medida que surgem as necessidades, os mitos são reorganizados para atender à hierarquia de necessidades humanas, pois, quando responde às necessidades básicas da família e das pessoas, aparecem outras as que acionam a pessoa ou a família a ir em busca de outras realizações.

Uma saga familiar marcada por muitas dificuldades e doenças, assim como o tipo de sofrimento e a característica da necessidade sentida, pode favorecer determinado tipo de construção mítica. No ciclo de vida da família, nas fases transicionais, a mudança dos mitos pode ocorrer de maneira harmoniosa ou tempestuosa.

Em sua trajetória, dependendo das **expectativas** que se formaram ao longo do tempo, das **necessidades** sanadas ou não, dos **momentos cruciais míticos**, das **figuras míticas** que se formam, a família pode absorver ou abandonar alguns mitos e transformar outros, criando, assim, seus próprios mitos. Cada indivíduo, na família, faz só mesmo processo: absorve alguns mitos familiares e coletivos, abandonam outros e pode também transformá-los, criando, então, os seus próprios mitos pessoais e familiares.

Quando os eventos são mais traumáticos em momentos cruciais míticos, como já foi definido anteriormente, a mudança ocorre, muitas vezes, de forma brusca, os mitos vistos como o sentido de vida na família, são então reavaliados e reorganizados.

Nesses momentos que chamo de momentos cruciais míticos, essa força, dependendo dos acontecimentos, é maximizada ou minimizada e, buscam-se, no arcabouço do sentido de família, outros mitos, isto é, geram-se expectativas em relação a determinados mitos como quando um indivíduo sofre com a desorganização de sua própria família e sonha com uma que tenha união e afeto. Essa situação pode levar esse indivíduo a, quando contrair núpcias, procurar alguém que tenha esses conteúdos almejados presentes em sua família.

Tal constatação em meu trabalho leva-me a investigar, nos casamentos, o que ocorre com os mitos familiares, quando as pessoas provêm de diferentes origens. Através de extensa pesquisa com casais elaborei uma maneira de acompanhar a construção do casamento através de **Quatro Períodos** necessários ao **Encaixe Mítico**, que são percorridos desde o momento inicial, na aproximação e ligação entre os dois mitos, até o **Ajuste Mítico**; que envolve tanto um movimento de aprofundamento no relacionamento como de reorganização de conteúdos.

Existem alguns elementos a que convém destacar, que exercem poderosa influência tal como a figura mítica na família. Como na sociedade existe a construção do herói, na família constroem-se determinadas **Figuras Míticas**. Estas são pessoas que transcendem limitações, determinam caminhos e dão origem a um percurso mítico através de suas vidas, enquanto sua figura se perpetua e repercute por meio de suas histórias e feitos. Frequentemente, os pais assumem esse lugar e são, facilmente, cultuados pelos próprios filhos. Esse conceito será mais bem esclarecido no capítulo V quando será discutida a influência da figura do Dr. Blumenau na cidade que tem seu nome.

Outra figura muito importante para os mitos familiares refere-se aos **Guardiões dos Mitos Familiares**. Referindo-se às pessoas que pautam suas vidas pelas determinações míticas, incumbem-se das mesmas, de propagá-las e de executar os rituais assim propostos como, por exemplo, a irmã que, após a morte dos familiares, se propõe a reunir a família.

Algumas determinações, em função dos tipos de mitos encontrados, são direcionadas ou não para um filho ou filha, podendo alguns aspectos ser relevantes, tais como o sexo e a colocação familiar. Enquanto às mulheres facilmente se outorga as pautas de ajuda e cuidado de familiares ou dos pais idosos, aos filhos, constantemente, é atribuída à obrigatoriedade da manutenção e administração dos negócios da família.

A Morte mostra-se um momento importante para as forças míticas, pois se "ausente" for uma figura mítica, frequentemente a estrutura de lealdade é acionada, alguém pode assumir o papel de Guardião do Mito da família e as pautas estabelecidas pelos mitos mostram-se, muitas vezes, revigoradas ou revitalizadas.

O uso dessa *"Leitura Evolutiva e Instrumental Mítica"* torna extremamente importante para facilitar o reconhecimento e a identificação desses conteúdos, permitindo ao mesmo tempo, que eu consiga delinear em meu trabalho um método terapêutico. A metodologia escolhida inclui instrumentos tais como a entrevista trigeracional, a elaboração do genograma, aos quais acrescento a criação do **Ciclograma**[9] e um método terapêutico para a apresentação do genograma com etapas discriminadas[10].

---

9 Ciclograma: Este instrumento elaborei para acompanhar a ótica mítica, a passagem da família em seu ciclo de vida, verificar quais influências intergeracionais poderiam estar atuando nestas famílias, facilitando ou dificultando o percurso familiar, que relações estas influências poderiam ter com os mitos familiares e com a construção do casamento.
10 Apresentação dos Mitos (verificar cap. XI).

CAPÍTULO I

Esses recursos é que vão permitir que a família reconstrua sua história e trabalhe com esses conteúdos, reconhecendo-os e, assim, possa reconstruir os seus mitos nesse reencontro de seu próprio lugar no tempo.

O casamento assinala a construção e o início de uma nova família. Inicialmente há a busca da Unidade Perdida[11], "**O Mito da Unidade Perdida** impulsiona o ser em busca da realização amorosa com o outro numa tentativa de completude". Nessa circunstância, a seguir, as pessoas utilizam-se também de determinados eixos para nortear a organização deste relacionamento. Os mitos familiares envolvem todo o relacionamento como forças vivas e atuam em processos de organização, para dar conta dessa etapa do ciclo vital.

As pessoas, quando se casam, trazem, de suas famílias de origem, as suas mitologias que, muitas vezes, se assemelham ou se diferenciam. A maneira como o casal vai construir o seu casamento ocorre dentro e de acordo com estas mitologias.

Para aprofundar a compreensão a respeito dessa construção consegui em trabalho de pesquisa que realizei[12], acompanhar quatro casais por aproximadamente três anos na construção de se casamento através dos processos afetivos e relacionais que ocorressem no matrimônio, tendo como fio condutor do meu olhar as mitologias familiares.

O meu interesse estava voltado para o encaixe que ocorre entre os Mitos, que o casal traz de suas famílias de origem. Foi possível idealizar um modelo de Quatro Períodos Míticos necessários para que os encaixes entre os mitos ocorressem no casamento, visto de uma perspectiva de influências intergeracionais.

Foi necessário distinguir e diferenciar dois conceitos: "**Encaixe Mítico** que ocorre na medida em que existe a aproximação e a ligação inicial entre os dois mitos", o que ocorre, geralmente, quando os pares iniciam o conhecimento um do outro, através do que vai se percebendo, há um movimento de atração das mitologias, e o "**Ajuste Mítico**", que já envolve tanto um movimento de aprofundamento no relacionamento como de reorganização de conteúdos, o que implica em tempo de relacionamento, com qualidade garantida para perpassar pelos processos necessários a esse feito.

Estabeleci "**O Modelo dos Períodos do Encaixe Mítico**", os quais são encontrados em minhas outras obras: quatro períodos através dos quais se observa o encaixe mítico tal como acontece. Este modelo mostrou-se de capital importância para a compreensão do processo de construção do casamento e permitiu que o olhar mítico se estendesse verificando a mudança, a ação e o potencial mítico através das gerações.

---

11   O Mito da Unidade Perdida sentimento que impulsiona o ser em busca da realização amorosa com o outro, numa tentativa de completude.
12   Tese "O Encaixe dos Mitos na Construção do Casamento". Doutorado na Pontifícia Universidade Católica de São Paulo (1997).

A partir do momento que uso a ótica intergeracional, essa Leitura Evolutiva e Instrumental Mítica tem a oportunidade de acompanhar muitas famílias através de suas histórias por aproximadamente 80 a 100 anos. Essa nova compreensão de suas vidas faz com que eu me depare com a amplitude e diversidade de conflitos e problemas que se repetem através das gerações.

Verifico o que já é conhecido, as dificuldades no relacionamento entre pais e filhos, maridos e esposas e com as famílias de origem próprias e do cônjuge que se perpetuam no tempo. Além dessas, outras se somam tais como a repetição das várias modalidades que vão desde a violência doméstica, drogadição e depressão. Encontro comportamentos típicos de algumas famílias tais como a gravidez na adolescência ou a exposição frequente a fatores de risco que tem ocasionado várias mortes trágicas. Atualmente tenho trabalhado, habitualmente, com a repetição de doenças tais como câncer, alopecia e psoríase entre outras.

Num retrospecto histórico nas primeiras concepções a respeito dos Mitos Familiares, relaciono a presença dos Mitos às forças homeostáticas[13] pertencentes a cada família. Uma situação muito comum é aquela que, ao suceder um conflito conjugal, *"o meu marido me traiu, eu acho que ele já teve este comportamento outras vezes... mas eu tive que passar por cima por causa da minha família. Onde já se viu gente separada? nesta família não tem."*, a família toda interfere para minorar a crise.

O sentido da união entre estas pessoas é muito forte e não deve ser questionado, não existe flexibilização frente às alternativas diante das crises. Quanto maior a rigidificação das pautas, mais complicadas as situações para que haja qualquer mudança e negociação na família.

A minha experiência revela que, nos momentos difíceis, a organização da família fica a descoberto. Tornam-se visíveis tanto as normas e pautas familiares como também a sua força de sustentação. Aí, exatamente, podemos começar a avaliar tanto o tipo de mitos como a sua força.

De acordo com os meus estudos, esta ligação que o mito tem com as forças homeostáticas parece se equivaler à mesma que o Mito tem com todo o sistema familiar, uma vez que o Mito envolve tudo sendo visto como o próprio sentido que as famílias atribuíram à sua vida.

Em uma família com a qual tive a oportunidade de trabalhar, a mãe trazia uma queixa muito específica *"é um horror lidar com estes adolescentes, para eles nada está bom"*. Com dois filhos na faixa de 14 e 16 anos, não conseguia dialogar com os mesmos,

---

13 Jackson (1957) Para o autor, a família é vista como um sistema que é mantido por um equilíbrio interno que ele denominou de homeostático.

que retrucavam: *"não adianta conversar com a minha mãe, pois a última palavra é do meu pai e ele nunca concorda".*

O jovem já usava ocasionalmente a maconha e a garota apresentava dificuldade nos estudos. Ao adentrar nas histórias familiares, pude verificar famílias nas quais a adolescência dos filhos apresentava-se como a fase mais problemática. Norteando esta família o "Mito do Poder", as famílias envolvidas com *"a Política"* adotavam o estilo dos coronéis e mantinham a disciplina de todos a duras penas.

Na juventude, os próprios pais haviam se rebelado contra o autoritarismo dos seus progenitores mas, posteriormente, aderiram ao modelo anterior preservando as regras familiares do patriarcado e restringindo a autonomia dos filhos, o que, naquele momento, estava dificultando o relacionamento com os adolescentes.

A marca familiar determina o nível de diferenciação que será alcançado no futuro pelos seus membros[14]. Meus dados comprovam que os Mitos como eixo de organização familiar asseguram o estilo de funcionamento da família, ou seja, vão determinar a marca familiar e influenciar diretamente a diferenciação dos filhos.

As Triangulações[15], quando presentes, mostram-se responsáveis por verdadeiros pontos notais que indicam conflitos de difícil resolução na família, favorecendo a sua disfuncionalidade.

Na adolescência, além das exigências evolutivas no processo do adolescer, que reclama do jovem maior participação e compromisso com a própria vida, pude encontrar a atuação intensa de fatores externos tais como grupo de amigos, as pressões sociais sobre elas, as mudanças nos papéis sociais masculinos e femininos e um modelo de relacionamento mais aberto e cooperativo entre pais e filhos. Acrescidas da instabilidade política e social podem atuar como estressores externos, suscitando movimentação no jovem e na sua família.

Além dessas dificuldades inerentes às crises de passagem de um ciclo de vida para o outro, pude constatar, em minha experiência, a mútua interdependência entre todos os membros de uma mesma família. Os pais se sentem afetados e envolvidos pela problemática do adolescente, na medida em que, nesse momento, se reaviva a sua própria adolescência e a maneira como lidaram com as questões centrais a ela, como sexo, autonomia e escolha da profissão.

O jovem, frequentemente, questiona o estilo familiar e os Mitos Familiares. Quando estes se chocam com as suas expectativas e necessidades, a situação se torna estressante. O sintoma ou o problema na família pode se apresentar como uma busca de maneiras alternativas para lidar com questões antigas. As crises e os conflitos na família, na me-

---

14 Bowen. M. (1978).
15 Na relação triangular duas pessoas não conseguem relacionar-se sem uma terceira. Bowen M. (1978).

dida em que solicitam uma reorganização, facilitam a flexibilização na mesma, gerando movimentação Mítica.

Os conflitos na família podem responder à ampliação do estresse, acumulados através das gerações, tanto no sentido horizontal (da família atual) como no vertical (a herança multigeracional e cultural) como já vi na adolescência. Podem se configurar, também, frente à repetição de modelos e padrões, e devido à rigidificação de determinadas pautas do sentido na família.

O alcoolismo pode estar caracterizado através das gerações como um padrão de apego ao álcool como saída diante das situações de estresse, recurso passado através dos modelos relacionais e que se repete em momentos de instabilidade e crise *"o meu pai também sempre bebia quando ficava nervoso"*.

A drogadição pode ser repetida em suas diferentes formas numa mesma família: *"a minha mãe tomava todo tipo de remédio, meu irmão sempre fumou maconha, acabou usando cocaína, e eu acabei experimentando a droga, afinal já estava acostumado com isto"*. O jovem em sua fala mostra tanto o padrão de repetição na família como a tolerância ao mesmo.

Os segredos, sendo mantidos, promovem a manutenção e o acúmulo do estresse familiar dificultando os relacionamentos e a afetividade entre os seus membros. Alguns se afastam para tentar a sobrevivência longe da família.

Sabe-se hoje que uma geração pode ser violenta por pertencer a uma família violenta. O padrão agressivo pode mostrar-se repetitivo, pois, infelizmente, as pessoas repetem o círculo vicioso da violência.

No olhar através das gerações, a violência mostra as suas diversas faces. O sentido que existe na própria família é diretamente relacionado à questão da violência. " A família se identifica como violenta", "má" ou que se "desqualifica" não presta", o que mostra o seu estigma ou a impossibilita de deixar de cumprir a profecia da repetição. Verificar a explanação no capítulo III.

As separações, os rompimentos e cortes bruscos dão origem a muito sofrimento que ecoa nas gerações seguintes, enfraquecendo os vínculos afetivos entre os membros de uma mesma família e dificultando a comunicação. Estabelece-se a dificuldade de resolução dos conflitos e o aumento de tensão no clima familiar.

Atualmente tenho me debruçado a pesquisar doenças que envolvem, em sua etiologia, comprovadas predisposições emocionais. Acompanhei um caso atendido por uma aluna, uma senhora portadora de psoríase. No olhar intergeracional foi verificada em sua família durante três gerações, a presença da violência doméstica, inicialmente a violência física sendo praticada contra a esposa e filhos na 1ª geração, na 2ª geração o assédio sexual contra as próprias filhas, tendo o alcoolismo como agravante. Adentrar nas discussões de casos no capítulo X.

Fiz o relato, de um garoto de oito anos que apresentava alopecia de repetição. Nas histórias familiares, as pessoas norteavam-se pela "Luta pela Sobrevivência" enfrentando muitas mortes, perdas e muito sofrimento.

A dificuldade de vivenciar o luto das pessoas queridas, a falta de recurso da família de lidar com as perdas, propiciou o estabelecimento da doença. Conflitos podem surgir quando, no casamento, os mitos se encaixam, mas não se ajustam[16]. Os casais não avançam através dos processos afetivos e relacionais que ocorrem na construção do casamento.

Muitas vezes se fazem necessários os acordos que não são passíveis de serem negociados. Surgem os conflitos que, frequentemente, paralisam ou criam rupturas no casamento.

Podem-se estabelecer algumas situações em que os conflitos ocorrem no casamento. Como nos casos relatados anteriormente pontuados pelos eventos cruciais em seu ciclo de vida, as pessoas acumulam determinadas expectativas míticas.

A eleição no casamento é mesclada e acionada por essas determinações como já constatamos em alguns casais que tive a oportunidade de acompanhar. Quando o outro integrante do par não responde a essas solicitações, os conflitos se estabelecem e os problemas podem começar a ocorrer.

Por exemplo, quando um jovem se confronta com as expectativas de independência e de sucesso da jovem que, em seu trabalho, viaja muito e convive com diferentes tipos de pessoas. *"Ele não entende que quero a minha independência e autonomia"*. Fica difícil ao marido compreender as necessidades da mulher, *"ela tem tudo em casa, não sei por que tem que viajar tanto"*.

Acredito que, nesses casos, torna-se necessário ampliar a ótica para compreender os diferentes referenciais existentes nas histórias pessoais e das famílias de origem dos casais, assim como estabelecer espaço de negociação de acordos para que alguns casamentos prossigam em seu curso.

Uma situação conflitiva que acontece com certa frequência é quando as pessoas não conseguem resolver a diferenciação em relação à sua própria família. A dificuldade pode estar associada a algumas pautas rigidificadas do *"Mito da União"*. As pessoas trazem dificuldades não resolvidas com suas famílias de origem para seus próprios casamentos.

Os mitos familiares, na medida em que envolvem, influenciam e, muitas vezes, determinam todos os outros conteúdos na família, podem ser utilizados no trabalho preventivo e terapêutico com a família e individualmente com as pessoas como complemento e enriquecimento ao trabalho psicoterápico.

---

16 Verificar o processo de encaixe até o ajuste que ocorre nos casamentos, verificar capítulo IV.

Ao reconhecer a importância das influências que perpassam as gerações, pude realizar o resgate dos Mitos Familiares e identificar os conteúdos que organizam, permeiam e atuam nas relações familiares, e utilizar o poder preventivo e terapêutico dos mitos.

A experiência de vida e o significado atribuído a ela por essas pessoas que viveram anteriormente a nós, na perpetuação de nossas famílias, na preservação do sentido de pertencimento que encontraram, representam um potencial inerente a cada um de nós.

Em um processo de confrontamento dessas concepções com as várias maneiras como visualizamos a nossa experiência, é possível que encontremos o nosso próprio sentido de vida e tomemos contato com essa verdade, de continuadores e reconstrutores de nossa própria história.

O encontro com o Mito Familiar pode ser utilizado como momento de reflexão por todos nós, pois representa no aspecto intergeracional, a nossa história respondendo em si mesma. Este trabalho pode ser realizado com toda a família, com o casal e individualmente.

Verifico o aparecimento de uma figura mítica na família como extremamente enriquecedora para a mesma, pois pode favorecer o surgimento de uma nova malha mítica, resgatar mitos adormecidos no seio da família e dar conta da realização de expectativas longamente acalentadas.

O reconhecimento dos mitos, quando se realiza no trabalho individual, pode proporcionar muitos ganhos: a reconstrução das histórias e a identificação dos Mitos apresentam-se como um recurso para as pessoas individualmente, facilitando-lhes a localização no contexto familiar e a compreensão dos tipos de relacionamentos, visão mais ampla dos seus problemas, assim como dos recursos pessoais de que dispõe para enfrentá-los. Verificar capítulo XI onde descrevo discussões de algumas situações.

Importante considerar, como vejo ocorrer, a **Formação do Mito Individual e Familiar.** No percurso da vida familiar e no ciclo de vida de cada um, as experiências intensas ou repetidas podem ganhar significado, ser organizadas psiquicamente por algum tipo de similaridade e adquirir um sentido único. Assegura-se aí a formação de um "núcleo de sentido", o que gera uma determinada concepção de mundo. Quando se assegura uma identidade específica nesse "núcleo de sentido", há possibilidade de assegurar-se que se trata, segundo o meu entendimento, de um Mito Familiar ou Individual.

Um núcleo de sentido facilmente reconhecido, que, com o transcorrer do tempo, possibilita gerar uma concepção de mundo própria e uma identidade. É a vivência e a prática de uma determinada religião, que pode abarcar várias dimensões e áreas de funcionamento familiar, além de ser identificado como um Mito Familiar que, frequentemente, auxilia outros mitos ao se tornar um Mito Auxiliar.

Para clarificar essas considerações, recomendo o aprofundamento da pesquisa nessas áreas e na própria construção do Mito Individual, que se organiza com alguns conteúdos dos Mitos Familiares, embora considere as próprias experiências e responda às expectativas que se formaram com o passar do tempo.

Com o decorrer dos anos, angario experiências aliando atendimento, ensino e pesquisa no uso desta nossa Leitura Mítica, amplio, cada vez mais, a minha compreensão a respeito de várias questões que agora aqui apresento.

Em sequência a este texto, serão apresentados novos temas, delineados novos conceitos e, também, motivadas novas reflexões, havendo muito a ser feito. O que se sabe pode ser visto em imagem metafórica como a ponta de um *"iceberg"*, pois muito temos ainda a encontrar nesse território pouco explorado. O estudo dos mitos é um campo extremamente enriquecedor, profícuo para a pesquisa e a terapia.

Como já citei anteriormente; "A história não se perde nos mitos, está nos mitos, assim como os mitos são reencontrados nas histórias. Representam o potencial criador das sociedades e dos relacionamentos, assim como também são em si mesmos a sabedoria adquirida através dos tempos."

CAPÍTULO II

OS MITOS DOS IMIGRANTES

"Se as raízes são fortes, a árvore se sustentará."

A cultura de um povo tem um papel determinante na formação da personalidade das pessoas e influencia de maneira direta a sua hierarquia de valores e o sentido que se atribui à vida, aos relacionamentos e às coisas.

Os mitos culturais são absolutamente influenciados pela historia de um povo, acontecimentos que marcaram as inúmeras vidas, os comportamentos e as atitudes que foram sendo necessários, hábitos que foram sendo adquiridos, crenças que os suportaram e sentidos que se formaram na busca de explicações e entendimentos dos acontecimentos que deixaram impressões sensíveis ou significativas em suas existências.

Hoje, no momento de compreensão fornecido pela Leitura Evolutiva e Instrumental Mítica[1], sabe-se que os Mitos Culturais atribuem os significados e determinam a maneira de um povo se organizar, seus hábitos, valores e rituais, e influenciam a formação dos Mitos Familiares que, por sua vez, exercem influência na formação dos Mitos Individuais, assim, recursivamente. Mas também os Mitos Individuais podem influenciar os Mitos Familiares, que podem influenciar os Mitos Culturais, recursivamente, dependendo essa ação da proporção e do tipo do fato.

As aquisições vindas das mudanças sociais tais como a privatização da família, as transformações ocorridas no papel feminino, a aceitação e facilidade do divórcio foram causando mudanças substanciais nos Mitos. As contribuições científicas assumiram significativa importância, alterações no uso da locomoção, facilidade de se cruzarem distâncias, a máquina a vapor, maior rapidez do transporte marítimo e o uso do auto-

---

1 A Leitura Evolutiva e Instrumental Mítica tal como a delineio, verificar Capítulo I.

móvel foram decisivos para facilitar a comunicação e impulsionar o movimento imigratório.

Outros instrumentos, tais como o uso do celular e internet entre outras coisas, determinam mudanças nas formas de comunicação, que influenciam diretamente os valores culturais e definem as mudanças nos Mitos Culturais e recursivamente nas aquisições dos Mitos Individuais que alimentam as mudanças nos Mitos Culturais e nos Mitos Familiares.

Em nossa história, quando olhamos para nossas raízes, situamo-nos nas 3ª ou 4ª gerações a contar do grande momento da imigração maciça que ocorreu no Brasil e que, com muita certeza, deu origem às nossas famílias.

O momento de imigração é, para as famílias, um evento extremamente estressor, pois trata de mudanças não só de local, mas de um país para outro com língua diferente muitas vezes incompreensível, frequentemente em situações de pobreza e de acentuadas dificuldades, ocasionado pelas mudanças econômicas, guerras ou conflitos em seus países de origem.

Bem, convido o leitor a estender o olhar para a história brasileira e acompanhar os diversos movimentos desse caminhar. Quando olho a população das Américas, a tese mais aceita é que os povos indígenas desse continente descendem dos caçadores asiáticos que cruzaram o Estreito de Bering, que ligava a Sibéria à América do Norte. Estes povoadores chegaram ao atual território brasileiro há aproximadamente 12 mil anos.

Foi encontrado, em Lagoa Santa (Minas Gerais), o crânio de uma mulher de traços negroides batizada de Luzia que viveu há 11.500 anos. Deste modo, alguns pesquisadores consideram provável que populações negroides também tenham vivido nas Américas e que estas foram exterminadas ou assimiladas pelos povos mongóis, muitos séculos antes da chegada dos europeus.

Viviam, no início da colonização portuguesa, cerca de quatro milhões de ameríndios no atual Brasil. Encontravam-se divididos em grupos étnico-linguísticos: tupis-guaranis (região do litoral), macro-jê ou tapuias (região do Planalto Central), aruaques (Amazônia) e caraíbas (Amazônia).

O território nacional não foi imediatamente ocupado pelos europeus. A partir do Descobrimento do Brasil em 1500, a colonização só começou a partir de 1532. Antes disso, havia apenas feitorias onde o pau-brasil era armazenado esperando os navios que vinham da metrópole. Apenas alguns degredados, desertores e náufragos haviam se estabelecido em definitivo no Brasil, vivendo e se miscigenando com as tribos indígenas.

Na colonização, os primeiros colonos que passam a se estabelecer não eram exatamente degredados, muitas dessas pessoas eram perseguidas pela igreja, algumas ricas e outras pobres. A maioria era composta por camponeses pobres, agregados de um pequeno nobre que vinha estabelecer engenhos e plantações de cana-de-açúcar no Brasil.

Diante da grande extensão de terra do território brasileiro, para poupar os recursos da coroa e diante da cobiça dos recursos naturais do Brasil, suscitada em outros povos da Europa e da invasão da costa brasileira, D. João resolve aderir a outro tipo de organização para efetivar a colonização.

As capitanias hereditárias foram doações de terras, por parte da corte portuguesa, a donatários com recursos para usos destas terras. O Sistema de Capitanias não surgiu no Brasil, e sim, já era utilizado na ilha da Madeira.

No Brasil, as capitanias começaram a ser doadas a partir de março de 1532, com cartas de doação do rei D. João III de Portugal aos seus donatários. As terras brasileiras, ainda traçadas do Tratado de Tordesilhas, foram divididas em 15 capitanias, pertencentes estas a 12 donatários diferentes, sendo que as mais famosas que existiram no território brasileiro foram às capitanias de Pernambuco, de Duarte Coelho, e a capitania de São Vicente, de Martim Affonso de Sousa.

Vários fatores contribuíram para o fracasso do Sistema de Capitanias Hereditárias: os constantes ataques dos índios, a grande quantidade de terras inférteis em algumas capitanias, o desinteresse de alguns donatários que não chegaram sequer a vir ao Brasil e, fundamentalmente, a falta de capital. A necessidade de altas somas de dinheiro para desbravar, ocupar e defender a terra, comprar escravos, instalar engenhos cujos equipamentos eram importados da Europa, tornava incompatível o desenvolvimento da colonização com o capital particular.

A nossa história da Colonização é importante para a Compreensão de Nossas Mitologias, pois o interesse inicial que enraizou o sentido de nossa etnia está, sem dúvida, ligado ao sentido de explorar recursos e de tirar vantagem, enriquecer e se sobressair usando a coragem, a posse e, evidentemente, uma boa dose de esperteza.

Os índios foram perseguidos pelos colonizadores, desapareceram da região litorânea, assassinados ou mortos também por doenças europeias. Houve uma grande migração de tribos inteiras para o Sertão e para a Amazônia, fugidas. Alguns foram escravizados, aculturados e se misturaram aos portugueses, formando uma população híbrida, mestiça, de mamelucos. Restaram alguns redutos no Brasil, que lutam para manter a sua etnia.

A escravidão africana no Brasil foi um movimento imigratório, tendo sido realizado, todavia, de forma forçada. As pessoas eram aprisionadas em seus países de origem, submetidas e transportadas em condições desumanas e precárias. Seu início ocorreu na segunda metade do século XVI e desenvolveu-se até o século XVIII, sendo proibida em 1850. Sobreviveu, portanto por longos séculos.

O tráfico negreiro era uma forte fonte de mão de obra, sendo assim, de interesse da metrópole. Lucravam também a Coroa portuguesa e até a Igreja Católica, que recebia o dízimo sobre cada escravo que entrava no Brasil.

No século XVI desembarcaram no Brasil em torno de 50 mil portugueses e 50 mil africanos. No século XVIII havia um milhão e 600 mil africanos e 600 mil portugueses no Brasil. O Brasil passou a possuir a maior população africana fora da África e a maior população lusitana fora de Portugal. Este fato mostra as fortes influências dessas etnias sobre a população brasileira.

Ao todo, entraram no Brasil aproximadamente quatro milhões de africanos na condição de escravos. Este fato mostra a presença africana e portuguesa na nossa etnia e as fontes iniciais da miscigenação do povo brasileiro.

O desenvolvimento da cultura de cana-de-açúcar fez crescer o número de escravos africanos desembarcados na colônia, vindos de Angola e da Costa da Mina, sobretudo para o litoral do Nordeste.

Na onda imigratória, os portugueses do século XVIII foram atraídos pela exploração de ouro, que estava ocorrendo em Minas Gerais. Já não eram exclusivamente fazendeiros e agricultores, ganharam caráter urbano e se dedicaram principalmente à exploração do ouro e ao comércio.

Excetuando os portugueses e alguns poucos estrangeiros que se tornaram súditos de Portugal, os primeiros imigrantes voluntários a vir para o Brasil foram os chineses de Macau, que chegaram ao Rio de Janeiro em 1808. Cerca de 300 chineses foram trazidos pelo governo do príncipe regente, futuro D. João VI, com o objetivo de introduzir o cultivo de chá no Brasil. Eles tiveram importante participação na aclimatação de plantas feitas pelo recém-criado Jardim Botânico do Rio de Janeiro.

Porém, o grande fluxo da imigração chinesa se deu a partir da década de 1950. Os principais motivos dessa migração foram as guerras que estavam ocorrendo na China e que ocasionavam a falta de alimento no país.

Em maio de 1818, o príncipe regente baixou um decreto, o Cantão de Friburgo, o qual permitia a Sebastião Nicolau Gachet estabelecer uma colônia de cem famílias de imigrantes suíços. Entre 1819 e 1820 chegaram ao Brasil 261 famílias de colonos suíços, 161 a mais do que havia sido combinado nos contratos, totalizando 1.686 imigrantes.

Essa mudança na quantidade de colonos ocorreu devido à fome e à miséria, resultado das guerras que assolavam o velho continente. A quantidade de pessoas insatisfeitas na Suíça era enorme, por isso não foi difícil para Gachet convencer seus compatriotas a embarcarem rumo ao novo mundo. O número inicial de 100 famílias não foi cumprido, veio muito mais gente do que havia sido combinado nos contratos, mais de 2000 suíços comprimidos em sete veleiros. O resultado deste ato foi desastroso, cerca de 1/4 deles morreria durante a viagem, número comparado a dos navios negreiros.

A sua maioria era composta de suíços de cultura e língua francesa. Os imigrantes estabeleceram-se na fazenda do Morro Queimado, situada na então Vila de Cantagalo. A região era conhecida pelo seu clima ameno e relevo acidentado, o mais semelhante que poderia haver no Rio de Janeiro com a Suíça.

O segundo movimento organizado foi de imigrantes alemães que também se estabeleceram na mesma região em três de maio de 1824. A colônia de suíços e alemães originou a atual cidade de Nova Friburgo no Rio de Janeiro.

No século XIX, imperava, então, a elite branca no Brasil e o trabalhador brasileiro era basicamente composto de escravos negros e mestiços. A onda migratória teve como objetivo obter braços para a lavoura de café e substituir o trabalho escravo. Teve início em 1880, enquanto isso transformações sociais, políticas e econômicas aconteciam no mundo ocidental.

Diversas leis proibiram o tráfico internacional de escravos para o Brasil, mas foi somente com a pressão militar e política da Grã-Bretanha e a atuação do ministro Eusébio de Queiroz, a partir de 1850, que finalizou-se o tráfico negreiro.

O Brasil começou, então, a pensar em atrair imigrantes não portugueses. Nas fazendas, iniciou-se a utilização do colonato, uma forma de trabalho semiassalariado. O imigrante e sua família recebiam o salário misto, entre dinheiro e um pedaço de terra para plantar.

Na época da imigração, vários acontecimentos foram marcantes, a sociedade europeia passava por novos desenvolvimentos econômicos: a industrialização teve um grande impulso, necessitando de mão de obra especializada, o que causou a ruína de muitos artesãos e trabalhadores da indústria doméstica. Sem possibilidade de desenvolver suas atividades artesanais, esses trabalhadores livres começaram a formar um exército de mão de obra (barata) assalariada para a indústria que estava nascendo.

Com os novos maquinários, também houve o aumento de produtividade no campo junto à diminuição de mão de obra, causando o desemprego de muitos camponeses. Além disso, cada país lidava com suas situações específicas. Na Alemanha houve a desintegração de sua estrutura feudal, muitos camponeses que eram apenas servos ficaram sem o trabalho e o direito de moradia ao mesmo tempo em que sua população aumentava. Não contando com a terra para viver, migravam em grande número para as cidades e somavam-se ao número de proletariados.

Porém, em muitos lugares, as jornadas de trabalho exaustivas e a exploração por parte dos fazendeiros faziam os primeiros imigrantes deixarem as plantações de café e partirem para os centros urbanos, onde se dedicavam ao comércio e à indústria.

CAPÍTULO II

Após a independência, a imigração passou a fazer parte da política imperial, pois o Sul do Brasil continuava despovoado e alvo da cobiça dos países vizinhos. O governo passou a incentivar a implantação de núcleos de colonos imigrantes no Rio Grande do Sul e em Santa Catarina, para demarcar as fronteiras.

Para o início da imigração alemã, alguns fatos são importantes: o Brasil acabara de se tornar independente de Portugal, a imperatriz do Brasil, Dona Leopoldina, era austríaca e, por essa razão, o Brasil optou por trazer imigrantes germânicos para o país.

Os alemães tornaram-se os terceiros imigrantes europeus a se estabelecerem no Brasil. No Sul, os colonos tiveram que construir suas próprias casas, recebendo, inicialmente, sementes para a plantação e gado para o sustento. Porém, com a chegada de novos imigrantes, a colônia cresceu.

Atualmente, estima-se que dezoito milhões ou 10% dos brasileiros têm ao menos um antepassado alemão. Esta população, atrás apenas dos italianos, compõe a principal etnia no Sul do Brasil.

Os alemães que imigraram para o Brasil eram normalmente camponeses insatisfeitos com a perda de suas terras, ex-artesãos, trabalhadores sem vínculo e empreendedores desejando exercer livremente suas atividades, perseguidos políticos, pessoas que perderam tudo e estavam em dificuldades, pessoas que eram "contratadas" pelo governo brasileiro para trabalhos de nível intelectual ou participação em combates, para administrarem as colônias ou pessoas.

Dificuldades e problemas ocorriam durante a emigração. O governo alemão proibiu em 1859 a vinda para o Brasil, graças a um forte movimento que surgiu na Alemanha contra essa ação, devido a diversos problemas.

Estes começavam já na vinda para o Brasil, nos navios, em viagens que poderiam durar cerca de 3 a 4 meses pelo Oceano Atlântico. Em algumas situações, imigrantes esperavam o navio por cerca de alguns meses no porto, em condições precárias, onde inclusive ocorriam doenças e óbitos.

Muitas viagens foram feitas em navios com excesso de passageiros, as pessoas viajavam comprimidas, com alimentação deficiente e má higiene, quando ocorriam inúmeros óbitos por causa de epidemias. Também muitos imigrantes morriam ao chegar ao Brasil, por causa de doenças tropicais.

Na chegada, os imigrantes sofriam para se adaptar ao clima brasileiro, ao idioma e às novas condições de vida, normalmente primitivas, que já não tinham em seu país de origem.

Importante considerar a multiplicidade de fatores estressantes presentes nessa condição da emigração, que determinaram o movimento de forças míticas, entre elas o

"**Mito da Sobrevivência**"[2] e a da "**Propriedade**"[3] fortalecendo-se potencialmente estes dois Mitos numa junção estreita com o "**Mito da Conquista e do Sucesso**"[4], que determinava a conquista de coisas e a necessidade de se sobressair.

Em alguns casos, os imigrantes chegavam ao Brasil e, por não estarem suas terras demarcadas, ficavam alojados em prédios ocupados antes por escravos, aguardando durante meses o assentamento em seus lotes. Também por problemas na demarcação de terras muitas brigas surgiam.

O isolamento das colônias também dificultava a adaptação ao novo ambiente na medida em que faltava acesso a tratamento médico para doenças e partos ou (quando a colônia não tinha seu próprio médico) e muitos morriam por não chegarem a tempo na cidade mais próxima por dependerem de transporte por tração, o que era lento e poderia levar horas ou dias. A distância, e a falta de dinheiro dificultava assim o acesso a tratamentos.

A situação precária para sobrevivência causava muita decepção e desgosto, pois não eram estas as perspectivas que eles tinham quando decidiram emigrar. As promessas de que iriam para o "paraíso" aumentava o sofrimento, estavam frente a frente com as matas fechadas para derrubarem a machado, tarefa que as mulheres ajudavam a realizar.

Com frequência, ficavam na espera pelo cumprimento de promessas como a do desenvolvimento da região com a construção de vias de acesso, dinheiro ou instrumentos de trabalho (ferramentas, sementes, gado, material de construção). Em geral estas não foram cumpridas na maior parte das colônias alemãs e, também, nas de outras etnias.

Muitas terras recebidas pelos imigrantes eram simplesmente "*ingratas*": secas, sem capacidade de boa produção de alimentos para a própria subsistência. Até descobrirem quão inférteis eram aquelas terras, eles já haviam investido trabalho, sementes e tempo ao tentar cultivá-las, e, entre a espera da colheita e a frustração de não obtê-la, passavam fome.

Na situação de empregados em alguma fazenda, muitos se viam na condição de "*semiescravos*", quando trabalhavam por horas a fio, e não recebiam tudo o que fora prometido pelo trabalho; isso quando não eram maltratados pelos donos das fazendas.

Convém relembrar que essas situações se tornaram "**Momentos Cruciais Míticos**", como já cito que marcam a vida das pessoas, determinam juras ou tomadas de decisão,

---

2   O Mito da Sobrevivência: Responde ao instinto básico da preservação da espécie para garantir a alimentação, moradia e segurança, de acordo com determinados princípios, ou de qualquer maneira ou a qualquer custo.
3   Mito da Propriedade: Esta configuração mítica pode ser contextualizada historicamente na própria função da família antiga e na maneira como se acertavam os casamentos nestas sociedades.
4   Mitos da Conquista e do Sucesso: Estes mitos presentes na família determinam maneiras de conquistar bens ou coisas. Frequentemente originaram-se em modelos familiares exemplares que determinaram um caminho, tornaram-se figuras míticas, que os outros familiares cultuam e seguem os passos.

causando uma potencialização ou reorganização dos Mitos para o enfrentamento dessa situação de vida e se tornaram determinantes para a Mitologia que perdura até neste momento histórico em nossas vidas.

Houve dois ciclos da imigração alemã no Brasil: o primeiro decorrente da política de colonização, sobretudo nos estados do sul do Brasil, incentivado pelo governo brasileiro, e outro ciclo posterior, sem o incentivo oficial do governo brasileiro.

Os grupos organizavam-se em colônias para a colonização e, mesmo quando grandes grupos ocupavam as cidades, fundavam clubes e organizações preservando aspectos importantes de sua etnia.

Há o surgimento de uma etnicidade teuto-brasileira, cuja marca é o pertencimento primordial a um grupo étnico demarcado pela origem alemã.

Disto resultou uma longa história de atritos com a sociedade brasileira, que culminou com a campanha de nacionalização durante o Estado Novo (1937-1945) do presidente na época Getúlio Vargas, que visava acelerar o processo assimilacionista.

A partir de São Leopoldo, os alemães desbravaram a região, seguindo o caminho dos rios. A imigração alemã no Rio Grande do Sul foi contínua. Em Santa Catarina, os primeiros colonos alemães aportaram em 1829, na atual cidade de São Pedro de Alcântara.

A colônia de Blumenau, no vale do Rio Itajaí-Açu, foi criada por Hermann Blumenau em 1850. Acompanhado por outros 17 alemães, Hermann achou o clima da região agradável, cortada pelo rio, propícia para a fundação de uma colônia.

Em 1860, ele vende a colônia para o governo imperial e, em 1880, Blumenau torna-se município, contando com 15.000 habitantes, em sua maioria alemã.

Outros imigrantes, os povos eslavos, em sua maioria polonesa, formaram a maior corrente imigratória no estado do Paraná. Entre 1869 e 1920, estima-se que 60.000 poloneses entraram no Brasil, sendo que, 95% desses estabeleceram-se no Paraná. Em menor quantidade, rumaram para o interior do Rio Grande do Sul e Santa Catarina.

Os ucranianos também rumaram em sua maioria para o Paraná. Colonizaram a região de Prudentópolis. Imigrantes russos também viriam, mas em pouca quantidade.

A imigração italiana foi intensa, tendo como ápice a faixa de tempo entre os anos de 1880 e 1930. A maior parte dela se concentrou na região do estado de São Paulo. Os italianos começaram a imigrar em número significativo para o Brasil a partir da década de 1870. Foram impulsionados pelas transformações socioeconômicas em curso no Norte da península itálica que afetaram, sobretudo a propriedade da terra. Um aspecto peculiar à imigração italiana em massa é que começou a ocorrer pouco após a unificação da Itália em 1861, razão pela qual uma identidade nacional desses imigrantes se forjou, em grande medida, no Brasil.

O século XIX foi marcado por uma intensa expulsão demográfica na Europa. O alto crescimento da população, acelerado pelo processo de industrialização, afetou diretamente as oportunidades de emprego naquele continente. Estima-se que, entre 1870 e 1970, em torno de 28 milhões de italianos emigraram (aproximadamente a metade da população da Itália), estando, entre os destinos principais, diversos países da Europa, América do Norte e América do Sul.

As primeiras colônias italianas do Sul do Brasil nasceram nas serras gaúchas, entre os vales dos rios Caí e das Antas, limitando-se ao norte com os campos de Cima da Serra e, ao sul, com as colônias alemãs do vale dos rios das Antas e Caí. Os italianos foram atraídos para o Sul do Brasil com o intuito de substituir a colonização alemã, pois, na Alemanha, criaram-se mecanismos para impedir a imigração para o Brasil, pois muitas denúncias contra essa imigração eram feitas.

O momento mais importante da história da imigração no Brasil iniciou-se no fim do século XIX, sendo esse processo incentivado pelo governo e pelos senhores do café. As fazendas de café (principalmente em São Paulo) atraíram 70% dos mais de cinco milhões de imigrantes desembarcados no Brasil nesse período. Esses imigrantes eram, em sua maioria, italianos, mas também havia portugueses e espanhóis entre eles.

Os primeiros espanhóis chegaram ao Brasil na década de 1880. No final do século XIX, a grande maioria era de galegos, que se fixaram principalmente em centros urbanos brasileiros de São Paulo, Rio de Janeiro, Minas Gerais e Bahia. Devido à grande semelhança entre galegos e portugueses, aqueles eram muitas vezes confundidos com estes.

No começo do século XX, passaram a predominar os andaluzes. Na decadência da imigração italiana no Brasil, os espanhóis foram atraídos aos milhares para o Brasil a fim de substituir a mão de obra italiana no café. Outros grupos importantes foram os catalães, bascos e valencianos.

Formou-se rapidamente uma comunidade espanhola de operários, trabalhando nas nascentes indústrias brasileiras. Cerca de 80% dos espanhóis ficaram concentrados no estado de São Paulo. Estima-se que, entre 1880 e 1960, mais de 750 mil espanhóis imigraram para o Brasil. Apenas os portugueses e italianos chegaram a maior número. A Guerra Civil Espanhola formou um novo fluxo de imigrantes que fugiram para o Brasil: na mão de obra, tornaram-se os espanhóis, o segundo maior grupo a trabalhar nos cafezais.

Quanto à emigração japonesa convêm algumas considerações: O Japão estava superpovoado no século XIX. O país tinha ficado isolado do mundo durante os 265 anos do período Edo (Xogunato Tokugawa) sem guerras, epidemias trazidas do exterior ou emigração. Com as técnicas agrícolas da época, o Japão produzia apenas o alimento que consumia, sem, praticamente a formação de estoques para períodos difíceis. Qualquer quebra de safra agrícola causava fome generalizada.

O fim do Xogunato Tokugawa deu espaço para um intenso projeto de modernização e abertura para o exterior durante a Era Meiji. Apesar da reforma agrária, a mecanização da agricultura desempregou milhares de camponeses. Outros pequenos camponeses ficaram endividados ou perderam suas terras por não poderem pagar os altos impostos, que, na Era Meiji, passaram a ser cobrados em dinheiro, enquanto antes eram cobrados em espécie (parte da produção agrícola).

Os camponeses sem terra foram para as principais cidades, que ficaram saturadas. As oportunidades de emprego tornaram-se cada vez mais raras, formando uma massa de trabalhadores miseráveis.

A política emigratória colocada em prática pelo governo japonês tinha como principal objetivo aliviar as tensões sociais devido à escassez de terras cultiváveis e endividamento dos trabalhadores rurais, permitindo, assim, a implementação de projetos de modernização.

Por outro lado, no Brasil, existia o incentivo à Política do Branqueamento da raça com a população europeia, pois se acreditava na época que o País não se desenvolvia, pois sua maioria era composta de negros e mestiços. A imigração de japoneses foi praticamente proibida em 1890. Os portadores da *"raça amarela"* eram vistos como inferiores e a convivência considerada como incompreensível haja vista a acentuada diferença cultural.

Somente em 1892, devido à necessidade premente de mão de obra para as fazendas cafeeiras, foi autorizada a entrada de chineses e japoneses no movimento de emigração para o Brasil.

A imigração japonesa, no navio Kasato Maru, trouxe os primeiros japoneses ao Porto de Santos. Outro fato acelerador deste movimento emigratório foi em 1902, ano em que o governo da Itália proibiu a imigração subsidiada de italianos para São Paulo. As fazendas de café, principal produto exportador do Brasil na época, passaram a sentir a falta de trabalhadores com a diminuição drástica da chegada de italianos.

Apesar do nítido preconceito contra imigrantes asiáticos, o governo brasileiro passou a atraí-los a partir de 1908. Nos primeiros sete anos, vieram para este país mais 3.434 famílias (14.983 pessoas).

Com o começo da I Guerra Mundial (1914), explodiu a imigração. Entre 1917 e 1940 vieram 164 mil japoneses para o Brasil, sendo 75% em São Paulo, visto que o estado concentrava a maior parte dos cafezais. Muitos japoneses tornaram-se donos de terras no interior, enquanto outros rumaram para os centros urbanos, principalmente São Paulo, concentrando-se em bairros étnicos como a Liberdade onde se dedicaram predominantemente ao comércio começando com frutas e hortaliças e, com o tempo, diversificavam-se cada vez mais.

A imigração dos povos árabes se iniciou quando começaram a desembarcar no Brasil em fins do século XIX. No princípio do século XX, esse fluxo imigratório cresceu e passou a se tornar importante. Atualmente 15 milhões de brasileiros possuem ascendência árabe. A maioria é de origem libanesa, enquanto o restante é síria. Há presença de egípcios, marroquinos, jordanianos e iraquianos.

O Imperador D. Pedro II, após efetuar uma viagem diplomática ao Oriente Médio, mostrou-se fascinado pela cultura local e pela cordialidade do povo árabe. Consta que, por mediação do Imperador, os primeiros grupos de imigrantes árabes foram atraídos para o Brasil.

Há séculos dominados pelo Império Turco-Otomano, os árabes viram na emigração uma forma de fuga da violenta dominação turca. Os turcos, de fé islâmica, perseguiam as comunidades cristãs árabes. Em fins do século XIX, os árabes cristãos, em sua maioria partindo da Síria e do Líbano, passaram a se espalhar pelo mundo, sendo os destinos principais a América do Norte e América do Sul em especial, o Brasil.

Calcula-se que, até o ano de 1900, chegaram ao Brasil 5.400 árabes. Os problemas socioeconômicos se agravaram no Oriente Médio no início do século XX e fizeram crescer a emigração em direção ao Brasil: no ano de 1920 viviam no País pouco mais de 50 mil árabes.

Em sua maioria, eram comerciantes sírios e libaneses que se tornaram mascates no Brasil, percorrendo as grandes cidades e o interior para venda de seus produtos. Com o passar do tempo, passaram a fincar comércios nos centros urbanos, desembarcando no Brasil cerca de 70 mil árabes.

Outros imigrantes que vieram em menor número, mas que contribuíram para nossa cultura e miscigenação dizem respeito à emigração polonesa, ucraniana, lituana, finlandesa, holandesa e tcheca, entre outras.

Na imigração polonesa estima-se que um expressivo número de imigrantes estabeleceu-se no país entre 1869 e 1920. Calcula-se que, dos 60.000, 95% estabeleceram-se no Paraná. Com um número estimado em mais de 1,8 milhão de descendentes no Brasil, os poloneses se tornaram uma grande influência na cultura, nas artes, na culinária e na música brasileira.

Na imigração ucraniana se constata que formaram o segundo maior contingente eslavo a emigrar para o Brasil, perdendo apenas para os poloneses. A imigração de ucranianos para o Brasil começou efetivamente nos anos de 1895-96. Em apenas dois anos, cerca de 20 mil ucranianos desembarcaram em nosso país.

A grande maioria foi encaminhada para o Paraná, onde se tornaram pequenos agricultores. Até a década de 1920, aproximadamente 50 mil ucranianos imigraram para o Brasil, a maior parte proveniente da Galáxia. O número de imigrantes, de fato, deve ter sido ligeiramente maior, tendo em vista que parte da Ucrânia estava dominada pelo Império Austro-Húngaro e pela Polônia e muitos imigrantes possuíam passaporte austríaco ou polonês.

O primeiro lituano a pôr os pés no Brasil foi o coronel Andrius Visteliauskas, na segunda metade do século XIX. Ele influenciou os compatriotas e, em 1890, um grupo de 25 imigrantes se estabeleceu na cidade gaúcha de Ijuí.

Os imigrantes que chegaram ao final do século XIX e início do século XX, durante o período que a Lituânia estava ocupada pelo império russo, constam nas estatísticas brasileiras como sendo russos. Um grupo importante que emigrou para o Brasil foram os judeus lituanos, também conhecidos como Litvaks.

Em 1926, cerca de 40 mil imigrantes lituanos chegaram ao Brasil. A maioria foi trabalhar nas muitas fazendas de café do estado de São Paulo, porém alguns se dirigiram para outros estados, tais como Rio de Janeiro e Paraná.

O movimento migratório finlandês ocorreu no século XX para o Vale do Paraíba no estado do Rio de Janeiro, onde criaram um povoado chamado Penedo que é a única colônia finlandesa do Brasil. Não existe em Penedo registro nominal sobre os que vieram, mas no período de um de setembro de 1927 até 16 de outubro de 1940, chegaram 296 finlandeses.

O período de maior fluxo foi o ano de 1929 com 122 colonos. Em 1930, 21, e, em 1931, 23. O restante do período terminou com o início da Segunda Grande Guerra, quando as chegadas foram menores, a não ser em 1938, quando vieram 19 imigrantes.

A Imigração neerlandesa no Brasil foi o movimento migratório ocorrido nos séculos XIX e XX e foram para várias regiões do Brasil. Apesar da imigração neerlandesa ter sido menos expressiva do que a de outros grupos de imigrantes, estes imigrantes formaram cooperativas e empresas agrícolas em todas as regiões onde se estabeleceram, colaborando, assim, com o desenvolvimento da economia brasileira.

As causas para a imigração neerlandesa ao Brasil encontravam-se na miséria, no desemprego, na liberdade de religião e na devastação causada pela Segunda Guerra Mundial nos Países Baixos. O auge da emigração ocorreu entre 1899 e 1940, quando cerca de 8.200 neerlandeses imigraram ao Brasil.

A segunda fase ocorreu de 1946 a 1976, quando 6.098 neerlandeses imigraram ao Brasil. A posse rural e a possibilidade de formar núcleos agrícolas foram os principais fatores que atraíram esses imigrantes.

Na emigração tcheca pode-se constatar que, ao longo do século XX, chegaram ao Brasil três grandes ondas de imigrantes tchecos. A primeira ocorreu nos anos de 1930. Novos imigrantes entraram no país a partir de 1948, quando do golpe comunista na Tchecoslováquia. Por fim, uma terceira onda iniciou-se a partir de 1968, após a invasão da Tchecoslováquia pelas tropas do Pacto de Varsóvia. Há hoje em torno de 500 mil tchecos e descendentes no Brasil.

Um movimento importante para a compreensão da Mitologia foi a migração urbana, no século XX. O Brasil passou por um processo de urbanização. Milhares de pessoas deixaram o campo em busca de melhores condições de vida nas cidades, entre elas, muitos imigrantes, podendo-se considerar a mudança do Mito da Propriedade (terra) para Propriedade Intelectual (conhecimento).

Na cidade de São Paulo, por exemplo, os italianos se aglomeraram em regiões como a Mooca e Bela Vista, formando um grande número de imigrantes urbanos. Com isso, cresceu o número de operários trabalhando na indústria brasileira.

Os imigrantes europeus trouxeram ideias novas quanto ao que estava acontecendo na Europa, como o anarquismo, sindicalismo, socialismo e formaram greves operárias que rapidamente se alastraram pelo país.

A Lei de Cotas foi criada durante o governo de Getúlio Vargas, na década de 1930. Para o governo, não havia mais espaço para os operários imigrantes, que traziam consigo uma longa tradição de lutas sindicais e libertárias. Essa lei dizia que só podiam entrar no Brasil até 2% por nacionalidade do total de imigrantes precedentes no país nos últimos 50 anos. Apenas os portugueses foram excluídos dessa lei.

Com isso, a imigração foi gradativamente decaindo no país, somando-se às crises econômicas enfrentadas pelo Brasil, deixando este de ser um país atrativo para os imigrantes.

Convém neste ponto revisar alguns conceitos para esta nossa reflexão: O mito não é só uma crença, como me é comumente perguntado, é visto como um sentido que organiza e direciona diversos conteúdos presentes, alimenta a vida familiar e transcende gerações. Um mito pode gerar várias crenças e, para uma crença se transformar em mito ou poder influenciar a formação de um, ela deve se manter viva através das gerações.

Ao pensar na **Formação Mítica**, sabe-se que, no percurso da vida familiar e no ciclo de vida de cada um, as experiências intensas ou repetidas, ao ganhar significado, podem ser organizadas psiquicamente por algum tipo de similaridade e adquirir um sentido único.

Assegura-se aí a formação de um **"Núcleo de Sentido"**, o que gera uma determinada concepção de mundo. Na medida em que se identifica uma identidade específica trata-se de um **Mito Familiar ou Individual**.

Algum aspecto da influenciação mítica convém acentuar: Como o vejo: "O Mito constituí em essência a concepção do mundo própria da família, na qual se cria a realidade familiar e o mapa do mundo individual". O Mito Individual "Essência da concepção de mundo, no qual se cria a noção de realidade e o mapa de mundo de cada um".

Há um **Ciclo Evolutivo Mítico e de Influenciação Mítica** em constante movimento: no ciclo evolutivo, estas estruturas móveis se autoinfluenciam, modificam-se e avançam no ciclo da vida sofrendo transformações.

O ciclo de vida das famílias, das pessoas e das sociedades desenvolve-se ao mesmo tempo, sendo difícil pontuar onde e quando se inicia um ou outro.

Na história da humanidade, a emigração sempre existiu e descortinou horizontes, desbravou mares e conquistou espaços, sendo que os homens que a encetaram foram vistos dentro da perspectiva do que denomino **O Mito da Imigração**: "Durante toda a vida da humanidade os desbravadores e destemidos são considerados com admiração e quando enfrentam dificuldades e promovem conquistas facilmente são vistos heroicamente, o que favoreceu a criação de um sentido de desbravar continentes e terras, buscar novas oportunidades e recursos de subsistência. Torna-se diretamente ligado aos sentidos de sobrevivência, propriedade, conquista e sucesso".

No caso dos imigrantes, a própria condição dessa ação pode ser determinada por uma variedade de causas. Desde as mais impactantes como perseguição e guerras ou até a falta de perspectivas para sanar as necessidades básicas de segurança, nutrição e conquista profissional provocam o ressurgimento desta Mitologia.

Em sua trajetória, dependendo das **expectativas** que se formaram ao longo do tempo, das **necessidades** sanadas ou não, dos **momentos cruciais míticos**, das **figuras míticas** que se formam, a família pode absorver ou abandonar alguns mitos e transformar outros, criando, assim, seus próprios mitos. Cada indivíduo, na família, faz o mesmo processo: absorve alguns mitos familiares e coletivos, abandona outros e pode também transformá-los, criando, então, os seus próprios mitos pessoais e familiares.

É possível encontrar, nas famílias, os predominantemente Mitos Construtivos e Organizadores, entre eles (revisaremos sua definição logo a seguir), o Mito Étnico, O da Propriedade, O da União, O da Autoridade e, Mitos Nocivos e Desorganizadores, os predominantemente nocivos e desorganizadores: o Mito do Poder, o da Loucura e o da Doença, a Sobrevivência a qualquer custo entre outros, como já comentei anteriormente.

Convém considerar inicialmente que se um só homem sobreviveu e começou uma nova comunidade vai existir de alguma forma em sua concepção perceptível ou não a concepção da família como Mito, pois o sentido *"Mater Familae"* dá origem e criação aos Mitos numa co-criação infinita, assimilando as histórias.

Outro Mito determinado pelo tipo de Sociedade que influencia poderosamente os Mitos Coletivos refere-se ao Mito Étnico: "O sentido de preservação de uma determinada etnia, originado da sua história, organizando de uma maneira singular os sentidos de união, propriedade e religião de um povo".

Mitos que são frequentemente encontrados nas famílias de imigrantes referem-se aos Mitos da Conquista e do Sucesso, os quais determinam maneiras de conquistar bens ou coisas. Na maioria das vezes originaram-se de modelos familiares exemplares que determinaram um caminho, tornaram-se figuras míticas, que os outros familiares cultuam e seguem os passos. *"todos tinham que ter sucesso em alguma coisa"*.

A conquista se diferencia do sucesso, neste mito não vale só conquistar coisas materiais ou pessoas, mas sobressair-se e ser admirado e imitado. Este mito pode ter sido fortalecido em nossa sociedade pelas condições da própria imigração, e, em geral, porque, na sociedade brasileira neste momento histórico encontram-se aqui as famílias de imigrantes na 3ª ou 4ª geração. Algumas mitologias presentes nas famílias de imigrantes de diferentes etnias são passíveis de ser identificadas.

Os portugueses formam a etnia mais numerosa, os colonizadores e imigraram por várias razões, das exploratórias às dificuldades econômicas no país de origem, até pela facilidade de afinidades linguísticas. Espalharam-se pelo Brasil, dedicaram-se tanto a atividades rurais como urbanas, dedicaram-se ao comércio, varejo de alimentos e jornais. Foram alvos de críticas preconceituosas e rancor contra os colonizadores. Em suas histórias familiares, são comuns algumas falas:

"O meu bisavô veio junto com as capitanias, era coronel, tinha negro na senzala e era muito ruim..."
"O meu bisavô materno ia para o mato, desbravava, matava até onça, tomava posse, depois vendia e ia pra outro lugar e fazia a mesma coisa".
"As mulheres eram submissas, não saíam das fazendas, cuidavam da casa e ajudavam os maridos a cuidar da terra".
"O mais importante era a terra, ficavam junto para trabalhar pela terra, que era o sustento de todos, quem mandava era o pai "...
"Todos moravam na mesma casa, pois era mais fácil, saíam pra trabalhar junto..."
"Uma mulher era encaminhada para ser freira e um homem tinha que ir pra política "...
"Nossa vida é a terra", "a gente vive pela terra".

Identifico com maior frequência os Mitos da Propriedade, da Conquista e do Sucesso. O Mito da Propriedade é outro comumente presente nessas famílias: pela situação da colonização ou da imigração. Esta configuração mítica pode ser contextualizada historicamente na própria função da família antiga e na maneira como se acertavam os casamentos nessas sociedades, com a única finalidade de preservar o patrimônio, presente na condição de imigração ao assegurar a aquisição de bens e a estabilidade familiar.

Os alemães, como já cito, vieram por várias razões: mudar de vida, fugir ou então sobreviver à situação de guerra. Eles ajudaram a ocupar as terras públicas dos três estados do Sul através da fundação de inúmeras colônias concentradas na região Noroeste de Santa Catarina, no planalto setentrional do Rio Grande do Sul até o rio Uruguai.

O isolamento e as dificuldades de língua favoreceram o surgimento de uma etnicidade teuto-brasileira, cuja marca é o pertencimento primordial a um grupo étnico demarcado pela origem alemã. Disto resultou uma longa história de atritos com a sociedade brasileira, que culminou com a campanha de nacionalização durante o Estado Novo (1937-1945) - uma tentativa de acelerar o processo assimilacionista. Algumas falas são encontradas em seus relatos históricos:

"Eles moravam todos muito perto, e cultivavam o jeito deles de viver".
"Eles tiveram muita dificuldade, as pessoas falavam que os alemães eram gente ruim".
"Quando o meu bisavô veio, fugiam da guerra, eram mecânicos e já mexiam com máquinas, logo se ajeitaram".
"Eles eram muito inteligentes e se acertaram em muitas profissões, sabiam fazer muita coisa...".

Encontro aqui o que chamei do Mito Étnico: O sentido de preservação de uma determinada etnia, originado da sua história, organizando de uma maneira singular os sentidos de união, propriedade e religião de um povo. Alguns outros Mitos tais como a Ajuda e Cuidado e União entre outros que serão conceituados a seguir.

Nas famílias italianas, muitos emigraram após as Guerras Napoleônicas e do ideal da Unificação. As transformações socioeconômicas na Itália afetaram, sobretudo, a propriedade da terra. Vieram aos milhares em busca da América prometida.

Uma grande maioria se fixou na produção do café, mas, gradativamente, foram diversificando o trabalho. Influenciaram fortemente os hábitos alimentares nas regiões em que se fixaram e deram uma importante contribuição à industrialização gaúcha e paulista.

"O meu bisavô veio porque foi chamado pelo irmão que tinha vindo e achou a terra maravilhosa".
"O meu bisavô tinha bens na Itália, juntou tudo o que tinha e veio para o Brasil, quando despachou as malas foi roubado, ficou só com roupa do corpo e mais tarde se tornou exportador de café".
"Eles eram muito unidos e alegres, faziam muitas festas e gostavam da família reunida".
"Moravam juntos, só que, às vezes, faziam mais de um fogão na mesma casa". "Conseguiam propriedade, repartiam e se ajudavam na lavoura".

Alguns sentidos familiares se destacam, entre eles: União, Ajuda, Cuidado e Religião. Mito da União: tem uma determinada configuração na família, que favorece o pertencimento e a manutenção de padrões afetivos: "*a união é a coisa mais importante para a gente*", garantindo a sua perpetuação. Toma facilmente o lugar do mito espinha dorsal da família e pode ser visto, também, funcionando como mito auxiliar a outras malhas míticas.

O Mito de Ajuda e Cuidado se identifica pela ajuda mútua, material e afetiva e cuidado com bens e pessoas. Pode ser ajustado, tornar-se um Mito complementar ao da União ou se caracterizar como um sentido específico. Ou, então, apenas fazer parte de pautas determinadas pelo Mito da União, o que vai esclarecer é a análise pormenorizada deste sentido e da sua repetição, assim como sua permanência através das gerações numa mesma família.

Mito da Religião: aparece comumente nas famílias norteado pela prática de uma determinada religião, por normas evangélicas, e recebe em cada família, significados e conotações especiais. Mostra-se presente muitas vezes nos nomes que se dão aos filhos, em rituais religiosos em que todos participam. Pode ser assimilado, ganhar outros significados e ser modificado pelas famílias. "*Na Páscoa o meu pai abençoava todos os filhos*", "*todos tinham que participar das festas religiosas e das procissões*".

Os espanhóis caracterizavam-se em maior grau como os que chegaram como grupo familiar e os que trouxeram crianças em maior proporção. Foi a 3ª maior etnia que imigrou para o Brasil, entre 1880 e 1972, após os portugueses e italianos. Concentraram-se no Estado de São Paulo, a princípio no campo onde se estabeleceram como médios e pequenos proprietários. Seguem-se alguns relatos de suas histórias:

> "*A família do meu bisavô, por parte da minha mãe, veio da Espanha com um monte de gente, e o meu avô era criança, vieram em navio de carga, todos amontoados*".
> "*Teve peste no navio e queriam jogar a criancinha de onze meses fora, mas a minha bisavó não deixou e ele sobreviveu*".
> "*Eles foram morar numa fazenda que não tinha nada e tinham que assar pãezinhos de fubá no sol para se alimentar*".
> "*Lutaram muito para ter onde morar e mais tarde conseguiram uma terra só deles*".

Alguns Mitos se fazem prioritários em muitas famílias, tais como os da União e da Propriedade.

Quanto aos japoneses, sabe-se que, entre 1932 e 1935, cerca de 30% dos imigrantes que ingressaram no Brasil eram de nacionalidade japonesa. A primeira leva foi realizada em 1908, mas ganhou relevo após 1930. Os japoneses foram destinados inicialmente às

CAPÍTULO II

fazendas de café, começaram a desenvolver hortas de hortaliças e vegetais em pequenos espaços e tornaram-se, também, pequenos e médios proprietários rurais.

Dentre todos os grupos imigrantes foram os que se concentraram por período mais longo nas atividades rurais, nas quais se destacaram pela diversificação da produção dos hortifrutigranjeiros. Atualmente ocupam centros urbanos na área de serviços especializados. Convém assinalar a presença do preconceito e discriminação. Seguem-se relatos:

> *"A minha família veio para trabalhar duro na terra, todos obedeciam ao pai, logo começaram a cultivar verduras para vender".*
>
> *"Quando Mitsue perde seus dois filhos, Use lutando contra os americanos, e Hiroshi de doença em virtude de estar refugiado e precisar comer "restos de comida" pega a sua sogra e vem para o Brasil em busca de sua filha que já havia imigrado."*
>
> *"Quando o bisavô morreu, o primogênito assumiu o lugar e fazia todo mundo trabalhar para ele, durante muitos anos, até que todo mundo começou a reclamar".*
>
> *"Os mais velhos é que decidiam ao se reunir e mandavam o que devia fazer".*
>
> *"Se reuniam sempre para lembrar-se do Japão, só se falava em casa a língua japonesa".*
>
> *"Conforme foram nascendo tinham um nome japonês e outro brasileiro".*

Alguns Mitos estão muito presentes como o da Autoridade, o da Etnia e o da Propriedade. O Mito da Autoridade deve sua presença ao fato de muitas dessas famílias terem vivido durante muito tempo, em regime feudal, com acentuada obediência à autoridade.

Mito da Autoridade: A distribuição da família em uma hierarquia de poder, na qual as pessoas exercem determinadas funções, assegurando-se a autoridade como respeito à hierarquia, e acatando- se opiniões e sugestões de pais e parentes.

Os judeus, apesar de chegarem de vários lugares, formam juntos uma etnia. Os mesmos acontecimentos históricos marcaram um tempo. É o que chamo momentos cruciais míticos, pois eles podem fortalecer-se e manter uma etnia.

A partir dos anos 30, por conta das perseguições nazistas, entre 1936 e 1942, mais de 14 mil pessoas ingressaram no país. A princípio, vieram, sobretudo, judeus da Europa Central, os chamados russos, e, a seguir, os alemães, após a ascensão do nazismo.

A chegada de populações judaicas ao Brasil torna-se gradativamente significativa a partir de meados dos anos 20. Os judeus fixaram-se nas cidades, inicialmente, em bairros étnicos. A primeira geração concentrou-se em atividades comerciais.

Aspectos importantes em seus relatos históricos:

> *"Eles preservavam toda a tradição...".*
>
> *"Quando nasciam as crianças, continuavam com o nome das pessoas que morreram".*

"Parece que a gente sempre devia estar preparada para partir..."

Alguns Mitos se mostram determinantes: A Luta pela Sobrevivência, o Mito Étnico e o da Propriedade.

Ao pensar nos sírios e libaneses, vamos relembrar que eles se estabeleceram no estado de São Paulo, Norte do país, estados do Pará, Amazonas e o então Território do Acre, caracterizados por um baixo fluxo imigratório.

Dedicaram-se às atividades comerciais, tendo um papel relevante no comércio da borracha, (1890-1910), nos estados do Norte. Em São Paulo e, em menor escala, no Rio de Janeiro, sírios e libaneses dedicaram-se ao comércio, a princípio como mascates.

Por conta da ancestralidade nômade, a população tem algumas características:

"Nesta família o poder era dos homens... as mulheres eram totalmente submissas..."
"Eles preservavam os rituais, a comida, a língua e as roupas, parece que viviam ainda lá"...
"Muito difícil aceitar as diferenças por causa da religião"...
"O dinheiro era muito importante, gostavam de mascatear".

Encontro em destaque os Mitos: Étnicos, Da União, da Propriedade e da Autoridade.

Deve-se considerar a presença numerosa e marcante de índios e africanos em nossa cultura. A presença dos mesmos foi coercitiva, os índios foram vitimizados e espoliados em seu habitat e em sua cultura e, ainda muitos, foram aprisionados e forçados a trabalhar, haja vista a situação atual dos indígenas e sua crescente dissolução como uma etnia, apesar do esforço de algumas organizações preocupadas com tal situação.

Quanto aos africanos, estes passaram por centenas de anos de abuso e dilapidação da sua cultura e dos seus valores familiares. Ainda hoje encontramos muitas famílias de descendentes com dificuldade de ascender socialmente. Alguns relatos dentre muitos:

"Eles não relatam muitas lembranças, é como só houvesse coisa ruim que querem esquecer"...
" Não sei, mas parece que houve escravo que ficou na fazenda, acho que se acostumaram".
"...O meu bisavô índio foi pego a laço, casou-se depois com uma portuguesa e virou colono da fazenda"
"A minha família de origem africana era muito pobre, cada um tentou sobreviver como pôde desde os bisavós..."

Encontro alguns mitos acentuados: Luta pela Sobrevivência, Cuidado e Ajuda. O Mito da Luta pela Sobrevivência o qual responde ao instinto básico da preservação da espécie para garantir a alimentação, moradia e segurança, de acordo com determinados princípios, ou, de qualquer maneira, e, muitas vezes, a qualquer custo[5].

Na nossa história vamos encontrar uma diversidade cultural que transformou a paisagem cultural e influenciou a formação étnica do povo brasileiro, o que resulta hoje em uma população, cujas percepções e valores variam de um segmento a outro, compondo-se no decorrer do tempo com uma nacionalidade comum.

---

5   Esta diferenciação do Mito da Sobrevivência será aprofundada no Capítulo VI.

CAPÍTULO III
AS DIVERSAS FACES DA VIOLÊNCIA ATRAVÉS DAS GERAÇÕES

Marilene Krom, Adriana A. F. Providello

*"É necessário reconhecer a face humana
daquele que nos horroriza".*
Eliane Brum

Um dos eventos que mais nos impacta, quando com ele nos defrontarmos, relaciona-se a atos abusivos perpetrados contra crianças ou pessoas indefesas ou com sua resistência comprometida pelas circunstancias com as quais convive.

Levei um bom tempo para ampliar a minha compreensão e possibilidades, antes de conseguir propiciar o atendimento psicológico às vítimas de violência e precisei amadurecer minha atitude para incluir o abusador em meu trabalho.

Existem vários ângulos e perspectivas para abordar esse assunto complexo e impactante, podendo o mesmo ser visto de várias formas. Aqui vamos nos aprofundar a analisar a que tange a crianças e adolescentes através de várias facetas deste problema. Inicialmente, encontrar uma definição deste fenômeno, posteriormente, estender o olhar mítico a algumas famílias em seu aspecto intergeracional, e, na sequência, examinar a violência sexual, em como chegam essas vítimas para o atendimento, e, finalmente, olhar o abusador e refletir a respeito da abrangência necessária a esse trabalho.

A violência doméstica se configura como todo ato ou omissão praticado por pais, parentes ou responsáveis contra crianças e/ou adolescentes, sendo capaz de causar dano físico, sexual e/ou psicológico à vítima. Entre as formas de violência doméstica contra a criança e o adolescente destacam-se o abandono, caracterizado pela colocação da criança em situação de risco à sua integridade, a negligência, que se concretiza pela privação de cuidados básicos, de qualquer natureza, e, ainda, a violência propriamente dita que pode ser física, psicológica e de abuso sexual. (Azevedo e Guerra, 2000). Este tipo de violência implica uma transgressão ao direito de crianças e adolescentes serem tratados como sujeitos e pessoas em condição peculiar de desenvolvimento.

CAPÍTULO III

As pessoas em situação de violência com relativa frequência perdem as suas possibilidades de defesa e servem aos propósitos de outros numa relação de abuso de poder. Ao debruçar sobre este tema complexo e perturbador que, de maneira geral, envolve todas as pessoas no contexto, deparei-me através do atendimento direto, orientação de casos e pesquisas, com histórias de pessoas em que a violência de maneira perniciosa percorre várias gerações numa mesma família.

Gostaria de convidar o leitor a um percurso nestas histórias através dos relatos dos familiares[1]; vamos caminhar com elas através de suas vidas e de suas gerações. Focalizando a família Nuclear, encontramos a violência doméstica na família de **João e Aparecida**. Na primeira geração da família de **João**, a família do Sr. Benedito e Dona Augusta, **bisavós de João** na 1ª. Geração vivia na região nordeste do país, uma vida imbuída de desolação e penúria, o pai maltratava os filhos fisicamente e eles eram vistos prioritariamente como trabalhadores, sendo severamente penalizados.

Em uma família em situação de pobreza extrema, seus membros (pais e nove filhos), convivem com o abandono social em região distante do nordeste brasileiro, sendo que os pais abandonam os filhos e estes abandonam os pais. *"Muitos se mudam e não voltam".* A pobreza se mantém presente. Um filho deste casal, Fabrício, se casa com Maria (**pais de João**) na 2ª. Geração, ela filha também de colonos da mesma região, cujos pais viviam uma vida simples. O casal muda-se de estado, ele torna-se alcoolista e traía a mulher, o que gerava conflitos familiares e presença de violência, *"sempre sobrava pros filhos".* Maria torna-se depressiva. Nota-se, em todas as famílias dessa geração a **Luta pela Sobrevivência, a qualquer custo**[2], enfraquecendo-se e rompendo-se os vínculos afetivos com a existência de conflitos e de violência doméstica.

Na família do ramo feminino de **Aparecida**, Manuel e Carmem, imigrantes pobres, têm treze filhos que lutam pela própria sobrevivência, o pai era *"nervoso"* e agredia os filhos ocasionalmente, morreu ainda jovem. A mãe ajudada por familiares terminou de *"criar"* os filhos.

Na 2ª. geração, José, **pai de Aparecida**, casa-se com Benedita, vinda de uma família na qual os pais casaram-se obrigados. A mulher traía o marido, que tinha conhecimento deste fato e ficava alcoolizando-se pelos bares e batia *"por nada"* nos filhos.

Providos dessas raízes familiares, **João e Aparecida**, na 3ª. Geração, se casam na tentativa de estabelecer um ambiente familiar harmonioso. *"eu queria ter paz e o carinho*

---

1 Orientação do trabalho "O círculo vicioso nas famílias se perpetuando através das gerações" das alunas Adriana A.F. Providello e Mercia F. Oliveira no Curso de Especialização em Psicologia da Saúde/ UNESP (2002)
2 O Mito da Sobrevivência: Responde ao instinto básico da preservação da espécie para garantir a alimentação, moradia e segurança, de acordo com determinados princípios, ou, de qualquer maneira, ou, a qualquer custo.

que nunca tive na vida". João era calado, tinha dificuldade de convivência, o casal teve quatro filhas. A mais velha, Vilma, era *"esforçada"*, mas se casa e vive atualmente em conflito com o marido por causa de infidelidade do mesmo, a filha do meio Carolina torna-se depressiva e vive à luta com os próprios problemas.

As duas filhas menores começam a usar drogas, a se prostituir e participar de situações envolvendo violência. A mãe procura ajuda, e a família começa a ser auxiliada. Pudemos verificar várias condições fomentadoras de violência como pobreza, alcoolismo, situações de infidelidade conjugal, que servem como estressores e mantêm esse estado contrário ao direito à justiça e a razão, sendo a violência alimentada e perpetrada durante várias gerações. Vamos encontrar a presença do "**Mito da Sobrevivência a qualquer custo e da Infelicidade**" que se retroalimentam e dificultam para que elas encontrem saídas para tal situação de vida.

Vamos apresentar agora outra família, na qual se repete a violência, **José e Clara**, na 1ª. geração, os **avôs de José**, o Sr. João e Dna. Ernesta, uma jovem de treze anos que se casa, sem nenhum preparo, com um homem arranjado por sua família. A mulher se torna submissa e apática ao marido, o mesmo se alcooliza com frequência, o casal tem sete filhos. O Sr. Benedito (pai de José) se casa com Olívia vinda de uma família em que sofre abuso sexual perpetrado pelo próprio pai, os dois se casam cedo e saem de casa.

Na 2ª geração, **Benedito e Olivia** - *"era um homem esforçado, trabalhava bastante e não deixava nada faltar aos filhos"*- era extremamente agressivo com a mulher e os filhos. Bernardo, um dos filhos, o mais agredido pelo pai, o mais velho e rebelde, vivia pelos bares e acabou falecendo jovem por ter "sofrido golpes de faca". É possível verificar a situação de marginalização que se amplia além dos horizontes da família: um dos filhos desta família, José mostrava-se apático e negligente, enquanto o outro, Olívio, com doença mental, torna-se alcoolista.

Na 1ª. geração, na família de **Clara**, (**avós paternos**), encontramos o Sr. Renato e a Sr.ª Irma que se casaram por escolha própria, sem o consentimento das famílias, *"existiam diferenças sociais entre eles"* O Sr. Renato trabalhava na fazenda do pai de Irma. O casal teve seis filhos, o genitor apresentava crises explosivas de agressividade e morreu jovem de *"loucura"*. A mãe abandona os filhos aos cuidados de familiares e vai constituir outra família. Hélio torna-se o único filho que continua mantendo contato com a mãe.

Na 1ª. geração da família de **Clara** (**avós maternos**), o Sr. João e D. Maria casaram-se ainda adolescentes. A situação financeira era precária, eram trabalhadores rurais e tiveram cinco filhos. A filha Ana começou cedo a trabalhar na fazenda do Sr. Hélio, os demais continuavam na lavoura.

Na 2ª geração, (**pais de Clara**), Hélio se casa com Ana que era sua empregada, *"um homem que se construiu sozinho e conseguiu acumular bens"*, muito autoritário e se impunha a todos, vivia com muitos problemas, o pai se encarregava da educação da filha Cleide e a criou como sendo homem e determinava que ela usasse roupas masculinas, pois queria um filho e não o havia tido. Posteriormente, o Sr. Hélio teve um filho extraconjugal, adotando-o, e a sua mulher cuidou do mesmo sem questionar.

José e Clara se conheceram e não tiveram a aprovação da família no início, pelas desigualdades sociais da família, mas casaram-se e foram morar na fazenda. O Sr. Hélio faleceu logo após e a filha Clara ficou muito chocada. O casal teve dificuldades para se entender, com um casal de gêmeos, Regiane e João. A filha Regiane era abusada sexualmente pelo tio Olívio, portador de doença mental, diante desta situação mudaram-se para a cidade.

Após três anos, eles adotaram uma criança, Teresa, que após alguns anos foi abusada também pela mesma pessoa, o tio Olívio. O casal procura, então, ajuda e afasta-o do convívio do resto da família.

Nota-se nessa família a violência mostrando suas várias faces, a violência sexual marcando sua presença entre as agressões que se repetem. A presença do **Mito do Poder**[3] e o alcoolismo, agravando a situação na qual onde os conflitos e a doença mental, fomentam as situações abusadoras.

Somam-se várias dificuldades onde existe abuso de poder, de efetuar denúncia e colocar limites para as pessoas abusadoras, como também realizar a proteção das pessoas ou das crianças indefesas, e enfrentar tal situação de vida. Elas se mostram marcadas pelas histórias familiares. Destaca-se em especial o **Mito da Infelicidade**, que facilita aceitação dos estigmas[4], que ficaram marcados em ferro em brasa, e à espera do cumprimento das profecias.

Vamos apresentar outra família com violência doméstica, a família de **Devanir e Fátima (bisavós de Devanir)**. Na 1ª geração, o Sr. João e Dna. Erair vieram para o interior do Estado de São Paulo. Jovens, procuravam melhores condições de vida. Tiveram treze filhos que os ajudavam na lavoura, o pai tinha uma postura agressiva e autoritária e agredia física e verbalmente a mulher e filhos. A Sra. Erair adoeceu e morreu repentinamente, e os filhos acusaram o pai por maltratá-la.

Na 2ª geração, o Sr. José e Maria (**avós paternos de Devanir**) vieram do Nordeste, casaram-se jovens e tiveram nove filhos. José Jr., o filho mais velho, pai de **Devanir**, sem-

---

3 Os Mitos da Doença, da Loucura, Maldade e Infelicidade, mostram algumas características comuns; as pessoas se sentem fadadas a determinado tipo de adoecimento ou comportamento, à espera de tal profecia "isto me espera". Não conseguem fugir do estigma "somos loucos", submetendo-se, com frequência ao "não vou escapar".

4 Os estigmas se caracterizam como marcas de várias maneiras: desde as de aspectos físicos a características afetivas e emocionais que se destacam e passam a fazer parte das identificações pessoais.

pre ajudou o pai no sustento da família. Foi relatada a presença do alcoolismo e de atitudes violentas tanto do pai como dos filhos, pois existiam agressões mútuas entre eles.

Na mesma 2ª geração (**avós maternos de Devanir**), o Sr Saulo e Laura se conheceram em uma festa junina, fugiram de casa pra se casar e mudaram de cidade devido a sérios conflitos familiares. O marido contraiu a doença de chagas e, durante muito tempo, a família conviveu com sérios problemas. Tiveram três filhos, entre eles Antonia, mãe de **Devanir**.

Na 3ª geração, o Sr. José e Antonia (**pais de Devanir**) se conhecem na zona rural onde viviam, optaram por morar juntos, pois a vida das duas famílias era permeada de violência e conflitos. O Sr. José começa a se alcoolizar em bares, tornando-se alvo de discussões constante.

Devanir foi o primogênito, o pai mudou de cidade pra trabalhar, a mãe começou a se alcoolizar, os filhos ficavam abandonados e o filho mais velho ajudava a cuidar dos irmãos.

A pobreza, a exclusão social, o abandono por parte dos pais se perpetuam na vida dessas pessoas rompendo os poucos vínculos, enfraquecendo a afetividade e fomentando o **Mito do Poder**, a repetição da violência doméstica e a drogadição.

Em outro ramo familiar do Segmento Feminino encontramos a família de Fátima. Na 1ª geração, os bisavós paternos, o Sr. Roberto e D. Aparecida residiam no Nordeste com uma vida extremamente difícil, sem recursos uma vez que trabalhavam como boias-frias. Tiveram dez filhos, e foram, com o passar dos anos, construindo suas vidas. O Sr. Roberto não era afetuoso com os filhos e, como se mostrava desesperançado com a vida, entregou-se ao álcool. Manduri, o filho mais novo, foi abusado sexualmente pelo tio.

No outro ramo familiar da 1ª geração, os bisavós maternos Sr. Malaquias e Eurides se casam e têm três filhos, sendo que estes ficavam abandonados quando a mãe adoecia, chegando a passar necessidades de alimentação. Percebe-se a pobreza, o abandono social e afetivo, e o pai Sr. Malaquias obriga a filha Rute a se casar com um amigo, o Sr. Manduri, em troca de terras. O pai usava arma de fogo e era temido.

Na 2ª. geração da Família de Origem Materna, o Sr. Manduri e Rute casam-se, ela obrigada pelo próprio pai. Tiveram cinco filhas, o genitor era ausente, por não admitir não ter filhos homens, não valorizava as filhas. A esposa o flagrou abusando sexualmente de duas filhas, de 9 e 10 anos, na época e manteve sigilo. Manduri repete a violência sexual de que fora vítima pelo próprio tio com as suas filhas. Após esse episódio, D. Rute adoeceu, a agressão tornou-se constante e as filhas temiam o pai. A filha Vilma sai de casa aos treze anos para trabalhar em casa de família e rompe com a família.

Encontramos, na 3ª geração, Vilma trabalhando em casa de família com dezesseis anos, ela fica grávida, o namorado a abandona e ela assume sozinha a criança **Fátima**.

CAPÍTULO III

Quando a mesma tem sete anos, Wilma conhece Mário e vai viver com ele, o padrasto abusa de **Fátima,** a enteada, quando a mesma tem dez anos. A violência ocorrida repete-se agora com a filha. O casal vive em conflito e a filha com doze anos abandona a casa para trabalhar, com quinze conhece **Devanir** e vai viver com ele.

O relacionamento na família atual, de **Devanir e Fátima,** se mostra marcado pelos traumas e sofrimentos de suas vidas. Tiveram quatro filhos, os quais, atualmente, vivem com a avó Dona Vilma, devido à situação precária de vida dos mesmos, todos vivem no mesmo quintal.

Recebem ajuda profissional no momento, mas vivem em constantes discussões, nota-se a presença do **Mito Desorganizador e Nocivo da Infelicidade**, no qual as pessoas se sentem marcadas por este estigma e fadadas às profecias da mitologia.

Nestas famílias pode-se encontrar a Mitologia Familiar como entendo o Mito: O Mito constituí em sua essência a concepção do mundo própria da família, onde se cria a realidade familiar e o mapa do mundo individual. As pessoas vivem dentro de uma determinada concepção, e a usam para nortear a maneira como se organizam, se determinam as relações, se executam as funções e como se direcionam as situações de poder e efetuam-se as trocas afetivas dentro da família.

Conforme já visto anteriormente, os mitos se diferenciam entre os que predominantemente são construtivos e organizadores e os predominantemente destrutivos e desorganizadores, que marcam a sua presença nestas famílias estudadas.

Entre os vários mitos Nocivos e Desorganizadores encontrei o **Mito do Poder**, nas quais ocorre o abuso de autoridade, geralmente com história de patriarcado e autoritarismo, o que favorece a repetição da violência doméstica.

Os **Mitos da Doença: da Infelicidade, da Loucura e da Maldade** mostram algumas características comuns; as pessoas se sentem fadadas a determinado tipo de adoecimento ou comportamento, esperando tal profecia, *"isto me espera"*, não conseguindo fugir de tal estigma *"somos loucos"*, submetendo-se, com frequência, *"não vou escapar"*.

Convém relembrar como eu os entendo: os estigmas familiares se caracterizam como marcas de várias maneiras; desde as de aspectos físicos a características afetivas e emocionais que se destacam e passam a fazer parte das identificações pessoais.

As profecias são determinações a serem cumpridas na área pessoal, afetiva ou profissional e abrangem uma perspectiva futura. Neste momento vamos buscar clarear alguns aspectos de uma face perniciosa da violência que se repete através das gerações. Trata-se de violência sexual, trazendo alguns casos no como chegam para o atendimento e, posteriormente, procurando entender como muitas mães se tornam coniventes deste abuso e vários pais e outras pessoas transformam quem deveria estar sob sua proteção em suas próprias vítimas.

É comum o adulto, que deveria preservar a segurança e a dignidade da criança, usar da relação estreita que tem com a vítima e abusar da sua confiança e do seu poder como responsável para se aproximar e satisfizer suas próprias necessidades, praticando atos sexuais que a criança ou adolescente, muitas vezes, pode considerar inicialmente como demonstrações afetivas e de interesse.

Um abuso pode ser considerado um mau uso ou um desregramento. A pessoa que abusa é aquela que excede limites e invade fronteiras. Para haver abuso sexual na infância, adolescência, é preciso existir uma falha das pessoas responsáveis por cuidar da criança e adolescente, permitindo que ela seja exposta a situações sexuais inadequadas. Normalmente, o agressor é alguém em quem a criança confia. Crianças passivas e dependentes costumam ser o alvo preferido dos autores de abuso, sendo elas geralmente pouco vigiadas e vulneráveis emocionalmente.

O que se constatou frente à nossa prática profissional é que as vítimas de violência doméstica relatam situações de sofrimento vivenciadas durante muito tempo. Com frequência não conseguem apoio da família, pois igualmente seus membros são reféns de desamparo e negligência, havendo propagação da violência com suas várias formas em seu cotidiano, pois em muitas situações estas se associam e assim permanecem na vida dessas pessoas favorecendo este ciclo de manutenção e repetição.

Ao chegar ao atendimento, os vitimizados apresentavam fragilidade e resistência em relatar os fatos, numa vida de sofrimento. Vamos colocar alguns relatos para ilustrar, pois uma das autoras, durante muito tempo, trabalhou atendendo diretamente os casos de violência sexual: Rosa, com 15 anos, veio encaminhada da Delegacia de Defesa da Mulher, extremamente abalada, chorando compulsivamente. Após a acolhida psicológica, a adolescente verbalizou:

> "*estou desesperada, é triste ver tudo isso acontecer, eu contei para minha mãe, eu tinha medo, eu não aguentava mais, ele mexia comigo e com minha irmã, era toda semana, cada dia com uma das filhas, minha mãe ia todos os dias à igreja no culto e levava as irmãs, mas sempre ficava uma, eu também ia, era melhor do que ficar naquela casa sofrendo, eu sentia aquela mão sobre meu corpo, ele fazia sexo comigo, às vezes até na mesma cama junto com minha mãe, o meu sofrimento durou desde 8 anos, e hoje ver meus irmãos cada um indo para cada abrigo e minha mãe também, eu não aguentei... Eu sempre pedia ajuda, ninguém me ouviu, e agora, o que vou fazer?"*

Prossigo com outro relato:

> "*Conversei com minha mãe e falei toda a verdade, que meu padrasto andava nu na minha frente e pedia para eu mexer no seu órgão genital, saia àquela coisa branca, às vezes até na*

minha boca..., minha mãe falava para eu ter paciência, ficar trancada no quarto enquanto ela ia trabalhar, era xingada de todos os palavrões por ele, o pior é que tenho uma irmãzinha que pode acontecer com ela e minha mãe disse que isso já aconteceu na vida dela e ela está viva, que todo mundo sofre nesta vida." (M, 14 anos).

É necessário que a vítima possa ser ouvida e acreditada, pois, muitas vezes, pela crueldade dos fatos pode permanecer um ponto de interrogação, e, assim, ocorre um processo de revitimização e culpabilização da vítima, o que enfraquece suas forças de luta e a faz deixar de lado o seu sofrimento e calar-se para não se expor mais, pois não teve oportunidade de ser protegida.

A proteção e o acolhimento se fazem necessários, propiciam à vítima o momento de autoafirmação, ser alguém no mundo que merece ser feliz, que não pode continuar sendo vítima de um destino marcado por tristeza e acontecimentos que os estigmatizaram por muito tempo ou quase durante toda uma vida.

Crianças pequenas, de 3 a 6 anos, chegavam para atendimento vítimas de abuso sexual doméstico, sendo incidente o próprio pai, o que gerava em si maior sofrimento. Como agir diante de alguém que mantêm um vínculo afetivo, com responsabilidades de proteção e cuidados iniciais, cruciais ao desenvolvimento que vão sendo minados atingindo diretamente a vida dessas crianças. Há de se considerar que, na maioria das vezes, as crianças apresentavam situações de somatizações como expressão direta do sofrimento psíquico não verbalizado, mas o corpo exprimia-se de forma devastadora.

Enfatizo um caso de uma criança de três anos, que apresentava manchas avermelhadas pelo corpo, principalmente nos braços, as quais ficavam mais evidentes nos finais de semana, justamente nos dias em que visitava o pai, uma vez que os pais estavam separados. A mãe acreditava que poderia ser algum processo alérgico, portanto durante a semana, as manchas quase não aparentavam. Ressaltava ainda que ocorriam mudanças comportamentais com a mesma, como agitação principalmente às sextas-feiras.

Até que certo dia a mãe de Mariana foi buscá-la na casa do pai. Encontrou a mesma chorando, verbalizando que estava com dores, indicando ser nas pernas. Imediatamente a mãe levou-a ao Pronto Socorro Infantil e, durante avaliação médica, foi constatado sêmen na vagina da criança. Diante desta comprovação, todas as providencias legais foram tomadas, ocorreu o afastamento deste pai do convívio com a criança.

Mãe e filha foram acolhidas por familiares, Mariana foi acompanhada no setor psicológico durante as sessões, dramatizava através dos bonecos, a cena de abuso vivenciada. Esta ocorrência, que marcou a sua vida, com facilidade pode gerar estigmas. É importante considerar até que ponto a mãe está envolvida nessa situação, e como ela pode e deve ser ajudada a proteger sua filha.

O **Mito Nocivo e Desorganizador da Infelicidade** se propaga através do sofrimento destas vidas, *"aquilo que sofri, meus filhos vão passar"*, bloqueia as iniciativas, dificulta a proteção dos que a necessitam, tolhe a ação de proteção das mães e alimenta a compulsão dos pais ou abusadores, propaga o ciclo da violência que fere as gerações e adoece os indivíduos, tendo como ponto principal a infelicidade.

A infelicidade que se alimenta, também por relações mal resolvidas e conflitivas, expectativas não satisfeitas, amores não vividos, distanciando as relações afetivas entre mães e filhos, e levando à negligência o valor da afeição e carinho.

Com frequência existe a presença da violência psicológica a conviver ou manter outros tipos de violência, seja a física ou a sexual. A psicológica muitas vezes camuflada em palavras desferidas, ou mesmo em atos omissos, que ferem como uma agressão, pois esta invade pensamentos e sentimentos até a vida adulta, provocando traumas, estigmas e, consequentemente, paralisando e ceifando as possibilidades de sair deste círculo de propagação e manutenção da violência.

Há relatos que demonstram isso claramente:

"Sei que minha mãe sempre sofreu violência do meu pai, era agredida diariamente, ele gritava e desferia palavras de baixo de calão, mas não posso deixar de lado o meu sofrimento, ela nunca disse que me amava, sempre sofri calada, hoje não sei quem eu sou".

"Minha mãe ama o meu pai, e, se duvidar ama até agora... por isso fiquei quieta e até desisti de dar continuidade ao processo, casei aos 14 anos com um homem que não amava, mas precisava sair de casa, busquei proteção, felicidade não sei o que é isso, o nosso relacionamento é ruim, principalmente a afetiva e sexual, mas fazer o que? Como diz minha mãe, homens são todos iguais, ele não me bate, traz comida para dentro de casa".

Ser feliz para essas pessoas acaba sendo uma coisa para segundo, terceiro plano na vida, enquanto a infelicidade se mostra algo concreto palpável, colocam de lado formas de lidar com este sofrimento, pois como se diz: -*"já estou acostumada"*, deixando para trás uma vida que poderia ter sido melhor. Em várias situações se mostram sem perspectivas de vida, sem previsão, vivo o hoje sem acreditar em novas possibilidades: -*"não encontro nada de diferente, nada faz sentido, estou estigmatizada para a vida toda".*

"Sabe, quando saio na rua parece que todo mundo me olha diferente, como estivesse escrito na minha testa: 'fui estuprada pelo meu pai'. Estou suja, confusa, preciso ficar quieta, se caso converso com um homem ou se ele me olhar demonstra outros interesses, afinal homem só pensa em sexo. Estou sozinha, meu pai matou minha mãe e se enforcou e deixou uma carta dizendo que me amavam, todos me diziam que eu era culpada, às vezes não falavam, mas mostravam pelas atitudes, não permitindo que eu me aproxime, como se eu fosse fazer algum mal a eles".

CAPÍTULO III

"Estou morando com a minha avó paterna que pede todas as noites para eu rezar e perdoar meu pai, minha cabeça fica zonza, não posso odiar quem acabou com minha vida. Sei que Deus castiga, mas no meu caso ele não vai entender, tenho sentimentos, parece que quando consigo me levantar vem alguma coisa e me derruba. Voltei a estudar, mas todo mundo da escola já estava sabendo de tudo e falava que você estuprada pelo pai?". (Nair, 16 anos, com uma filha de 7 meses, vítima do incesto).

O **Mito da Infelicidade** se fazia presente neste caso, uma vez que, através do relato da adolescente, cuja mãe apresentava problemas psiquiátricos, teria sido vítima de estupro por um dos seus irmãos, tio da adolescente. Esse pai abusador fazia uso de substâncias psicoativas e a mãe ignorou a filha pedindo ajuda.

Em se tratando do agressor, cabe ressaltar alguns relatos dos mesmos, os quais sem voz e sem oportunidade de acolhimento verbalizam situações de sofrimento em suas vidas.

"Saí de casa desde 13 anos, depois de tanta agressão do meu pai, sempre defendi minha mãe, mas ela ficou do lado dele quando mais precisava, ficava até de madrugada na rua olhando carros, o dinheiro que conseguia dava para minha mãe comprar pão e leite para meus irmãos que gritavam de fome, meu pai bêbado, batia na minha mãe e nos meus irmãos todos os dias, trabalhava como pedreiro, mas nunca trazia dinheiro para casa, minha mãe contava que vieram ainda adolescentes de São Paulo para o interior, uma vez que os mesmos sofriam violência por seus pais e que a mãe tinha sido estuprada pelo irmão mais velho. Iniciar uma vida a dois não foi fácil, emprego demorado, viveu na rua por um tempo até conseguir um lugar para morar e emprego, uma vida difícil, sem as mínimas condições de sobrevivência, sempre dependia da ajuda dos outros, passava fome. Uma tristeza sem fim."

Um outro:

"Pensei que estava tudo esquecido, não lembrava muito, mas quando comecei a abusar da minha filha tudo voltou, me lembro dele (o pai) abusando de mim, eu era muito pequeno depois ele parou e foi como se não tivesse acontecido".

O retrato do sofrimento dos agressores é evidenciado, denotando a perpetuação da violência, o ciclo que vai sendo fortalecido pelo sofrimento, mágoa, pela tristeza e desesperança na vida e confiança no outro. *"Como acreditar que o outro pode ser bom se na minha vida só convivi com a dor, com o descaso e com a desproteção"?*

A crueldade dos indivíduos os torna mais cruéis, muitas vezes sem ninguém como uma referência positiva, para oferecer modelos positivos, eles não conseguem estabelecer vínculos fortes que possam minimizar essa dor, não procuram ajuda, pois esse tipo de auxílio é escasso.

E na sociedade colocamos rótulos nesses indivíduos, demonstrando de alto e bom tom que são os excluídos dos excluídos, são os sem vez, aqueles que não merecem reintegração social.

Observa-se à medida que as pessoas desenvolvem uma luta constante para sobreviver num mundo que se configura violento no qual não foi preservada a individualidade de cada um, seu direito a uma infância digna, o **Mito da Sobrevivência a qualquer custo**[5], é acionado em seu aspecto mais egoísta, no qual não se priorizam as relações e a afetividade como norteadora das condutas familiares.

Existem situações de vida e conteúdos que alimentam diretamente essas mitologias presentes na fomentação e perpetuação da violência doméstica, tais como o **Mito do Poder, da Infelicidade e da Sobrevivência a qualquer custo,** mostram-se condições fomentadoras entre elas a penúria, a pobreza e a negligência social, em que as pessoas são deixadas à própria sorte, sem condições de utilizar recursos de subsistência e manutenção de um nível de vida que preserve a dignidade humana.

Outras circunstâncias, tais como a dos retirantes de zonas inóspitas sem as estruturas de apoio e suporte, passam por condições de muito estresse. Os sofrimentos e decepções se acumulam nessas situações limites de vida, as quais frequentemente são agravadas pela doença e morte de familiares.

Os vícios que vêm sendo repetidos na família, a tolerância ao uso abusivo do álcool e outras substâncias, ou outros comportamentos como os de infidelidade masculina, os atos abusivos de poder mantidos e muitas vezes influenciados pelas figuras míticas familiares exemplificam outras situações que nutrem os mitos em pautas.

Figuras míticas de Mitos Nocivos e Desorganizadores, modelos autoritários e de coronelismo é que vão determinar, com frequência, a presença do **Mito do Poder**, sendo elas que direcionam um tipo de organização familiar de abusadores e de vítimas.

A passividade feminina sediada na história da mulher em seu papel historicamente construído de submissão masculina, no qual mantém atitudes de ocultamento e descrédito em relação à ajuda proveniente de qualquer parte, com grande probabilidade, mantém a manutenção deste funcionamento.

Os indicadores da presença da violência se fazem sentir: a negligência e abandono de filhos pelos pais, o esfacelamento familiar, a desorganização, as agressões físicas perpetradas contra os filhos e com o cônjuge, a falta de comunicação e a vitimização sexual, entre outras.

---

5 Torna-se necessário apontar uma diferenciação no Mito da Sobrevivência: quando feita a qualquer custo, não prioriza as relações, sacrificando-as pelo estilo de vida, pois rompe com os laços familiares. O que importa é suprir as próprias necessidades, notando-se um imediatismo nessa busca de satisfação no que diz respeito à maneira como vivem essas pessoas.

Um aspecto a considerar é como ocorre a somatização nas pessoas, que convivem longamente com a violência e como ela pode indicar os tipos sofridos como no caso de psoríase e depressão relatados anteriormente.

Outro item a que se deve atentar é como a violência sexual cria condições maléficas para sua repetição, pois o abusador tem sido recentemente alvo de estudos e de um olhar mais humano, pois a grande maioria, 90% de acordo com pesquisas mais recentes, foi alvo de violência sexual em sua infância. Essas pessoas não foram tratadas ou não se libertaram, ou, ainda não puderam superar esse trauma e *não se sentem aceitas em seus problemas para procurarem tratamento terapêutico ou preventivo.*

Ao focalizar este problema de múltiplas causas e de difícil resolução, tornam-se necessárias políticas sociais direcionadas para as condições fomentadoras já acima discutidas e outras que possam ser identificadas. É urgente que se viabilizem equipes multidisciplinares para atender às várias solicitações das muitas questões envolvidas e, principalmente, que se favoreça o atendimento preventivo aos abusadores para se evitar a repetição e reincidência. São essas providências que viabilizarão a ajuda social e terapêutica às vítimas e familiares.

CAPÍTULO IV

A CONSTRUÇÃO DO CASAMENTO SOB O OLHAR MÍTICO

> *"O encontrar e compartilhar o amor são uma das experiências mais ricas e gratificantes do ser humano".*

A História se inicia a partir do fascínio que tive na infância pelos Mitos e Lendas, que povoaram a vida da humanidade através dos tempos. Mais tarde, já na idade adulta, me interessava a construção do par, o porquê de aquelas pessoas, dentre tantas outras, se unirem. Ao adentrar no trabalho com famílias, senti a necessidade de aprofundar a compreensão a respeito dos padrões que atravessam as gerações que permeiam as relações e tornam-se responsáveis tanto pela disfunção familiar como pelos recursos que lhes possibilitam a manutenção da saúde.

Gradativamente, foi-se ampliando a minha concepção a respeito do mito na família, capacitando-me a estabelecer uma leitura mítica para diferenciar os diversos mitos presentes na família.

Um dos momentos importantes que gostaria de expor concerne ao interesse pelo encaixe percebido que ocorre no mito quando as pessoas se casam vindas de duas famílias com mitologias específicas e envidam esforços para construir o seu casamento.

O sentido e os valores que vêm sendo transmitidos intergeracionalmente, compartilhados na família e trazidos para o casamento pelas pessoas, são vistos como elementos fundamentais para entender a relação entre as mesmas, o rumo que deram à sua história, tendo como base a mitologia familiar.

Inicialmente, proponho a visão do casamento como uma instituição na qual a cultura e os mitos, como elementos fundamentais que permeiam as civilizações, são criados com base no contexto histórico e social de cada povo.

Na medida em que se vão configurando determinadas organizações sociais, formam-se mitos que ficam na base destas entidades, implícitos em sua própria maneira de ser.

CAPÍTULO IV

A família como é vista atualmente, no significado que lhe é referido, se construiu progressivamente no passado. O casamento, como condição para o estabelecimento dessafamília, sofreu a influência de acontecimentos que geraram forças e movimentos sociais, desencadearam profundas mudanças em sua organização no sentido que lhe foi sendo atribuído no seio da família.

Através do conhecimento a respeito, tal como tem sido delineado por alguns historiadores, é possível percorrer um caminho que vai do surgimento do sentimento de família e da infância, até o reconhecimento do sentimento do amor e sua importância para o casamento.

Rever estes acontecimentos permite que seja ampliada a compreensão dos significados que foram atribuídos a essas experiências. A consequente transformação dos mitos inicia-se com os estudos que focalizam a sociedade europeia e colonial brasileira a partir do século XV.

Ao reportar-se à Europa do século XV[1], a família existia como realidade experimentada e não como sentimento ou valor. As pessoas viviam misturadas umas às outras; senhores, criados, adultos e crianças. Constituía-se mais em uma realidade moral e social do que sentimental. Confundia-se com a prosperidade do patrimônio e a honra do nome. Esse momento histórico é importante, na medida em que demarca um dos primeiros significados atribuídos à família e é confirmado no Mito de Propriedade[2], encontrado em inúmeras famílias.

No Brasil, além dos aspectos apontados acima, na época das colônias[3], constata-se também uma situação específica: os indivíduos se apropriavam ou se deixavam apropriar, a sociedade se dividia em escravos e senhores e a luta pela propriedade e pela subsistência era indissociável; enquanto a preservação do patrimônio capitalizava a força de todos os membros da família.

Esses itens são importantes para recordar que grande quantidade de famílias na época eram famílias de aventureiros, de colonizadores e imigrantes que vieram "*fazer a vida*", como aponta a História do Brasil, que tinham como projeto de vida a conquista e se utilizavam de todos os meios disponíveis para atingir este fim; o que justifica a presença do Mito da Conquista, neste mesmo sentido dado à vida, preservado no tempo por algumas famílias já estudadas.

Em relação aos cuidados com as crianças, na sociedade europeia sem a escravatura, elas eram enviadas às aldeias e entregues às amas de leite para serem atendidas, enquanto que, no Brasil, as mães colocavam suas crianças sob os cuidado de escravas despre-

---

1   Áries, 1978.
2   Verificar conceituação deste Mito no capítulo I.
3   Costa, 1983.

paradas, isto até o momento em que os progressos da ciência e da assepsia permitiram utilizar, sem riscos, o leite animal.

Nas condições médicas e sanitárias do século XVII ao século XVIII, na Europa, uma quantidade considerável de crianças morria, porque os pais não acreditavam que deveriam evitar a concepção de uma nova criança durante a amamentação. Não se conheciam técnicas contraceptivas, não havia a valorização das crianças[4].

Entretanto, começa a ocorrer uma revolução lenta mal percebida pelos contemporâneo se historiadores, e difícil de reconhecer, tendo durado aproximadamente três séculos, a partir do séc. XV. As relações superficiais são substituídas gradativamente por sentimentos mais profundos, surgindo o sentido de família, quando se assume então a responsabilidade pelo cuidado dos seus membros e a manutenção do seu bem-estar.

As pautas de ajuda e cuidado passam a ser direcionadas de um para o outro, a sobrevivência da família passa a depender desse sentido de união[5].

No relacionamento entre pais e filhos, houve mudança significativa, da Idade Média até os nossos dias, na função paternal, pois, à medida que a escola foi sendo instituída, aos pais foi sendo atribuído o encaminhamento e acompanhamento da vida escolar dos filhos. Inicialmente pertencia à mãe a responsabilidade de cuidar dos filhos, mas esses papéis foram sofrendo transformações.

Alguns estudiosos assinalam a influência exercida pelos profissionais da medicina higienista e pelas autoridades pedagógicas, que foram fortalecendo essas mudanças na família, determinando condutas e garantindo a sua manutenção através dos tempos[6].

A partir do século XVIII, na Idade das Luzes e da Industrialização, surgem vários processos decorrentes da revolução industrial; a área econômica torna-se mais autônoma e segregada. A industrialização esvazia progressivamente o feudo e a família nucleariza-se. E, em consequência, estabelece-se o papel socializador da família[7].

Outro aspecto importante a ser colocado é a revolução da afetividade, pois esta até então difusa; repartida sobre certa quantidade de coisas e sujeitos materiais e sobrenaturais: Deus, santos, pais, filhos, amigos, cavalos, e cães, pomares, jardins, etc. concentram-se, no interior da família, sobre o casal e os filhos[8].

Surge o novo homem, o burguês criado pela industrialização que se caracteriza por manter relações sociais parcializadas e por valorizar o ambiente familiar como o seu

---

4   Flandrim, 1988.
5   Considerar o conceito do Mito de União no capítulo I.
6   Costa, 1983, Foucault, 1977.
7   Ussel, 1980.
8   Áries, 1978.

espaço mais íntimo. Nessa época houve maior investimento na preservação da família e maior valorização do casamento.

O amor, tema favorito dos poetas e romancistas, sofre profundas transformações, durante todo o tempo, desde o século XV ao XX. Ocorrem mudanças em seu significado, altera-se a atitude da sociedade a esse respeito, iniciando-se a valorização desse sentimento na escolha do cônjuge e assinala-se a sua importância no relacionamento conjugal.

Como no dote durante muito tempo, a mulher transferia ao marido parte dos bens de sua família de origem. A movimentação dos bens era o que condicionava a circulação das mulheres e prescindia do amor para se efetuar. Na medida em que há o reconhecimento do sentimento do amor, torna-se ele o móvel da escolha pré-matrimonial, tanto na sociedade europeia como no Brasil Colonial.

No decorrer do século XX, nota-se a consolidação de um modelo cristão de vida conjugal, que tem no amor a base do sacramento do matrimônio. A esse sentimento é atribuída a energia responsável pela coesão da família, o que vai substituir lentamente os imperativos da sobrevivência material.

Os novos significados atribuídos ao amor e à realização amorosa fornecem uma nova concepção ao casamento, favorecendo a criação de determinados mitos em relação a esta união como o da "**Busca da Unidade Perdida**[9]", conteúdos esses que se encontram nos familiares.

Nos padrões afetivos vigentes no seio da família, distinguem-se atribuições precisas aos papéis masculinos e femininos, paternal e maternal, estabelecem-se normas de respeito pelas diferenças específicas de cada cônjuge e a necessidade de coesão e continuidade desta instituição.

Assim, pode-se observar através da história como a própria ideia de família constitui-se Mito[10], que estabelece modelos e define uma hierarquia de valores, cujos papéis são determinados para atender às funções assim definidas.

O casal, ao construir o seu casamento, desenvolve, em interação, noções que são compartilhadas a respeito do seu mundo social e das coisas inanimadas; valida crenças e práticas; testa o sentido de vida que trouxe de suas famílias de origem e participa como sujeitos ativos nessa construção.

Os mitos familiares, compartilhados pelo casal através dos processos que se dão no encaixe mítico, são permanentemente acionados pelas crises e tarefas evolutivas presen-

---

9 O Mito da Unidade Perdida impulsiona o ser em busca da realização amorosa com o outro numa tentativa de completude.

10 Pode-se observar aí a influência da família como Mito "Mater Familae", pois o Mito Família tem sua história relacionada ao seu conceito atual, incorporando em si vários mitos: propriedade, autoridade e união entre outros.

tes no ciclo vital da família, e preveem momentos de desorganização e reorganização mítica que o casal enfrenta.

A construção da realidade familiar, tal como é vista atualmente, teve seus pontos principais demarcados por vários pensadores que devem ser considerados. Uma figura vultosa e marcante que influenciou a Terapia Familiar foi Gregory Bateson[11]. Muito do seu trabalho foi voltado para a compreensão de como se construir uma epistemologia. Durante a década de 1970 Bateson, ao trabalhar com a expansão do estudo cibernético, transforma a cibernética em uma nova ciência dos padrões de organização; o mundo vivo foi compreendido como o mundo da informação, da comunicação e da organização.

A maneira como se constrói a realidade preocupava Bateson, que gostava de citar o aforismo do linguista Korzybski: "O mapa não é o território e o nome não é a coisa nomeada", pois o prisma com que se vê o mundo depende das distinções traçadas nele, e, de maneira contrária, a forma e o processo definem-se recorrentemente.

Ao morrer, Bateson, em 1980, deixa um grupo de pesquisadores preocupados com a mesma questão, trabalhando com experiências sobre reação à cor e organização do sistema nervoso, o que vai possibilitar mais tarde, o entendimento do processo de construção no sistema nervoso.

Desponta a Cibernética de Segunda Ordem, e os sistemas abertos evolutivos fora de equilíbrio tornam-se um desafio para as primeiras teorias sistêmicas. Surge uma nova compreensão a respeito da mudança, que se compreende a partir da contribuição dos estudos de Ilia Prigogin (1980) que clarifica como uma mudança de segunda ordem produz uma nova organização no sistema.

Outras ideias construtivistas se somam a partir dos trabalhos de H.Von Foerster, H.Maturana, e F.Varela, e E.Von Glasersfeld. Os três primeiros trabalharam com as ideias de Bateson, focalizando o sistema nervoso[12].

Articula-se, então, uma cibernética de segunda ordem, dos sistemas observantes; que tem como eixo a noção de que só se conhecem as próprias construções sobre os outros e sobre o mundo. O indivíduo constrói um mapa do mundo, que o faz perceber algo como realidade. Usando essas ideias como referencial, surge a noção de "imagem de mundo[13]" e de "mapa de mundo"[14].

No final da década de 1970, desponta uma nova postura em termos de construção em que se destacam alguns pensadores[15]. Essa postura inovadora vê a construção da rea-

---

11 Bateson, 1972, 1986.
12 Watzlawick, 1989.
13 Sluzki,1985.
14 Elkaim,1990.
15 Dell,1982 ,Goolishian,1979, 1986.

lidade como um processo eminentemente social e linguístico, na qual os autores iniciam o questionamento à terapia familiar estabelecida em relação à noção de determinismo e controle.

Todo o ser vivente é analisado por outro sistema vivente. A circularidade funciona no sistema verificado, no observador e entre ambos, entre observador e observado, no que se afirma a importância da linguagem. Portanto, todo observador, ao avaliar o sistema, o distingue como tal, constrói e forma com ele outro sistema do qual participa.

Packman[16] ao citar Von Foerster, afirma que a linguagem pode constituir-se como aquela forma de comunicação capaz de referir-se a si mesma e conclui: o mesmo se passa com a consciência que é consciente de si e com a epistemologia que tenta conhecer o conhecer.

Ao permitir um recorte dos itens que se compatibilizam com este pensamento, é possível afirmar, que, os sistemas podem descrever-se como existentes na linguagem e na ação comunicativa e, portanto, a organização de tais estruturas são resultados de intercâmbio comunicativo. Entendem-se aqui como sistemas sociais os que se geram através do diálogo.

Este mesmo autor enfatiza que o sistema que observa é a comunidade observadora, nunca uma só pessoa, uma vez que as percepções são erigidas no mundo não somente através do sistema nervoso, mas dos filtros linguísticos e culturais com os quais se aprende.

Aspectos importantes são compreendidos com a evolução dos novos significados através das narrativas e histórias criadas na conversação e no diálogo. Esses *constructos* organizados podem ser personificados em mitos, premissas, conceitos e sistemas de crenças sobre o mundo com os quais os indivíduos constroem a sua realidade[17]. Chama-se atenção nessa postura à possibilidade de se criar uma realidade compartilhada e se garante um processo de definição e redefinição através do qual se cria a realidade.

Os conceitos que foram surgindo em relação à própria construção da realidade, tais como "imagem de mundo", "mapa do mundo", permitem a compreensão do que posso denominar "mito individual", conteúdo este configurado a partir dos mitos familiares[18].

Pode-se ver a família como uma entidade flexível composta por pessoas que compartilham significados, que enriquece o entendimento da produção de seu sentido na família que é o cerne da construção mítica.

---

16 Packman, 1988 ao citar Von Foerster (pág. 37).
17 Goolishian e Anderson, 1988.
18 'Mito Individual: "Essência da concepção de mundo, onde se cria a noção de realidade e o mapa de mundo de cada um".

Cada casal desenvolve um estilo próprio, que o diferencia desde uma retórica distinta a uma determinada construção da realidade, que é um produto, tanto das influências intergeracionais como das experiências comuns e dos acontecimentos que marcaram suas vidas, o que fortalece a ideia de que reconstruir as próprias histórias, como um momento de reflexão, representa reencontrar o potencial inerente a cada um, garantindo aquisições.

O historiar garante o processo recursivo de definição e redefinição. Por se apresentar como um momento especial para o casal, no qual, através da reconstrução de suas histórias e da conversação entre eles, percebe-se uma significação compartilhada, com provável ajuste de elementos, que, até esse momento, poderiam não estar sendo reconhecidos.

Numa afirmação valiosa, Goolishian nos diz[19]: "A construção é mais importante que a realidade, pois se pode construir a realidade de maneira diferente"; havendo possibilidade, portanto, através de um processo de confronto dessas concepções com as várias maneiras pelas quais está organizada a experiência, encontrar o lugar no passado, as próprias referências e o sentido de vida no presente.

A partir do momento em que fiz um retrospecto histórico da concepção de família, de amor e casamento, adentrei na reflexão a respeito de pensamentos que questionam e ampliam o conceito referente à construção da realidade e criam condições para que eu possa me debruçar no objetivo deste capítulo que consiste em averiguar como se dá a constituição do casamento pela ótica mítica.

Vou utilizar um estudo extenso[20] realizado com vários casais, acompanhando casais não clínicos durante a construção de seu casamento. Posteriormente, apresentarei alguns relatos acerca de três casamentos.

Nesse momento adentrarei em três modelos de processos afetivos e relacionais que perpassam os relacionamentos e responsabilizam-se pela construção do casamento; vamos, portanto, caminhar através deles.

OS PROCESSOS:

Inicialmente com o objetivo de verificar a Qualidade do Vínculo; a partir de quatro estágios, é descrito o Modelo Epigenético, relatado por Wynne[21], visando alcançar as dimensões em áreas da relação do casal, que são priorizadas como eixos determinantes da qualidade alcançada no relacionamento.

---

19 Goolishian, 1991.
20 Tese de Doutorado " O Encaixe dos Mitos na construção do Casamento'" realizado na Pontifícia Universidade Católica de São Paulo (1997).
21 Wynne, 1984,1991.

CAPÍTULO IV

Para verificar o Tipo de Relação, uso o modelo proposto por Prosky[22] que define tipos de casamento e se aproxima de três fases que apontam os processos que ocorrem no relacionamento, lidos através da noção de complementaridade, o que interessou diretamente os objetivos deste trabalho.

A partir desses modelos e pela maneira como os mitos familiares são encaixados, nesses processos, proponho um Modelo de Períodos Míticos, que parte do momento inicial em que os mitos familiares no casamento se aproximam uns dos outros, até o momento em que se ajustem e tecem juntos uma malha mítica especial do casal, numa reconstrução mítica possível no casamento.

A construção especial e específica de cada casal é que vai determinar como eles irão se organizar como devem funcionar os seus papéis de esposa e marido e como serão distribuídos os seus valores.

Aprofundar uma compreensão a respeito do encaixe dos mitos no casamento amplia a compreensão a respeito do potencial organizador, transformador e criativo que existe no seio das famílias, e do qual é viável lançar mão em qualquer momento que se faça necessário no ciclo de vida.

O Modelo Epigenético, como relatado acima por Wynne (1958, 1988), é uma explicação procurada para o casamento do ponto de vista evolutivo, justifica-se o uso de uma teoria que tem uma trajetória do subjetivo para o intersubjetivo e traz elementos importantes para análise de dimensões do investimento intrapsíquico, além dos relacionais.

Este modelo serve para articular um pensamento e determinar de que maneira o mito se comporta quando se investigam, através da qualidade do apego, as questões pertinentes à comunicação, união e mutualidade.

Na medida em que a leitura mítica prioriza o encaixe que se dá no casamento, pode estender-se a modelos de casamentos originários de diferentes vertentes, por permitir o enriquecimento de uma teoria que pode ser de uso instrumental para terapeutas familiares, quanto possibilita a compreensão dos conteúdos presentes nestes processos.

O Modelo Epigenético (1958, 1988) surgiu da preocupação com a qualidade dos relacionamentos, ao se pesquisar, quando ela é inadequada, ou quando ela fornece uma preparação insuficiente entre as pessoas na hora das mudanças estruturais, no ciclo de vida marital e familiar.

Esta teoria começou a ser formulada[23] por Lyman Wynne (1958), que trabalhou na área da esquizofrenia na década de 50, e o grande responsável pela configuração deste modelo. Boa parte de seus estudos foi feita no National Institute of Mental Health, Washington. O pressuposto básico desta teoria é que todo dilema emerge devido ao esforço

---

22 Prosky, 1991.
23 Wynne, Ryckoff, Day & Hirsch, 1958, pág. 206.

universal primário de se relacionar com outros seres humanos e do esforço simultâneo para desenvolver uma sensação de identidade.

Segundo este modelo, os processos da epigênese relacional seguem uma ordem e sequência que têm sua própria lógica central, de maneira uniforme e contínua, dentro do processo relacional.

Sugere esse modelo quatro processos para esclarecer os sistemas relacionais, que podem ser vistos como estágios através dos quais os relacionamentos avançam: 1) apego/afeição, ligação de afeição complementar, prototipicamente manifesta no relacionamento pais-filho. (2) comunicação, começa com a divisão do centro de atenção e continua na troca de significados e mensagens. 3) resolução do problema de união e renovação de tarefas diárias, interesses e atividades recreativas 4) mutualidade, integração seletiva e flexível dos processos pendentes em um relacionamento de padrão superordenado e duradouro. Há um compromisso de se compartilhar um com o outro, para formar o relacionamento.

As pessoas avançam em sua forma de relacionamento. Estes processos têm o seu lado positivo e, na contraparte, o seu lado negativo. É possível verificar como a intensidade do apego/afeição é reforçada pela separação, determinada adequadamente, ao passo que a separação determinada insatisfatória e excessivamente prolongada pode conduzir ao isolamento/rejeição.

Para a compreensão do apego/afeição, esta teoria respalda-se no trabalho de Bowlby[24], que, integrando conceitos da psicanálise, da etologia e da cibernética, desenvolve a teoria do apego, cuja ideia central é que o comportamento de vínculo tem valor de sobrevivência para todas as espécies. O mesmo autor (1980) observa cuidadosamente que o apego comportamental ocorre em um sistema de feedback, no qual a função complementar é a afeição.

Weiss[25] descreve uma valiosa revisão de esclarecimentos dos sistemas de apego/afeição na adolescência e maioridade. Conclui que o apego em adultos é uma expressão do mesmo sistema emocional, embora só modificado no curso de seu desenvolvimento. Ele afirma: 1) o apego entre adultos não é capaz de dominar outros sistemas comportamentais como o é na infância; 2) o apego, após a infância, leva cada vez mais para relacionamentos filiativos a dois; 3) este relacionamento é mais direcionado para a figura com quem o adulto tem um relacionamento sexual.

Na vida, a ocasião mais notável de apego que atualmente pode dominar outros sistemas comportamentais é o namoro, mudança relacional que se assemelha ao vinculo maternal com o recém-nascido, em sua intensidade e começo repentino.

---

24 Bowlby, l958, 1969.
25 In Wynne, 1988.

Em outros estudos[26] comentam que, em um bom casamento, cada parceiro em determinada ocasião desempenha o papel de figura mais forte e mais inteligente que o outro, ao gostar de estar com o outro, e protestar quando a separação se aproxima ou está presente.

Considerando a questão da família, este primeiro estágio remete diretamente aos padrões intergeracionais e aos modelos de afeição que se estabelecem com um dos pais, ou entre o casal, perpetuando-se muitas vezes no relacionamento com os próprios filhos e influenciando diretamente características no relacionamento posterior com os cônjuges, sob a forma de padrões de interação.

A seguir, serão usados recortes da construção de três casamentos, para exemplificar estes processos afetivos e relacionais elencados separadamente, casos que tive a oportunidade de acompanhar no estudo já citado anteriormente, durante aproximadamente três anos[27].

"No **1º casal, Wilson e Silvia,** quando ele encontra a jovem, havia feito uma opção dolorosa; não podia suportar ter perdas em relação aos Mitos da União e os valores à honestidade que trazia consigo. *"O nome é o que eu mais valorizo..." "lutei muito para chegar a isso";* perdeu a casa, pois *"a minha mulher gastava demais e não me acompanhava",* hoje se encontra longe dos filhos que ama, pois havia se separado da primeira mulher.

Silvia surge apresentada por uma amiga antiga, traz lembranças de uma cidade onde ele viveu parte de sua vida, de uma fase de conquistas, e de muita luta. Essa jovem lhe chama pelo apelido usado pelos amigos do colégio, que era lhe carinhoso.

Ao utilizar esse modelo[28] para averiguar a qualidade do relacionamento, podemos visualizar o início do processo do apego/afeição, que é estabelecido repentinamente entre os dois jovens, assegurado pela capacidade de compreensão de Silvia e pelas experiências comuns que podem ser rememoradas entre os dois.

A jovem oferece-lhe a mão amiga para caminhar por uma cidade nova, e a afetividade que lhe falta, mostra-se a ele como alguém que também conquista, vive sozinha em uma cidade, tem o seu sustento através do seu trabalho, estuda numa profissão através da qual almeja ajudar as pessoas.

Pode-se mais tarde acompanhar este casal para o segundo estágio delineado pelo modelo epigenético. Através da possibilidade da comunicação, o par alcança significados comuns, inicia uma realidade compartilhada, sendo cada um capaz de tomar para

---

26 Ainsworth in Wynne, 1988.
27 Tese de Doutorado "O Encaixe dos Mitos na construção do Casamento" realizada na Pontifícia Universidade Católica de São Paulo (1997).
28 Wynne, 1991.

si a perspectiva do outro. Silvia assume os problemas de Wilson como se fossem seus e o auxilia a lidar com as situações difíceis.

O apego e comunicação são processos qualitativamente diferentes, tanto no curso do desenvolvimento familiar como em outras situações. A família e seus substitutos é que fornecem o aprendizado comunicativo e de outras habilidades relacionais que são usadas nos contextos fora da família.

Quando o apego não ocorre, a perspectiva afetiva e cognitiva não pode ser bem estabelecida. Entretanto, quando os processos comunicativos se baseiam em apego/afeição, os participantes fornecem informações abundantes, através dos processos circulares recursivos, e a qualidade de comunicação modificará o apego/afeição. Essa opinião ocorre nos relacionamentos conjugais e familiares duradouros.

O par percorre o terceiro estágio, fortalecendo os projetos de união, construindo tarefas e atividades compartilhadas pelo casal. Adentrar no último estágio deste modelo envolve, centralmente, o processo de mutualidade[29], que promove a renegociação e transformação para novos padrões de relação. Isto assegura um levantamento da qualidade da relação e das circunstâncias que a estão afetando: doença, crescimento, amadurecimento de cada membro, transições no ciclo de vida familiar, envolvimento em outros sistemas.

A mutualidade vai diferir de outras formas de relação. Ela não surge necessária ou automaticamente na sequência de apego/afeição, comunicação e resolução do problema da união. Ela provém de experiência e habilidades relacionais, resultantes de cada um desses estágios, para retornar seletivamente, na forma de uma relação apropriada capaz de mudar contextos internos e externos. É um conceito superior que se orienta, especificamente, à questão de mudança relacional através do tempo. Inclui como são toleradas as divergências, e se prospera sobre o reconhecimento das mesmas.

Em mutualidade, o relacionamento é reajustado multidimensionalmente, às vezes drasticamente reorganizado, mas com contínuas contribuições de cada pessoa envolvida. A mutualidade incorpora afastamento, separação e reencontro.

Cada pessoa traz para as relações de mutualidade o sentido de sua própria identidade, significativa e positivamente valorizada e, a partir da experiência de participação conjunta, desenvolve-se o reconhecimento cada vez maior das potencialidades e capacidades do outro. Outras formas de relacionamento, chamadas de pseudomutualidade e pseudo-hostilidade, são formas "patológicas" que constituem um padrão fixo de relação, que se estabelece à custa das necessidades individuais e de mudança.

---

29 Wynne et al, 1980.

CAPÍTULO IV

Os acordos de comunicação deste casal reafirmam sua forma de união e percebemos que, gradativamente, adentram finalmente no 4º estágio do relacionamento segundo esse modelo. Ou seja, a mutualidade implica renegociação e a transformação dos padrões de relação, que consistem, por sua vez, em melhorar a qualidade desta, no amadurecimento de cada um da díade, assegurando a capacidade de observar o próprio sistema, provinda da experiência da díade nos estágios anteriores.

O **2º casal, Pedro e Anna,** inicia o seu conhecimento em uma festa de estudantes, na universidade. Estão em igualdade de condições, estudam e moram longe dos pais.

Logo após surge o namoro, ocorrem os relatos da vida familiar e do cotidiano, observam-se os interesses comuns, desenvolvem-se em profissões correlatas que detêm em si pautas de ajuda e cuidado, influenciados pela mitologia comum aos dois ramos familiares, ou seja, o "Mito da União", já definido anteriormente.

Vejo surgir o apego e a afeição entre Pedro e Anna, que se estabelece com intensidade e começo repentino. Algo importante a considerar é como estes modelos de afeição podem estar sendo determinados pela configuração mítica dessa família, ou como, de maneira recursiva, podem ser afetados por ela.

Quando o relacionamento se aprofunda em intimidade, existe a necessidade de compartilhar. O par passa a morar junto, adentrando no 2º estágio desse modelo e desenvolve aprendizado comunicativo e habilidades relacionais.

O ficar junto à similaridade e familiaridade de experiências, e a facilidade de compartilhar, possibilitam que *"o casamento constitua-se de forma rápida"*. Houve facilidade no morar junto e o casal começa a idealizar os planos em comum. Notam-se sinais indicativos do Mito da União já citados, pois, na resolução dos problemas do cotidiano, o casal tece perspectivas de vida em comum, com cuidado e delicadeza nessa construção.

Após o casamento, eles iniciam o planejamento de uma vida em comum. As pautas de compartilhar e dividir responsabilidade torna-se prioritárias e determinantes. Decidem vir para uma cidade de interior, *"em melhores condições para se criarem filhos"*, e havendo o interesse em conciliar a profissão dos dois de forma harmoniosa, avançam para o terceiro estágio.

Um terceiro estágio apontado por este modelo é o da resolução do problema da união, como uma necessidade para uma relação familiar saudável. A divisão das tarefas mantidas e renovadas envolve processos relacionais, que criam uma potencialidade para um novo crescimento relacional. Estas tarefas se tornam padronizadas nos relacionamentos.

Estes padrões de relacionamento fornecem uma ponte entre o que, nessa abordagem, é chamado de epigênese dos processos familiares qualitativos e transições do ciclo de vida familiar. Há uma relação estreita entre os vários processos envolvidos nesta teoria. Sem um *background* de apego/afeição e de habilidades de comunicação, a resolução do problema da união estaria condenada a ser atrapalhada e disfuncional.

Podemos também encontrar o casal vivendo o 3º estágio desse modelo, na divisão de tarefas mantidas e renovadas, utilização de um *background* de apego e afeição, e habilidades de comunicação que se mantêm recursivamente.

Atualmente o Pedro e Anna trabalham o 4º estágio, aprofundando-se no nível de relação diante da chegada da primeira filha e da construção da casa idealizada, o casal já utiliza as habilidades adquiridas anteriormente.

Na chegada da filha, tornou-se necessária a transformação de padrões e outro planejamento do cotidiano. O casal olha o relacionamento de fora, observa que a fase atual é transitória, necessita adaptar-se. Ao mesmo tempo, observa que o relacionamento se aprofunda e alcança outras dimensões, o que indica a fala de Pedro; *"Acho que um bom casamento deve atingir todas as nossas dimensões"*.

Ao pretender visualizar o Mito na construção do casamento, verifico que esses conteúdos míticos estão presentes, tanto de forma subjacente na vida da família como explicitados em pautas e rituais, posso afirmar que ele também faz parte desses processos.

O **3º casal** que tive a oportunidade de acompanhar em seu casamento é **Antônio e Júlia**. Um jovem formado, experiente e bem empregado se enamora de uma jovem e a fez vislumbrar um novo mundo. Ele se mostra uma pessoa bem sucedida em termos de realização e conquistas, ela se encanta, pois ele responde diretamente aos seus anseios. Convém destacar que ela "era muito bonita e simpática", uma parceira para aprender com ele e acompanhá-lo: *"a preocupação era casar e ter estabilidade"*, (Antônio). Ela se ajusta perfeitamente aos seus projetos para o futuro.

Ao utilizarmos esse modelo, vemos incidir o 1º estágio: a proximidade que ocorre repentinamente entre os dois, quando Júlia se depara com Antônio, uma pessoa diferenciada e desejada, tida como mais forte e inteligente. Por outro lado responde também à expectativa do rapaz em relação ao que julga ser necessário numa companheira. Nessas condições favoráveis o apego/afeição se estabelece.

É a ocasião mais notável do apego, que é o namoro, na qual Júlia serve de estímulo e incentivo ao namorado quando o mesmo busca ampliar seu espaço profissional, ao mesmo tempo em que constrói projetos de vida em comum.

Na construção mítica, está implícita a presença de modelos de comunicação, que podem favorecer, ou não, a passagem do casal por esses processos. Quanto ao par, percorre o 2º estágio do modelo epigenético, a qualidade de relacionamento deste se centraliza na troca de significados e mensagens, com a criação de um espaço comum, uma realidade partilhada, sem a influência das pessoas próximas.

Nesse período da vida conjugal, vê-se a díade percorrer o 3º estágio deste modelo, quando se dá a resolução do problema da união. Necessita-se aí do *background* de apego/afeição e habilidades de comunicação. Aí se alinham às expectativas, fazem planos em comum, dividem tarefas e organizam-se para um crescimento relacional.

Compram a casa própria, a jovem já toma iniciativas, decora e organiza a sua vida doméstica aos poucos, sentindo-se mais segura. Decide depois voltar a estudar quando estimulada pelo marido.

Outro modelo de muita importância para esta compreensão do casamento que utilizo foi elaborado por Phoebe Prosky[30]. O eixo do seu pensamento é a complementaridade, ou seja, o que aciona o par através de suas escolhas: *"ir ao encontro da mais completa unidade"* (p. 131). Alerta que existe polaridade na complementaridade dos relacionamentos e delineia um modelo de casamento através do qual sugere benefícios internos nesses esforços inerentes.

O casamento neste enfoque é visto como uma escola para a vida, em que duas pessoas incompletas têm a oportunidade para fazer mais por elas mesmas como criaturas humanas completas. Esse processo é difícil e produz tristeza mas, por outro lado, traz grande riqueza e harmonia. Para alcançar estes estados, o casamento atravessa três fases, nas quais se desenvolvem alguns processos específicos.

Na fase um, segundo este modelo, não há consciência da complementaridade, da similaridade entre eles, nem dos aspectos de suas diferenças, tampouco do real significado de suas diferenças. Por um momento, eles se submeterão ao estado de galanteria, um magnético processo o qual os puxa ao longe de seus contextos anteriores e os influenciam juntos. Os dois tornam-se um. Esta é considerada como tentativa de fusão.

Vamos verificar o **1º casal** passar pela primeira fase; há a vivência de um processo magnético de atração. Esse processo os influencia, há uma tentativa de fusão, Wilson parece problemático e Silvia quer uma pessoa para ajudar.

Com o **3º casal**, pude acompanhar, de um lado, Júlia acionada pelos elementos míticos do sucesso e, do outro, Antônio que sonhava com este tipo de companheira, o que dá a sensação de poder se conseguir a unidade apontada pelo autor.

Ao olharmos o casamento por esta ótica, vemos na fase um o **2º casal**, Pedro e Anna, passando pelo estágio do magnético processo de galanteria, havendo uma tentativa de fusão. A similaridade de experiências favorece este processo.

Descobrem-se na mesma dimensão de sofrimento, o que possibilita maior proximidade. Falam das experiências que ocorreram a ambos nas mesmas fases de seu desenvolvimento, ou seja, Anna perdeu a mãe muita criança, experiência de perda também

---

30 Prosky, 1991,1992

vivenciada por Pedro com a morte do avô, de quem era muito próximo. Encontram-se os dois na mesma situação familiar de filho caçula. Trocam confidências sobre a esfera mais íntima de lembranças pessoais da infância, e a proximidade se estabelece com essas trocas emocionais à medida que um ouve e se solidariza com o outro.

Na fase dois deste modelo, luta-se pela individuação. O **2º casal** aceita as diferenças através da negociação, estabelecendo acordos para manutenção do relacionamento: *"Cada um percebe o limite do outro" (Anna)*. Aceitam-se os limites e negociam-se as diferenças.

A fase dois inicia-se no momento em que existe o esforço do casal para diferenciar-se dessa fusão. Luta-se pela individuação, os pares tornam-se assustados pela desintegração das antigas imagens deles, tentam restaurar a antiga percepção bem aventurada. Essa situação é percebida, pois se passa fora da consciência humana. Esse sofrimento é a origem de grandes males, o catalisador para considerável aprendizagem a respeito deles mesmos.

Ao acompanhar a díade Antônio e Júlia, que percorre a 2ª fase deste modelo, se vê a expectativa dela em diferenciar-se da situação de fusão com o marido, uma vez que distingue a posição do outro, mas tem o propósito de se conhecer. Quer se tornar um *self* consistente, visto quando ela decide encontrar uma profissão, voltar a estudar e trabalhar.

Neste modelo, na fase dois, o casal pode seguir através de dois outros caminhos: pela separação ou institucionalização das diferenças.

A separação pode tomar lugar no crítico ponto de reconhecimento de suas diferenças, quando ainda não alcançaram o entendimento da outra parte, e não deles mesmos. Quando se separam, eles encontram um bom motivo para a censura e cólera. Outro tipo é quando a separação tem um dolorido, mas compreensivo tom. Isto é, existe alguma compreensão do processo que está produzindo a separação, o que se torna considerável consolo, aumenta o senso de *self* e a possibilidade de investir a energia em outra parte.

O segundo caminho é o da institucionalização da diferença. Quer dizer, o casal tem uma definição estável deles mesmos, especializada em suas áreas de proficiências. Nesse caso podem aparecer possíveis limitações internas.

Tal solução apresenta uma constante fisionomia de senso de frustração e irritação em áreas de assinalada diferença entre os dois. Há rigidificação e competitividade.

Com o passar do tempo, as características de cada um tornam-se exageradas e cada qual vê o outro como uma caricatura no relacionamento.

A terceira limitação diz respeito à possibilidade de o par tornar-se mais e mais dependente um do outro, existindo um grande peso no relacionamento. Quando se espera algo e outro falha, há grande sofrimento.

CAPÍTULO IV

Na fase três, a partir da ansiedade e agitação do reconhecimento das diferenças, cada parte tenta ver a importância da posição do outro, para entendê-lo, e pode ter aí o propósito de melhor compreensão das suas próprias fraquezas individuais. Esta fase requer tempo e energia. É também marcada pela conquista da harmonia. As pessoas se tornam dois *selfs* suficientes, percebem tanto as áreas de amor e satisfação como as incompatibilidades em outras áreas. Estas percepções dirigem para uma expansão de seu bem-querer, e um novo senso de esperança, generosidade, respeito e entendimento é estabelecido.

Esta fase vai se mostrando resolvida, e o **2º casal**, Pedro e Anna, adentra na 3ª fase deste modelo quando, com constância, as situações são renegociadas, e o casal tem clareza de suas preferências e diferenças, garantindo, assim, um casamento funcional através das habilidades de comunicação e do estabelecimento das negociações, nos quais os acordos têm papel fundamental.

De acordo com este modelo, os relacionamentos podem mover-se através do tempo, em fases distintas ou com as três fases ocorrendo simultaneamente.

Os modelos aqui descritos permitem perceber, de vários ângulos, o relacionamento das díades, e enriquecem a visualização do percurso mítico, ao perpassar esses processos colaborando ou dificultando-os em seu ciclo evolutivo.

Utilizando estes modelos, e outros conceitos relevantes, foi estabelecido o **Modelo dos Períodos do Encaixe Mítico**, dividido em quatro etapas, através das quais se observa este movimento tal como acontece. Este modelo mostra-se de capital importância para a compreensão do processo de construção do casamento e do percurso mítico através dos processos afetivos e relacionais.

No **Primeiro Período**, há o encaixe mítico, atração, aproximação e introdução de um mito na malha mítica do outro. Aponta-se o encaixe inicial havendo, em geral, o estabelecimento de acordos nem sempre explícitos na relação. Através do apego e afeição, as trocas afetivas tornam-se mais intensas, a intimidade se amplia, há o processo magnético de atração e a tentativa de fusão.

O ajuste mítico pode vir a ocorrer no percurso deste relacionamento, através da evolução do mesmo, à medida que se alcançam outras áreas de envolvimento e se amplia à dimensão de significados, pois ocorre um processo de alinhamento de expectativas e ajuste na própria concepção de mundo.

No **Segundo Período,** o par se desenvolve em aprendizado comunicativo e nas habilidades relacionais. Nota-se que o encaixe mítico se aprofunda em outras dimensões do relacionamento. O casal já desenvolve habilidades relacionais, alcança significados comuns, toma a perspectiva do outro, desenvolve rituais e projetos a serem realizados.

O casal constrói o seu próprio espaço, alcança significados comuns e partilha aspectos da mesma realidade, troca histórias familiares e confidências individuais, toma a perspectiva do outro. As pautas passam a ser compartilhadas e os rituais tornam-se comuns.

Ao mesmo tempo em que se estabelece um espaço do casal, inicia-se a delimitação do espaço individual dentro do casamento, havendo necessidade da promoção de negociação e da revisão de acordos iniciais.

No **Terceiro Período,** quando o casal realiza esse percurso, assegura-se no relacionamento um *background* de apego e afeição, de habilidades em comunicação e ocorre amadurecimento da relação.

O casamento se consolida no estabelecimento de pautas comuns e rituais específicos do casal. Muitos se mostram presentes nos acordos que se estabelecem para a sustentação da malha mítica.

Nesse momento, no **Terceiro Período**, acontece o Encaixe Mítico. Já se aprofunda o relacionamento e consolidam-se as pautas comuns e os rituais. Surgem os acordos e a resolução de problemas com as famílias de origem.

No **Quarto Período,** aponta-se a qualidade da relação e a conquista de um ajuste satisfatório das mitologias familiares. São demonstrados recursos no relacionamento para lidar com as dificuldades que se apresentam no ciclo de vida.

A malha mítica distingue-se na maneira como é organizada, demarca a conquista de um sentido próprio de família, na reorganização e reconstrução dos mitos familiares de um modo específico, e com um estilo próprio da díade.

Ao acompanhar o **1ºCasal,** no Primeiro Período Mítico, vejo o O Mito da União, presente como Mito Espinha Dorsal na família de Silvia, através de sua configuração, é estreitamente permeado pelo "Mito da Ajuda e Cuidado"[31], que fornece elementos para o seu Mito Individual, assim como para a escolha da área de atuação na qual, atualmente, exerce a função de psicóloga clínica.

Possivelmente, aí, ela encontra elementos motivadores para se dedicar a sua profissão, como também os subsídios para a base de sustentação em seu relacionamento com Wilson.

Faltou união, para Wilson tanto na família de sua mãe como na família de origem do seu pai. Sofreu a separação dos próprios pais, estabelecendo-se a necessidade, em sua família de origem, da união entre a mãe e os filhos, para vencer as adversidades da vida.

---

31 Um sentido frequentemente encontrado nas famílias diz respeito ao Mito da Ajuda e Cuidado que se identifica pela ajuda mútua, material e afetiva, e o cuidado com bens e pessoas. Pode ser ajustado e se tornar um mito complementar ao Mito da União, ou se caracterizar como um sentido específico com uma identidade própria.

CAPÍTULO IV

A afetividade e a união conhecidas da família de Silvia facilitam a aproximação de Wilson, ao mesmo tempo em que o Mito da Conquista[32], a possibilidade de diferenciação e os ganhos da experiência de Wilson fascinam a jovem.

O Contrato de União se estabelece através da participação, *"fazemos tudo juntos"*. No início, o partilhar da companhia, a situação de moradia, o *"morar juntos"*, a casa, que é tão importante para Wilson, dá-lhe segurança e intimidade, sendo também muito sonhada por Silvia *"montar nossa casa"*. O casamento se efetiva com os dois mudando para uma cidade distante.

O casal atravessa, nesses estágios, um percurso e se aprofunda em outras dimensões do relacionamento, as quais, apontadas neste estágio, demonstram que passam pelo Segundo Período Mítico. As pautas passam a ser compartilhadas e os rituais tornam-se comuns. Há uma incorporação das mitologias que vão ser reorganizadas.

O sofrimento de Wilson, ao tratar de sua mãe doente, os aproxima mais; os planos se tornam comuns para amparar e assistir. Por outro lado, as conquistas materiais se fazem presentes *"sempre compram juntos"*. Silvia também participa, pois, ajuda a decidir o que comprar, indícios de pautas determinadas pelo Mito da Conquista, já definido anteriormente.

A participação determina pautas na divisão dos trabalhos domésticos, *"eu cuido do quintal, da roupa e do carro, cozinho também, ela cuida do resto... mas a gente se ajuda"*. No lazer se respeita à diversidade do grupo de amigos: *"um dia fazemos uma festa para os meus amigos, no outro para os amigos dela"*, assim, cultivamos todos.

Ajustando-se ao Mito de Conquista, encontra-se no momento o Mito da União, perfeitamente complementado pelo Mito da Ajuda e Cuidado, no qual cuidar é uma pauta comum nas duas famílias[33].

Foram estabelecidos diversos tipos de acordos pelos casais. O par Wilson e Silvia, durante o seu relacionamento, constrói alguns que se encontram explícitos e são facilmente verbalizados por um ou ambos da díade, como: *"Nós fazemos tudo juntos"*.

Outros se encontram ocultos e servem como acordos tácitos para lidar com questões delicadas do próprio relacionamento. Quando da entrevista de acompanhamento, nota-se presente, neste casal, um acordo tácito: *"Você cuida dos meus e eu cuido dos teus"*, pauta assegurada pelo mito da união.

Ao mesmo tempo, os acordos explícitos são sempre renegociados: *"Nós abrimos mão de coisas nossas"*. *"Mas devagar vamos conseguir o espaço da gente"*. Na entrevista de

---

32 Dois mitos que, com frequência, foram encontrados nas nossas famílias de imigrantes, referem-se aos Mitos da Conquista e do Sucesso: esses mitos presentes na família determinam maneiras de conquistar bens ou coisas.

33 Verificar conceito do Encaixe entre os Mitos Espinha Dorsal e Auxiliares verificar capítulo I.

acompanhamento com este casal percebe-se a mudança do acordo *"conquistar unidos"*, mostrando o ajuste mítico.

O **2º casal,** Pedro e Ana, passa pelo Primeiro Período do Encaixe Mítico. Há o encaixe inicial, introdução de um mito na malha de outro, um processo de alinhamento de expectativas e gradativo ajuste da concepção de mundo. O ajuste pode vir a ocorrer no casamento, mas vai depender de outras aquisições.

Existe familiaridade entre os elementos míticos nas duas famílias: Mito da União na família de origem masculina e Mito da Ajuda e Cuidado, considerado como espinha dorsal[34] na família de origem do ramo Feminino. Ocorre, portanto, um encaixe inicial entre esses elementos míticos.

Através das expectativas mútuas e da identificação dos mitos familiares é possível verificar o contrato de união que se estabelece no início do relacionamento, *"vamos estar sempre juntos, eu te ajudo e você me ajuda".*

Percebe-se o casal percorrer o Segundo Período do Encaixe Mítico**,** pois se constroem significados comuns, partilha-se a mesma realidade, cada um toma a perspectiva do outro, as pautas passam a ser compartilhadas e os rituais tornam-se comuns.

Após o casamento, eles iniciam o planejamento de uma vida em comum. As pautas de compartilhar e dividir responsabilidade, tornam-se prioritárias e determinantes. Decidem vir para uma cidade de interior, *"em melhores condições para se criar filhos",* e há o interesse para conciliar a profissão dos dois de forma harmoniosa.

Pedro e Anna atravessam o Terceiro Período do Encaixe Mítico, pois o casal estabelece um espaço pessoal dentro do casamento, promovendo negociações, repercutindo nos mitos familiares presentes, que vão sendo arranjados num estilo próprio e garantindo o seu próprio espaço de diferenciação.

A opção pela cidade (do interior do Estado) deve-se ao plano de os dois constituírem uma família em uma cidade menos violenta do que São Paulo. Necessariamente deveria ser uma cidade com uma universidade, devido à área de trabalho de Pedro pois, para Anna, seria fácil a adaptação em qualquer cidade por ser uma profissional liberal.

As decisões sobre as quais se faziam os planos posteriormente sempre foram tomadas em conjunto. Há uma determinação em relação aos planos. Administram o dinheiro em conta conjunta, que já existe desde a época de namoro. É o dinheiro do casal utilizado em circunstâncias nas quais um respeita o gasto do outro.

Para garantir a preservação da qualidade da relação e o não estabelecimento de tensões, o par tem contratos subjacentes ao relacionamento que, aplicados ao cotidiano,

---

34 Mito Espinha Dorsal o qual tem um papel mais importante por determinar a base e o maior número de pautas ou formas de agir na família

garantem um padrão funcional, um acordo *"é um contrato informal que, na prática, acaba funcionando. Nenhum vai fazer menos que o outro"* (Anna).

Interessante observar como todos os passos são negociados no relacionamento, e o planejamento antecipado mostra-se norma básica para execução dos planos em comum. Podemos sentir este casal passando pelos vários estágios, assegurando as conquistas realizadas anteriormente. As pautas do "'Mito da União" garantem os cuidados e ajuda, assim como a manutenção da comunicação com sucesso.

Nas várias áreas do relacionamento, na vida profissional, acertam-se e discutem-se as decisões a serem tomadas. Na área econômica, tudo é dividido, a conta é comum desde o início do relacionamento.

As pautas de ajuda e cuidado determinadas pelo "Mito da União" são também direcionadas de um para o outro, pois consideram que *"há um acordo meio informal de um perceber o cansaço do outro e assumir as tarefas naquele momento"*, *"partindo do princípio que nenhum está fazendo menos que o outro"* (Anna).

Constata-se a presença dos dois Mitos das duas famílias de origem presentes, tanto o do "Casamento"[35], como o da "União". Estas duas malhas míticas estão entremeadas, o da "União" determina o maior número de pautas familiares, inclusive pautas para a manutenção do casamento, o que o faz ser considerado o mito espinha dorsal.

Vários acordos foram percebidos no relacionamento dos casais. Alguns se mantiveram servindo perfeitamente aos mitos familiares, sustentando-os, outros se mostraram transitórios, servindo à própria fase do relacionamento, facilitando os ajustes necessários às mitologias familiares.

O casal, ao ter como objetivo a manutenção da qualidade da relação, negocia contratos subjacentes que garantem o padrão funcional de relacionamento. Acordo como *"que nenhum vai fazer mais que o outro"* mostra a garantia de que as pautas de ajuda e cuidado estão sendo direcionadas entre si, pois um percebe o cansaço e as necessidades do outro. E ambos auxiliam-se mutuamente.

Outro acordo presente é o *"resolver tudo junto"*, que serve como lema do casal determinado pelas mitologias familiares. Estes acordos são renegociáveis no relacionamento, sofrendo adaptações dependendo da fase no ciclo de vida da família[36].

Pude acompanhar o 3º casal, Antônio e Júlia, envidar esforços e conseguir passar pelo Primeiro Período, pois existe atração entre as duas mitologias. Ela quer um marido

---

35 Mito do Casamento: onde se assegura a busca da união feliz, como eixo organizador de uma família e manutenção da harmonia de todos.
36 As transições que ocorrem no crescimento e desenvolvimento do indivíduo implicam em movimentos de mudança no grupo familiar, devendo portanto ser considerados no contexto do Ciclo Vital da Família. Verificar Cap.I.

que tenha sucesso e ele uma moça que venha de uma família unida. Passa pelo segundo Período do Encaixe Mítico no casamento. O casal constrói o seu espaço, alcança significados comuns e trocam confidências.

Logo após, o rapaz é removido novamente para São Paulo e o casal enfrenta alguns problemas devido à falta de estabilidade de um local definido para fixar residência. Antônio pede demissão e logo se arrepende, pois um novo emprego se faz difícil. A crise se estabelece no casamento, o Mito do Sucesso fica abalado, pois *"não há mais dinheiro para minhas coisas" (Júlia)*.

O casal começa a ter dificuldade para se comunicar, pensa, por um tempo, em separação, pois é difícil para eles manter a união vivendo em situação de fracasso e indecisão; *"a gente vivia muito mal... Quando eu senti que estava ruim, eu queria ir embora" (Júlia)*.

Nota-se como os conflitos que surgem no relacionamento paralisam o casal do ponto de vista evolutivo. Há um desgaste da energia, fica difícil tomar a perspectiva do outro e partilhar.

Através desse processo, atravessam o Terceiro Período Mítico, Júlia se dirige tanto à relação com o próprio marido, quanto a seu relacionamento com a própria mãe, que se manteve durante muito tempo emaranhado e, diante do qual tinha muita dificuldade de se emancipar e diferenciar. Os Mitos do "Sucesso" e da "União"[37] passam a ser compartilhados. Não interessa a Júlia apenas só participar do sucesso do marido, as pautas desta mitologia se estendem às expectativas da mesma; ela quer garantir o seu próprio sucesso profissional.

A partir desta ideia, interessa-se, inicialmente, pela mesma profissão do marido até encontrar as suas próprias escolhas. Presta também o vestibular, passa e cursa esta faculdade durante seis meses, mas não se encontra no curso, *"não era o que eu queria"*. Júlia quer também um espaço para se encontrar. Decide mudar de curso, indo para a outra área, que passa a frequentar.

Ela sente a necessidade de distanciar-se de sua família de origem e consegue, com o passar do tempo construir, um relacionamento mais confortável.

Nasce uma nova criança, que recebe o nome de um cantor de sucesso. O casal concentra-se em sua vida comum, auxilia-se para conseguir suas realizações *"ela ia estudar à noite, eu ficava em casa com as crianças"*. O marido respeita e ajuda a mulher em suas expectativas. As pautas do "Mito do Sucesso" são fortalecidas pela união, enquanto a união continua, de maneira recursiva, fortalecendo a conquista do sucesso.

No casamento de Antônio e Júlia, foi possível assegurar um espaço para que ela pudesse se diferenciar, se encontrar e resolver seus próprios problemas com a família de

---

37 Verificar conceituação anterior de Encaixe e Junção Mítica.

origem sem sua interferência direta. *"Eu ficava observando"* (Antônio). Isto denota sua posição madura, bem como a disponibilidade de Júlia de buscar maneiras de se conhecer e se diferenciar, através de sua carreira e do autoconhecimento (pois começa a fazer psicoterapia), o que lhe possibilita recursos para tal investimento.

Ampliada pela ótica intergeracional, notamos a possibilidade da vida do casal norteada pelos mesmos princípios e ideais, determinada pelas mitologias. Os ramos familiares que são compatíveis favorecerem gradativo ajuste entre essas malhas míticas.

Entre Antônio e Júlia, encontro um acordo logo no início do relacionamento: *"Você me acompanha, me admira, eu faço sucesso"*. Nas situações de crise com a família de origem que viveu Júlia, pôde-se perceber: *"Este problema é da minha família, eu resolvo (você resolve), eu te acompanho"*. Encontram-se acordos mais gerais visando manter a saúde do relacionamento, *"nunca dormir com problemas"*.

O casamento mostra-se um evento extremamente importante para observar e trabalhar com os mitos, pois no olhar evolutivo eles se modificam, se potencializam, e seguem através do tempo sofrendo transformações.

CAPÍTULO V

DR. BLUMENAU: UMA MARCANTE FIGURA MÍTICA

Christine L. M. Gabel[1]

"A figura mítica demarca um caminho a ser trilhado".

Ao buscarmos um entendimento maior sobre determinado fato, situação ou dificuldade, necessitamos, muitas vezes, nos afastar dos mesmos para, a partir do distanciamento, se ter uma visão mais ampla e abrangente.
O estudo da História proporciona tal perspectiva. É também pelo estudo da História que podemos compreender nosso cotidiano, já que muito de nossas condutas é fruto de ações nascidas em tempos passados. Através desse acesso, tornamos nossa escolha mais consciente no sentido de reproduzir esses comportamentos ou redirecioná-los para caminhos por nós próprios construídos.

Neste capítulo apresento fatos históricos ligados à imigração[2], mais especificamente à imigração alemã no sul do país, na cidade onde resido, Blumenau, Santa Catarina. Abordo assuntos ligados à sua fundação e os primeiros habitantes locais.

Descrevo o modo como seu fundador foi (e é) representado, de maneira romantizada e amplificada, vindo a tornar-se um modelo para todo o habitante que aqui reside. Daí a História começa a fundir-se com a Psicologia: passo a mencionar o que significa a figura mítica numa comunidade e numa família.

Novamente mesclando História e Psicologia, abordo o tema dos mitos culturais para chegar aos mitos familiares e individuais, sendo estes últimos de grande importância e interesse para a Terapia Familiar Sistêmica. Apresento três estudos no qual se pode observar como os mitos culturais, familiares e individuais são vivenciados no dia a dia.

---

1 Christine L M. Gabel: Mestre em Psicologia e Psicoterapeuta. Especialista em Psicologia Clínica, Dinâmica dos Grupos, Terapia Familiar Sistêmica e Psicologia Cognitiva e Comportamental.
2 O movimento migratório no Brasil e os Mitos nas famílias dos imigrantes é apresentado no capítulo II.

CAPÍTULO V

Quando uma criança está prestes a nascer, um dos questionamentos que mais é feito a seus pais diz respeito ao nome que irá receber. Qual será o nome do bebê? Quem escolheu esse nome? O porquê da escolha? O nome e o sobrenome de alguém pode dizer muito sobre sua origem. A escolha do nome pode revelar a intenção de quem o escolhe, podendo projetar tradições, sentimentos e expectativas a serem cumpridas.

Ao focalizarmos a imigração alemã em Blumenau, observamos a escolha do nome da cidade. Blumenau recebeu o nome de seu fundador, o químico e farmacêutico Dr. Hermann Bruno Otto Blumenau. Oriundo da Alemanha, juntamente com outros 17 imigrantes, fundou a cidade no dia 2 de setembro de 1850.

Os motivos que levaram Dr. Hermann Blumenau a fundar a colônia foram de ordem pessoal e econômica. Os conflitos com o pai[3] e a necessidade de reconhecimento por parte dele fizeram-no emigrar para outro país para comprovar sua capacidade e seus feitos. Em uma carta endereçada o seu progenitor, Dr. Blumenau comenta: *"Porque, meu querido pai, eu mereço esta constante desconfiança de tua parte? Será que eu sou tolo e cego, que não consigo agir por mim mesmo? Ou tu és desconfiado para comigo, porque, às vezes, sou caloroso e agitado e em alguns momentos posso até ser exaltado? Mas, acho que já provei que não tenho falta de perseverança, como quando lutei para ir ao Brasil e aqui trabalhei firmemente sob condições desagradáveis. Agora a minha posição está firmada e posso olhar o futuro com tranquilidade."*[4]

Para fundar a nova colônia, Dr. Blumenau empregou toda sua herança, adquiriu algumas terras da Província de Santa Catarina e recebeu outras por doação do poder público. Desta maneira, a colônia recém-criada assumiu o caráter de empreendimento particular.

Paralelo aos interesses de seu fundador, o governo brasileiro da época também tinha suas próprias intenções[5]. Primeiro, necessitava povoar o sul do país, já que a baixa densidade demográfica da região favorecia o ataque de países vizinhos a seu território; segundo, a necessidade de garantir o suprimento de mão de obra para a lavoura, já que o processo de abolição da escravatura andava a passos largos, sendo o trabalho, até então considerado pelos homens livres como desonroso, realizando-se somente pela mão escrava.

Foi necessário que a noção do trabalho passasse a ser resignificada, vindo a representar a dignidade, a ordem e o progresso. Outra intenção governamental diz respeito ao "branqueamento"[6] da população, através da miscigenação pela imigração europeia.

---

3   Suplemento do Jornal de Santa Catarina alusivo à comemoração dos 150 anos da cidade de Blumenau.
4   Kiefer, 1999, p. 2
5   Questões já discutidas anteriormente no capítulo II.
6   Situação estimulada pelo governo brasileiro para a miscigenação com o povo europeu. Verificar capítulo II.

Segundo documentos oficiais, os imigrantes alemães, dentre todos os europeus, eram vistos como os mais capazes para praticar uma agricultura de base familiar[7].

Dr. Blumenau considerava importante ter critérios para a seleção dos colonos que embarcassem para o Brasil para que seu empreendimento desse certo, além de garantir que os mesmos tornassem suas terras produtivas. Poucos tinham dinheiro para pagá-las, já que saíram da Alemanha fugindo da miséria e em busca de melhores condições de vida.

Contraíram dívidas com o fundador da colônia não somente pela aquisição das terras, mas também pela compra de sementes e demais utensílios para lidar com a lavoura. O pagamento das mesmas através do trabalho seria uma maneira de evitar a ociosidade, buscando o afastamento da embriaguez.

Outro fato que poderia auxiliar na prosperidade da colônia e na fixação do colono em sua terra seria através da constituição de sua própria família. Dessa forma, foram identificados dois grupos distintos de primeiros povoadores: os ordeiros e trabalhadores e os indolentes e vadios, sendo a miséria atribuída à falta de força ou de vontade própria.

As dificuldades enfrentadas pelos primeiros moradores da cidade foram inúmeras. Além da localização da cidade, fundada às margens do rio Itajaí-Açu, Blumenau era rodeada por vales, montanhas e pela Mata Atlântica, não favorecendo o acesso a outros locais. Tiveram que lidar com os ataques dos índios, primeiros habitantes do local, conviver com animais selvagens e vegetação muito diferente daquela a que estavam acostumados, além do clima quente e úmido, favorável às cheias e inundações[8]. As lembranças, a distância dos familiares e amigos, as condições precárias da colônia também dificultaram a adaptação dos primeiros moradores estrangeiros.

Dr. Blumenau pretendia, com a fundação da colônia, centralizar os imigrantes alemães para que pudessem preservar sua língua de origem e nacionalidade, além do comércio alemão. O incentivo à cultura, a criação de clubes de caça e tiro e o cultivo da religião luterana foram maneiras de preservar a memória da pátria de origem nos primeiros anos da colônia.

Num primeiro momento, o idioma alemão auxiliou os moradores a sentirem-se pertencentes a um grupo, desde o embarque no navio que os trouxe da Alemanha, favorecendo sua identidade étnica. Essa mesma língua, em 1935, constituiu-se num foco desagregador quando houve a repressão a qualquer manifestação cultural que amea-

---

7 Frotscher, 1998, Seyferth, 1994.
8 Segundo o site www.comiteitajai.org.br, a história das cheias em Blumenau acompanha seu desenvolvimento. Desde sua fundação, em 1850, até 2002, foram elencados 68 eventos. A própria residência de seu fundador, Dr. Hermann Blumenau, foi levada por uma das maiores cheias da história da cidade. As inundações comprometeram o crescimento da colônia, tanto que, mesmo com dois empréstimos cedidos pelo governo federal da época, em 1860, Dr. Blumenau "devolveu" suas terras ao poder central para assumir somente o cargo de Diretor na colônia recém-fundada.

çasse a nação unificada proposta por Getúlio Vargas. Proibiram-se os livros, jornais e revistas publicados em alemão, as associações desportivas e culturais, além da fala do próprio idioma. Houve um isolamento da nacionalidade alemã por um lado e, por outro, a valorização da disciplina, operosidade e determinação do trabalhador blumenauense, sendo apropriado pelo Estado Novo para ser um projeto de construção do cidadão trabalhador brasileiro.

Observa-se que, desde os tempos da fundação da colônia, termos como *"ordem, disciplina, trabalhador"* foram utilizados para descrever os habitantes locais. Estes atributos também passaram a ser relacionados à população atual como se fossem hereditários e naturais, representando a cidade como um só povo, a despeito das diferenças que pudessem existir.

Ao estender o olhar sobre o fundador da cidade, percebemos que as características de Dr. Blumenau correspondem aos mesmos atributos acima descritos, dificultando a diferenciação do que é a imagem de seu precursor e o que são seus moradores.

A representação social de Dr. Blumenau agrega qualidades intelectuais, sendo ele apresentado como possuidor de muitos conhecimentos, um idealista[9], além de avaliado/considerado como um homem de ação, determinado e perseverante. Sua coragem é enaltecida, bem como sua fibra e altivez, não podendo faltar à percepção de seu pioneirismo e *"espírito"* empreendedor, que tanto o auxiliaram em seu projeto de transformar Blumenau em uma cidade próspera. Sabine Kieffer[10] nos mostra que, no período colonial, os primeiros habitantes percebiam seu fundador como um pai, mediador e dirigente. Já Dr. Hermann via a colônia como sendo sua criança.

Nos dias de hoje, observamos o mesmo discurso em alguns meios de divulgação oficiais do município, bem como em documentos de órgãos, instituições e associações de Blumenau: "Em poucos anos, Dr. Blumenau, dotado de grande energia e tenacidade, fez da colônia um dos maiores empreendimentos colonizados da América do Sul [...]"[11]

Quem chega a Blumenau vai encontrar uma cidade próspera, de gente bonita, com traços fortes da colonização alemã. Como poucas cidades brasileiras, Blumenau está sempre de cara limpa, com seus canteiros bem cuidados e floridos, um trânsito humanizado e muito alto astral."[12] A Câmara dos Vereadores do Município[13] destaca o blumenauense como "povo tenaz e brioso", mencionando o pioneirismo da cidade: primeiro município do estado com emissora de rádio e TV.

---

9 Kiefer, 1999, p.29.
10 Idem.
11 www.blumenau.sc.gov.br
12 IPPUB, 2000.
13 www.camarablu.sc.gov.br

DR. BLUMENAU: UMA MARCANTE FIGURA MÍTICA

A ACIB (Associação Comercial e Industrial de Blumenau) intitula-se a primeira entidade do gênero de Santa Catarina, mantendo a "incansável luta para cultivar e valorizar o espírito empreendedor da gente de Blumenau".[14]

"A constante rememoração ao pioneirismo fez da figura do fundador da cidade, Dr. Blumenau, o seu símbolo. Em torno dele, foram cristalizando-se valores como perseverança, o espírito empreendedor, a poupança, o progresso, a ponto de se tornar referência para a 'cultura do trabalho germânica'. Sua personalidade foi sacralizada, positivada pela imagem do imigrante empreendedor e civilizador. [...] Para tanto, o imaginário da 'Cidade do Trabalho' reúne em torno do símbolo 'Dr. Blumenau' todos os valores pelos quais sempre se procurou identificar o blumenauense: o trabalho, a ordem, a poupança e a tenacidade." (Frotscher, 1998, p.94).

Em torno do conceito de trabalho e suas derivações, foi-se construindo uma concepção que garantiu ao habitante local, nas adversidades, sua sobrevivência e continuidade. Criou-se uma identidade "germânica" que, para alguns, parecia ser um fenômeno natural ou racial, diferenciando-os dos que aqui nasciam ou não apresentavam as mesmas características. Os colonos, determinados e trabalhadores, se sobrepunham aos caboclos, preguiçosos e indolentes.

A trajetória de vida de Dr. Hermann Blumenau foi descrita de maneira enaltecida, grandiosa e, por vezes, dramatizada. Pode-se dizer que o fundador da cidade transformou-se em uma Figura Mítica determinando uma Mitologia para todos que aqui vivem, sendo sua conduta um modelo a ser seguido. Surge o Mito do Povo Trabalhador, em torno da necessidade e do trabalho.

Ao verificar o poder da figura mítica, vamos refletir sobre como os mitos transmitem exemplos de atividades humanas significativas, que vão desde a alimentação, perpassam pelo casamento, trabalho, educação, até à arte e à sabedoria[15].

Para os povos primitivos, a mitologia era sagrada; a morte dessa mitologia significava a destruição de suas identidades[16]. Os mitos são produto de uma era, de uma cultura, resultado da construção humana. Não são falsos nem verdadeiros. Descrevem níveis de uma realidade racional e externa, bem como incluem elementos da constituição interna humana.

---

14 www.acib.net
15 Elíade, 1989.
16 Johnson, 1987.

CAPÍTULO V

Assumem um caráter atemporal, ou seja, os mitos não estão relacionados com o tempo cronológico e o espaço comum, semelhante a um sonho coletivo de um povo em um determinado momento da história. Os mitos têm como função dar significado ao mundo e à existência humana, formando respostas, mesmo que fantasiosas em algumas circunstâncias, distorcidas ou ampliadas, atribuindo façanhas a deuses, heróis humanos e seres sobre-humanos.[17]

Contribuem para o vínculo e a organização social, além de favorecer a expressão de eventos socialmente significativos de um povo, amplificando sua consciência social, reforçando os ritos, os costumes e as relações sociais. Realçam a tradição, dando maior valor e prestígio a um povo.

Identificamos os mitos através das poesias, canções e histórias de um povo, bem como nas atitudes, comportamento cultural e nas relações entre as pessoas em suas vidas práticas no dia a dia[18]. Os rituais existentes em cada sociedade são expressões vivas dos mitos, ou seja, através dos rituais os mitos podem ser identificados, rememorados e transmitidos às demais gerações.[19][20]

Os mitos são objeto de estudo de várias ciências tais como a Filosofia, Antropologia, Sociologia, Política, Psicologia, entre outras.

Na Psicologia, os mitos foram estudados com maior ênfase a partir da Psicanálise e, em especial, após o trabalho de Freud intitulado "Totem e Tabu". Freud postulou que os mitos podem ser estudados tanto em culturas selvagens e primitivas quanto em sociedades contemporâneas e civilizadas. Afirmou que os mitos são inconscientes, fazendo parte do funcionamento mental humano, transmitidos de forma verbal e não verbal. Com os enunciados sobre o Complexo de Édipo, inúmeras outras perspectivas de pesquisa se ampliaram, conforme nos mostra Azoubel Neto (1993).

Para Carl Jung, os mitos refletem vários processos psicológicos, sendo representações do inconsciente coletivo, significando os padrões hereditários de comportamento, sugerindo atitudes e ações humanas. A estrutura do inconsciente coletivo é formada por arquétipos[21], que sugerem atitudes e ações humanas. Demonstram-nos que os mitos são representações espontâneas vindas do inconsciente, de verdades psicológicas e espirituais. Para ele, os mitos fazem sentido para todos porque representam, de forma alegórica, os arquétipos, ou seja, padrões de vida universalmente reconhecidos[22].

---

17   Valade, 1983; Doron, 1998
18   Johnson, 1991
19   Brandão, 1991; Campbel, 1998.
20   Verificar o conceito do Mito cultural e sua relação com os Rituais Terapêuticos apresentados no Cap. IX.
21   Palavra de origem grega que significa modelo primitivo, ideias inatas, ou ainda, padrões hereditários de comportamento.
22   Johnson, 1987.

O termo mito familiar foi primeiramente utilizado por Ferreira[23] para definir certas atitudes que se originaram em alguns pensamentos do grupo familiar, garantindo uma coesão interna e uma proteção externa. Os mitos familiares assumem a função de proteção ao grupo familiar, dando estrutura e determinação ao seu funcionamento, e mantendo a coesão desse grupo familiar

Andolfi e Angelo (1988) afirmam que os mitos familiares são estruturas móveis que se constroem e se modificam com o tempo, preenchendo os "espaços em branco" da família. São como um conjunto de leituras da realidade, fantasiosas ou reais, formado tanto pela família de origem quanto pela atual, de acordo com as demandas emocionais. Eles podem se modificar, a partir do momento em que são desvelados, transformando-se em outros mitos. Com o decorrer do tempo, a trama mítica pode ser alterada através da transformação das funções atribuídas a algum membro da família, o que dá flexibilidade ao sistema dessa instituição.

Para criar um mito e compreender seu significado, devem-se considerar, pelo menos, três gerações: no que concerne a casamento, filhos, profissão, vida em geral, tornando-se as expectativas de cada pessoa mais claras de se abrangerem, além de suas expectativas passadas, as expectativas de seus pais a seu respeito e como estas foram, por sua vez, motivadas por outras correspondentes nas respectivas famílias de origem. Se, por exemplo, a aspiração de um pai é que o filho escolha determinada profissão e alcance uma situação de prestígio e o filho procura adequar-se (ou, vice-versa, contesta-a), é necessário perguntar-se qual a consigna dada pelos avós paternos ao pai para que este a transferisse ao filho, manifestando tal aspiração (Andolfi e Angelo, 1988, p.81-82).

Portanto, os mitos familiares se constituem em complexos modelos norteadores de conduta para os membros de uma família, não conscientes, transmitidos entre as gerações. Eles podem ser repassados nas famílias através de seus rituais, compromissos de lealdade, padrões de comunicação, entre outros. Modificam-se com o tempo, porém mantêm sua dinâmica a fim de garantir o equilíbrio interno do sistema familiar. Quando estagnados, podem gerar a patologia do sistema familiar.

Krom (2000)[24], ao elaborar uma Leitura Evolutiva e Iinstrumental Mítica, afirma que o mito envolve muitas coisas: "são conteúdos que se entrelaçam, se organizam, determinando forças que dão origem aos sentidos na família [...]" (p.11).

A autora define o Mito como a concepção própria do mundo no qual se cria o entendimento da realidade e o mapa de mundo de cada um. Propõe uma classificação dos tipos de mitos familiares em construtivos e organizadores, correspondendo àqueles

---

23 Ferreira, A. J. 1971
24 Conceituação que continuou a ser desenvolvida, verificar Leitura Evolutiva e Instrumental Mítica, Cap. I.

que auxiliam nos aspectos sadios do grupo familiar, bem como em sua continuidade. Os mitos predominantemente construtivos e organizadores são o Mito da Propriedade, Mito da União e da Autoridade, conforme sua própria definição. Já os mitos predominantemente nocivos e desorganizadores são aqueles capazes de aumentar o grau de tensão familiar, podendo provocar ansiedade, rupturas, coalizões, distanciamentos físicos, gerando estigmas e levando ao cumprimento de profecia[25]. Podem ser exemplificados através do Mito do Poder, da Loucura e da Maldade.

Os mitos culturais ou coletivos, os mitos familiares e os mitos individuais, encontram-se intimamente relacionados, havendo reciprocidade entre eles, a qual dificulta a delimitação de onde e quando se inicia um ou outro.

Nos mitos culturais é muito comum a presença de um herói, homem ou mulher, que, após muito esforço, supera sua condição. Morre como qualquer mortal, mas renasce como figura eterna e universal, sendo descrito de forma grandiosa e, muitas vezes, surreal.

Através do relato verbal e outras formas de comunicação, os feitos históricos desses representantes culturais passam a ser cultuados pelas famílias, incorporando suas características como modelos a serem seguidos.

Nas famílias, surgem pessoas que Krom (2000) define como Figuras Míticas aqueles que "se tornam modelos familiares e atuam como verdadeiros pontos de referência. Pode-se verificar como, respondendo às necessidades e à formação de expectativas míticas, essas pessoas em suas próprias vidas determinam um percurso mítico" (p.49). Considera o surgimento da figura mítica como um fato importante, já que pode incentivar o aparecimento de uma nova malha mítica, favorecendo a efetivação de expectativas de longo tempo. Além disso, afirma que a figura mítica na família irá contribuir para o seu enriquecimento, ampliando seus sentidos, isto se for uma figura mítica que dê origem a uma mitologia considerada construtiva e organizadora. A figura mítica, como ponto de referência presente, auxiliará na produção de recursos familiares nítidos e acessíveis, os quais, em momentos de crise, poderão ser acionados, auxiliando na transcendência de situações difíceis de vida[26].

Rosset[27] aponta a necessidade da compreensão da trama familiar mítica para facilitar o processo de mudança e promover as aprendizagens de que os sistemas carecem realizar. Estes mesmos sistemas, abrangendo não só as famílias, mas os indivíduos, grupos e casais, constituem, através de seus valores, suas próprias leis, regras e estratégias.

Para ela, as leis são imutáveis, irracionais, inflexíveis e inconscientes, estando mais ligadas aos mitos familiares. As regras são estruturas mais ou menos mutáveis, mais

---

25 Aprofundar a compreensão no Capítulo X a respeito de Profecias e Estigmas na família.
26 Verificar conceitos delineados no capítulo I a respeito dos Momentos Cruciais Míticos.
27 www.srosset.com.br.

ou menos flexíveis e semiconscientes, relacionadas aos ritos do grupo familiar. As estratégias seriam estruturas mais flexíveis, mais racionais e mais conscientes, relativas ao ideal. Os ideais familiares são organizados na primeira geração, sendo coerentes e funcionais para aquele sistema, naquele momento. Constituem-se nas metas e objetivos do grupo familiar.

Três outros conceitos são importantes de serem definidos em sua teoria: o determinismo mítico, de conteúdo inconsciente, define o que pode e o que não pode ser feito. Caso haja a transgressão desse determinismo, surge a maldição mítica, como uma punição pela ousadia de se ter feito algo diferente do que o mito transmitiu. A missão mítica aparece como alternativa positiva ao determinismo mítico, que é mantido, porém, com alteração em sua energia e conotação.

Numa tentativa de transpor esses conceitos para o cotidiano, efetuei três estudos sobre o tema, altamente instigante. Num primeiro momento na pesquisa, busquei, em Psicologia, identificar a presença das lealdades familiares[28] na escolha profissional.. Por ser a lealdade um dos elementos constitutivos dos mitos, ampliei o foco da investigação, procurando, então, identificar os mitos familiares existentes na escolha de uma profissão. Mas como os mitos podem ser identificados? Mais uma vez me reportei a alguns elementos que o constituem: os compromissos de lealdade existentes nas famílias, os padrões de comunicação e os rituais familiares. A partir deles, foram formuladas as questões das entrevistas bem como serviram como categoria de análise dos resultados.

Movida pela mobilização ao meu redor, inclui na pesquisa o fator germanicidade, já que, em 2000, início dos estudos, Blumenau completava 150 anos de fundação. A cidade estava em festa. Vários eventos foram programados, inclusive sendo instituído um órgão próprio para administrar tais festejos: o Instituto Blumenau 150 anos.

Optei, então, por identificar entre os estudantes do curso de Psicologia da Universidade Regional de Blumenau, com descendência germânica, os mitos familiares existentes em sua escolha profissional. Foram selecionados, através de seus sobrenomes, cinco universitários para realizarem entrevistas individuais e a confecção de um genograma[29] das profissões existentes em suas famílias, observando-se três gerações.

Identificou-se a presença do Mito do Sucesso em quatro famílias dos estudantes pesquisados, da União e da Propriedade em duas famílias de alunos, e o da Conquista e

---

28 São expectativas em relação às quais as pessoas assumem determinados compromissos, num livro oculto de créditos e débitos familiares, verificar no Cap I.
29 O genograma é elaborado a partir das respostas às questões semiestruturadas, reconstruindo-se a história familiar. A utilização do genograma facilita a identificação dos mitos familiares, uma vez que permite visualizar a configuração gráfica das relações que permeiam uma família.

do Poder com incidência de cada um em duas famílias investigadas, conforme as definições de acordo com a Leitura Evolutiva e Instrumental Mítica de Krom (2000).

Outra constatação feita diz respeito à presença dos mitos familiares nas escolhas profissionais, não como opção pela profissão propriamente dita, mas pelo modo de exercê-la, presentes em duas famílias de alunos, identificados a partir do mito do povo trabalhador, descrito por Frotscher (1997). Busca-se atingir um modelo de trabalhador, neste caso, psicólogo laborioso, ordeiro e com capacidade para desempenhar uma grande quantidade de tarefas, reforçando a influência dos componentes culturais. Algumas palavras mencionadas pelos entrevistados nos mostram tal conotação: "batalha, luta, esforço, trabalhando muito, estar correndo atrás".

A identificação do mito do sucesso, proposto por Krom (2000), em quatro dos casos estudados veio a reafirmar este pressuposto. Sendo os alunos pesquisados descendentes dos imigrantes que colonizaram Blumenau, em sua terceira ou quarta geração, observou-se que o padrão de comportamento pautado pelo Mito do Sucesso permeou o desejo no que diz respeito à aspiração quanto ao modo de desempenhar as atividades profissionais futuras de psicólogo, assumindo uma "[...] *posição de destaque*", ou "*não ser mais um*", "*para ser um bom profissional...*", conforme fala de um deles.

Percebe-se, portanto, o componente cultural presente na escolha profissional dos estudantes pesquisados, tanto na identificação do mito do povo trabalhador quanto no do sucesso. Outra correlação possível de ser estabelecida foi a relação existente entre a figura mítica representada por Dr. Blumenau, fundador da cidade, enaltecido por seus "*bravos feitos*", servindo como modelo a ser seguido.

Nos universitários pesquisados, percebeu-se haver compromissos de lealdade dos netos (estudantes de Psicologia entrevistados) às avós, ou seja, nos pontos em que os alunos buscaram alinhar seus interesses profissionais às expectativas que as avós depositaram.

Inferimos serem estas avós guardiãs míticas[30] do Mito do Povo Trabalhador. Em 2004, orientei uma Monografia na qual duas acadêmicas[31] buscaram identificar quais as influências que a cultura alemã produz na construção da subjetividade do gênero feminino em Blumenau[32].

Além do levantamento bibliográfico, as orientandas realizaram uma entrevista semiestruturada com três gerações de mulheres de uma mesma família, sendo que a avó, a mãe e a neta, à época, estavam com a idade de 73, 46 e 19 anos, respectivamente. São

---

30 Guardiões dos Mitos Familiares, referindo-se às pessoas que pautam suas vidas pelas determinações míticas, incumbem-se das mesmas, de propagá-las e de executar os rituais assim propostos.
31 Carolina Azambuja e Sabrina Vera Sestren.
32 Azambuja e Sestren, 2004.

descendentes de alemães, nascidas em Blumenau. Os pais da avó materna imigraram da Alemanha.

Consideraram como aspectos fundamentais obtidos através do acervo consultado, o papel desempenhado pela mulher no desenvolvimento da colônia Blumenau logo após sua fundação, já que as colonas de então desempenhavam múltiplas funções: de esposas, mulheres, amantes, filhas, educadoras, cozinheiras, costureiras, lavradoras, enfermeiras, dentre outras. Assumiram uma posição de destaque na manutenção da germanicidade, cabendo a elas a transmissão aos filhos dos significados ligados à religião, família, trabalho, honestidade, moralidade, além de serem elas que lhes ensinavam o domínio da língua alemã.

As acadêmicas identificaram, através de entrevistas individuais, que o trabalho das descendentes de alemães contemporâneas buscou a autonomia e reconhecimento social, indo além das tarefas de boa dona de casa[33], ampliando as expectativas femininas para mais que a realização do casamento. Porém, é através do trabalho que muitas das relações foram regidas, quer com outras pessoas, quer com instituições como a escola, a igreja, o grupo de encontro de senhoras da igreja luterana, etc.

A família foi percebida como a base na construção dos indivíduos, cabendo à mulher a transmissão e manutenção dos conceitos ligados às questões do grupo familiar. Os encontros em família são entendidos como atividade de lazer, bem como a confecção de trabalhos manuais (artesanato, tear, tricô, bordado), apontados tanto pela avó, quanto pela filha e neta entrevistadas. As orientandas concluíram que a cultura alemã se incorporou ao cotidiano das mulheres pesquisadas, influenciando um estilo de vida próprio, em que o trabalho tornou-se o símbolo de identificação étnico.

Em 2008, a cidade de Blumenau e seus habitantes sofreram novamente com a força da natureza. Apontado por alguns como a maior tragédia natural já vista no Brasil[34], a catástrofe sem precedentes[35] que abateu o estado de Santa Catarina atingiu um terço de seu território, deixando 135 vítimas fatais, muitas delas soterradas.

Em Blumenau, 80% de seu território foram inundados. Além da chuva, houve deslizamentos de terra. Foi decretado estado de calamidade pública no município, além de suspensos alguns serviços essenciais, como o transporte urbano. O ano letivo foi suspenso em todas as escolas.

---

33   A boa dona de casa alemã era descrita na época da colônia como sendo a esposa que soubesse limpar, cozinhar, lavar, costurar, bordar, tricotar, que soubesse matar animais e preparar sua carne, que cultivasse a terra, além de manter a educação dos filhos. Em contrapartida, as mulheres nativas eram consideradas desleixadas, não se importando consigo, com os filhos e com os afazeres domésticos.
34   www.santa.com.br
35   www.webimprensa.sc.gov.br

CAPÍTULO V

Houve mobilização por parte de toda a população, entidades sociais, poder público e privado para a busca da reconstrução da cidade.

Envolta por tal situação, empreendi um novo estudo[36], buscando apresentar o papel da comunicação escrita na manutenção e perpetuação dos mitos familiares após o desastre natural que atingiu esta cidade.

Como fonte de pesquisa, realizei um levantamento do material veiculado no período de novembro de 2008 a novembro de 2009, no Jornal de Santa Catarina[37]. Destes, foram selecionados dois artigos, duas cartas do leitor e uma campanha publicitária com duas inserções em datas diferentes. Cada material publicado foi analisado individualmente conforme as expressões e palavras contidas em cada texto.

Optei por incluir, neste capítulo, o artigo abaixo[38] para ilustrar uma parte da pesquisa, a saber:

> Relendo Darwin
>
> Quer saber o segredo de Blumenau? Seleção natural. Só *os determinados, empreendedores e com capacidade de superação** tendem a permanecer na cidade, abatida inúmeras vezes por catástrofes naturais. *São eles* que fizeram da teimosa colônia fundada por alemães a referência que é em diversos aspectos sociais e econômicos. *É graças a eles* que nos *reergueremos inúmeras vezes e o faremos quantas vezes mais forem necessárias*. Os que não têm estrutura para suportar tamanha pressão deixam a cidade, como fazem agora inúmeras famílias na pós-tragédia. Não importa. Serão substituídas pelos que virão atraídos pelos desafios. "Esses sim têm muito a oferecer e serão muito bem-vindos". Artigo publicado em 10 de dezembro de 2008 (Grifos meus)

Na investigação realizada, observou-se que a comunicação escrita auxiliou não somente a manter a ideia e o sentimento de que o cidadão blumenauense possui capacidade para superar as adversidades por meio do trabalho, mas também perpetuar o mesmo

---

36 Gabel, 2010.
37 Líder em seu segmento, o Jornal de Santa Catarina foi fundado em 1971. Atualmente compõe o grupo de comunicações RBS. Abrangendo 65 municípios de Santa Catarina, o "Santa" como foi apelidado, atua numa região que concentra 33% da economia e potencial de consumo do estado. (www.rbs.com.br)
38 Artigo assinado pelo jornalista Francisco Fresard.

sentido através do mito do povo trabalhador[39]. Os termos garra, força e determinação, que aparecem repetidos e estão em nos textos apresentados, denotam a identificação com a figura mítica do fundador da cidade, Dr. Blumenau. Esse modelo de conduta é o que reforça e dá identidade social ao povo blumenauense, transmitindo-o a seus moradores através de várias manifestações culturais e transpondo às famílias o *"rumo"* a ser seguido.

A possibilidade de expressar-se através da imprensa denota como os habitantes da cidade conduzem suas ações, permeados pelos modelos idealizados e transmitidos às famílias a que pertencem. Os membros dessas famílias, por sua vez, buscam atingir o que lhes é esperado: com garra e determinação tentam superar mais uma vez as dificuldades, mergulhando com força na tarefa da reconstrução da cidade.

Após a ocorrência de um desastre natural, pode-se perceber o fenômeno de uma maior solidariedade e coesão grupal. Com a análise de alguns termos, como, por exemplo, *"estarmos cercados de pessoas especiais e mobilize seus vizinhos"*, percebeu-se o conclame para a união da comunidade, reforçando o Mito da União, conforme descrição de Krom (2000).

Termos como *"nada leva nossa força"*; *"dê o seu melhor"*; *"cada dia é uma conquista"*; *"famílias que perderam tudo [...] mas jamais perderam a dignidade"* – *"são motivo de orgulho e um exemplo a ser seguido"*; *"blumenauense sabe como poucos vencer estas adversidades"*; *"dessa dificuldade faremos uma oportunidade"*; observados nos textos selecionados, nos levam a identificar o **Mito da Conquista e Mito do Sucesso.**

Essa investigação auxiliou-me a perceber a utilização de ferramentas de que a sociedade dispõe, neste caso, a comunicação escrita, para manter ou perpetuar um modelo de conduta a ser seguido diante de uma situação específica: o desastre natural.

O que concluir sobre os mitos familiares? Este é um tema que se reconstrói, transforma-se, redescobre-se a cada geração. Diante dos mitos familiares, os sentimentos e perspectivas podem ser os mais diversos. Pode nos sugerir medo, quando vislumbramos os mitos familiares como nocivos e deterministas, podendo gerar repetições e estagnação tanto nas famílias como nos indivíduos. A energia é bloqueada e há a cristalização de comportamentos. Vêm-nos à mente as maldições míticas da morte, loucura, sexualidade e dinheiro.

Por outro lado, os mitos também possuem aspectos construtivos, que favorecem a mudança, a aprendizagem e a funcionalidade. Tomando como exemplo a **Figura Mítica**

---

39 A partir das enchentes de 1983 e 1984 que atingiram Blumenau, Frotscher (1998) identificou elementos para a construção social do "mito da capacidade de trabalho e reconstrução do blumenauense" e do "mito do progresso". Concluiu que o poder público estadual e municipal daquela época retomou a imagem de pioneirismo e espírito de luta dos primeiros imigrantes diante das adversidades para motivar os habitantes para a reconstrução da cidade.

de Dr. **Hermann Blumenau**, no modo como foi descrito e é traduzido até os dias de hoje para os habitantes da cidade que fundou, poderia ser interpretado não apenas como um modo rígido de ser, com pautas predeterminadas de conduta e comportamento que repassa, aos do município por ele criado, um alto grau de exigência em seu desempenho pessoal e profissional.

O mesmo Mito Cultural, transmitido às famílias e aos indivíduos que aqui habitam, poderia ser transmutado em um fator de resiliência e capacidade de superar as dificuldades, sejam elas de ordem econômica, política, social, até as relacionadas aos desastres naturais.

A importância dos imigrantes para a formação da população brasileira é incomensurável[40]. Sua influência vai desde o modo como manipulamos determinado tipo de alimento, até as artes, música, economia, construção civil, às formas como conduzimos nossas próprias ações e nosso próprio comportamento.

Os imigrantes, assim como os demais povos que aqui habitavam, constituem hoje o que conhecemos como nação brasileira. Esta mesma nação que poderia viver em conflito por conta de suas diversas matizes formadoras, consegue assimilar e acomodar suas diferenças, transformando-as em outra cultura, a nacional, a brasileira.

Também não posso deixar de sugerir que as famílias contem a seus descendentes as histórias e feitos de seus parentes. Quem sabe, assim, consegue-se recontá-los mais tarde.

---

40 Verificar as considerações finais no Cap II a respeito dos Mitos dos Imigrantes.

CAPÍTULO VI

OS MITOS EM SUA RELAÇÃO COM O COMPORTAMENTO CRIMINOSO

Susie-Fhane M. Mota, Carmelina S. Bonadiman, Marilene Krom[1]

"Como a violência gera a violência, a política da paz e a valorização da vida são ótimos caminhos".

A família, desde os primórdios, se constitui uma organização social de importância para a vida dos sujeitos. É nela que ocorrem os processos estruturais psicológicos, que contribuem para a formação e amadurecimento de cada um.

Ao usar esta perspectiva, percebemos em nossa experiência que o crime tem seu emaranhado de segredos e continuidade com origem até então misteriosa na família. Preocupadas com estas questões, duas psicólogas que trabalham com pessoas privadas de sua liberdade. Em seus atendimentos, suspeitaram que alguns mitos e ritos na dinâmica familiar desses custodiados perpetuavam o comportamento criminoso na família.

Adentrou-se, então, em um estudo para compreender como tais influências ocorrem, são exercidas e mantidas durante a vida e culminam em atitudes delituosas. Foi utilizada a Leitura Evolutiva e Instrumental Mítica, para identificar e propiciar uma reflexão mais profunda dos mitos, valores, práticas e costumes daqueles que se direcionam a prática criminosa.

Foi iniciado um trabalho de pesquisa e estudo com 18 indivíduos, sendo 07 do sexo feminino e 11 do masculino, com idade entre 18 a 48 anos, sendo que, na data da pesquisa, todos cumpriam pena na Penitenciária Regional da cidade de Barra de São Francisco no Estado do Espírito Santo.

Foi usada como instrumento uma entrevista semiestruturada, baseada no roteiro para entrevista, buscando identificar as relações, comunicações, dificuldades, obrigato-

---

1 Os Mitos em sua Relação com o Comportamento Criminoso, Orientação do Trabalho de Susie Fhane. S. Motta e Carmelina S. Bonadiman, Monografia de finalização do Curso de Terapia Familiar – CRESCENT- Vitória– Espírito Santo.

riedade na família, momentos importantes e os motivos e influências que os levaram a cometer o delito.

Houve uma conversa inicial com cada sujeito, sendo-lhes explicado que tudo seria sigiloso, que suas identidades seriam preservadas e que essa pesquisa poderia servir de estudo para o tema em pauta, no que assentiram assinando um termo de anuência.

A seleção dos sujeitos foi feita com análise nos prontuários psicológicos da Unidade Prisional nos quais se verificou a reincidência criminal na família. Foi solicitada uma autorização do Secretário de Justiça do Estado do Espírito Santo, para realização dessas entrevistas com os custodiados. A pesquisa aconteceu entre julho a novembro de 2009.

Na análise desses dados focou-se a questão norteadora deste trabalho: a pesquisa do comportamento criminoso sendo perpetuado através das gerações e sua relação com a mitologia familiar. Como principais delitos nos sujeitos pesquisados identificaram-se o tráfico, furto, assalto e homicídio.

Murray Bowen[1] introduziu o genograma que, inicialmente, foi denominado de diagrama da família e, posteriormente, rebatizado de genograma. A ideia central da teoria de Bowen é que as famílias se repetem, isto é, o que acontece em uma geração poderá acontecer na outra. Bowen definiu esse processo como transmissão multigeracional.

Foi utilizado como instrumento de trabalho o genograma que se mostrou um recurso gráfico importante, pois o mesmo foi empregado para proporcionar uma rápida gestalt de como, no ciclo vital familiar, é possível relacionar os eventos atuais com o passado, no campo individual ou grupal. O Genograma organiza os dados referentes à família, o que proporciona uma visualização das triangulações familiares, processos e avaliações no decorrer da terapia.

Antes de prosseguir apresentaremos, com mais detalhes, três dessas histórias que tivemos a oportunidade de conhecer, mantendo-se o estilo das falas que foram apresentadas.

A HISTÓRIA DE SININHA

A família de Sininha residia na zona rural até o falecimento da avó materna, fato que fez com que seus tios e sua mãe migrassem para a cidade. Foi a partir desse momento que seus tios e primos começaram a se envolver em delitos, sendo que, antes do falecimento da avó, somente um tio encontrava-se preso.

---

1   Bowen, 1978.

Eles sempre foram unidos e não abandonaram seus membros na prisão, mesmo com algumas desavenças, ajudando-se mutuamente. Afirma-se, aqui, a importância do cuidado e ajuda entre os membros da família, frisando entre si que não abandonam quem está na cadeia.

O pai de Sininha suspeita que ela seja filha de seu irmão, pois o mesmo esteve apaixonado por sua mãe na época em que ela nasceu. Quanto a esse fato, sua mãe nunca lhe deu explicações e sempre que tentava perguntar nunca obtinha resposta satisfatória. A família não gosta de falar desse assunto. Por isso, seu pai a preteria em relação aos irmãos, a incerteza sempre a incomodava, mas preferia acreditar que seu pai não fosse seu tio, apesar de, fisicamente, parecer muito com ele. Esse fato assinala o segredo na família que contamina a relação pai-filha.

Quando ela estava com 13 anos, seus pais separaram-se. Após a separação, seu pai começou a beber mais que o normal. Comprou uma boate de *strip-tease*. Um tempo depois ficou preso duas vezes, por porte ilegal de armas e problemas relacionados à pensão. Depois que esse senhor saiu da prisão, passou por um período de alucinações e Sininha acredita que foram os remédios que lhe deram na prisão.

Nesse período, Sininha morava no Rio de Janeiro e começou a trabalhar como garota de programa e striper por 7 meses. Ao saber que o pai necessitava de seus cuidados, voltou para o Espírito Santo para ajudá-lo.

Sua mãe veio a amasiar-se e Sininha não mantinha bom relacionamento com o padrasto. Presenciou muitas brigas entre eles e algumas levaram a agressões físicas. Quando Sininha engravidou, foi morar com um tio materno, porque o padrasto não aceitou a gravidez e não permitia que ela comesse o que havia em casa, sua mãe comprava as coisas escondida.

Com uma tia materna, que nasceu após sua mãe, por apresentar um relacionamento próximo, mas conflitual, foi à convivência com ela, que influenciou Sininha a experenciar muitas coisas em sua vida, tais como drogas e prostituição.

Certa vez estava discutindo com seu pai e a tia se intrometeu dando uma tapa no rosto de Sininha. Esta revidou agredindo-a. Ficaram por um tempo sem se falar, mas se reconciliaram posteriormente. Mesmo com isso, respeitava muito essa tia e, quando sua mãe tentava lhe impor algum limite, fugia para a casa desta.

Aos 14 anos começou a frequentar presídios levando malotes (comida, material de higiene pessoal, etc.) para os tios e primos que se encontravam presos. Achava excitante o ambiente e tinha curiosidade de saber como seria estar presa. Tudo lhe chamava a atenção.

Conheceu seu primeiro namorado na prisão, como também os que vieram posteriormente. Engravidou de seu primeiro companheiro durante as visitas que realizava ao presídio. Hoje é casada com um homem, o qual foi preso junto com Sininha por tráfico e este aceita o filho dela como se fosse seu.

Foi presa a primeira vez aos 17 anos por assalto, sendo liberada após apanhar da polícia. Aos 21, foi presa por porte ilegal de armas, tráfico e associação ao tráfico. Este último delito cometeu por precisar de dinheiro, pois seu filho havia nascido e não queria que sua mãe mantivesse os dois financeiramente.

Já que o marido encontrava-se preso, voltou à prática de transgressões, depois de ter ficado durante a gravidez e pelo período de sete meses após o nascimento do filho, sem usar drogas, praticar delitos e se prostituir. Segundo seu relato, seu filho foi o que lhe aconteceu de mais especial na vida fazendo-a abdicar de muitas coisas em prol da saúde e bem-estar do mesmo. Atualmente, as dificuldades que sua família enfrenta dizem respeito ao envolvimento de alguns membros e dela mesma com as drogas e o crime.

Seus irmãos também têm envolvimento com tráfico, mas ainda não estão presos, ela entende ser uma questão de tempo. Em relação a esse delito sua condenação é de 23 anos.

Alguns relatos significativos na fala de Sininha:

"Depois que minha avó morreu é que desandou tudo... A gente foi pra cidade e aí todo mundo foi se misturando e acabando preso. Tenho uma tia que a gente é muito amiga. Ficamos sem conversar por causa de uma briga com meu pai que ela se intrometeu e acabei machucando ela, mas a gente fez as pazes. A gente tava sempre junta pro bem ou pro mal. Eu escuto mais ela que minha mãe".

"Quando fiquei grávida, meu padrasto não aceitou e não deixava a mãe comprar as coisas pra mim. Ela comprava escondido, ele é muito miserável. Aí fui morar com uma tia. Apesar de o povo ser todo encrencado com a justiça, a gente se ajuda e não abandona ninguém na cadeia".

"Desde os 14 anos é que visito meus tios na cadeia, eu que levava as coisas pra eles e achava interessante, tinha curiosidade de saber como era ficar presa. Meu primeiro namorado conheci dentro do presídio, daí foi só mudando. Engravidei e casei dentro do presídio".

"Minha vida toda está aí, tudo que eu fiz. Meu pai nunca gostou de verdade de mim. Ele acha que sou filha do meu tio, mas pra mim sou filha dele. Ninguém sabe direito, pareço mais com meu tio e o pessoal fala que ele foi apaixonado por minha mãe. Ninguém fala muito nisso, mas sempre fui rejeitada pelo meu pai".

"Mas, quando ele ficou doente, quem cuidou dele fui eu. Não tenho paciência e estouro muito fácil, qualquer coisa me tira do normal. Sempre estava envolvida de um jeito ou de outro no crime. Mas, dessa vez, tinha meu filho e meu marido está preso, tinha que arrumar dinheiro e não acho certo a minha mãe ter que pagar as coisas, ficar na dependência dela, o filho é meu, eu que tenho que cuidar. Aí resolvi traficar pra arranjar algum e acabei presa. Com tanta gente na cadeia, eu la ser diferente?"

Genograma da família de Sininha[2]

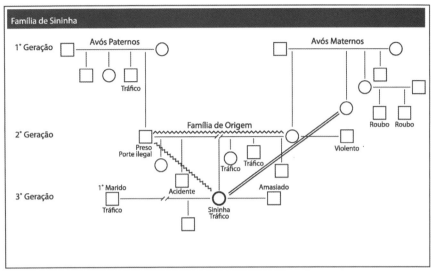

A HISTÓRIA DE IRENE:

A família morava no interior do Espírito Santo. O pai de Irene conseguiu emprego no estado do Paraná e, a cada seis meses, voltava para ver a família. Quando ela tinha seis anos, o pai faleceu em decorrência de um derrame e foi sepultado no Paraná. A família foi avisada após o sepultamento e, na realidade, não se sabe ao certo se foi isso mesmo que aconteceu, pois, na época, as notícias demoravam muito pra chegar.

Ela não conheceu a extensa família de seus pais, não tem recordação de seus tios ou primos. Há 13 anos, quando estava com 35 anos, sofreu um acidente de carro e sua memória foi afetada, não se lembra de muitas coisas que aconteceram em sua vida, lembra vagamente de sua infância e adolescência.

Apresenta problemas com o álcool desde a juventude, não lembra quando começou a beber. Relata que a motivação era a raiva, pensava que ajudaria a resolver os problemas. Como está sem beber há 6 meses por causa da prisão, relata que pretende não mais fazer o uso do álcool quando sair.

Tem uma irmã mais nova que apresenta problemas mentais, não soube explicar bem, mas afirma que a mesma já ficou sete anos sem sair de casa. Esta mora com a mãe.

---

2   A seguir serão apresentados os genogramas das três histórias discutidas, verificar conceito e execução do genograma nos Caps. XI e XII e considerar os anexos.

Antes de Irene ser presa, a irmã começou a sair, ir à igreja e sentar na calçada. Mas, nos últimos dias, recebeu notícias de que a mesma está se enclausurando novamente.

Ficou casada durante 30 anos com seu primeiro marido, o qual esteve preso várias vezes, por assalto e brigas. Foi assassinado pelos próprios colegas. Ao ficar viúva, na época da colheita do café, ia com o irmão para o sul do estado e ficava durante a colheita. Sua mãe tomava conta dos filhos.

O filho caçula do primeiro casamento, desde a pré-adolescência, cometia furtos. Certa vez a avó deu uma caixa de engraxate para que ele começasse a ganhar algum dinheiro e ajudar em casa. Ele sempre trazia algumas coisas para casa e dinheiro também. No início achavam que era fruto de seu trabalho como engraxate. Mas, quando a família descobriu os delitos, este já estava grande, não deu mais pra controlar. Hoje ele tem 25 anos e o mesmo está jurado de morte por alguns PMS, já trocou tiros e tem histórico de fuga.

Na cidade é muito temido, pois não mede consequências. Este tem quatro filhas, três com a primeira mulher, a qual é usuária de drogas, e uma com a namorada de 16 anos. Sua filha mais velha está com 12 anos e é a mais apegada ao pai. Dá última vez que fugiu, levou essa filha com ele, juntamente com a namorada de 16 anos, a qual engravidou nesse período. Permaneceu foragido em Rondônia durante um ano.

Ao voltar para o Espírito Santo, foi perseguido pela polícia e a filha estava junto a ele. Deixou-a em algum lugar da cidade e ligou para o juiz avisando onde estava para que o Conselho Tutelar a buscasse e trouxesse de volta para a casa da avó, pois não iria fugir com a filha, colocando-a em perigo.

Os familiares falam que ela tem a mesma *"raça ruim do pai"*. Todos na família o respeitam, sua palavra é a que vale. Afirma-se que ele é a figura forte e a que estabelece as regras na família. As duas filham mais novas moram com a bisavó paterna e a mais velha, com uma prima paterna.

O filho mais velho de Irene, do primeiro casamento, é alcoolista em um nível muito grave. Da segunda união, o filho mais velho ficou, aos 17 anos, detido durante dois meses por furto numa unidade para menores.

Quando estava livre, os filhos sempre se reuniam aos domingos em sua casa para o almoço. Às vezes faltava um ou outro, mas sempre alguns deles se faziam presentes. Suas filhas é que estão com a responsabilidade de resolver as coisas com advogado em relação a ela e ao filho que se encontra preso, bem como cuidar da avó que está com 100 anos de idade. Percebe-se a pauta da união e cuidado na família, sugerindo o Mito da União.

Em relação à sua prisão, ela veio junto com o companheiro por causa de denúncias sobre tráfico de drogas. Afirma que tinha conhecimento desse fato, mas quem negociava era seu companheiro. Esta é a primeira vez que foi presa e sua condenação é de três anos.

Alguns relatos significativos na fala de Irene:

"Eu bebia muito lá na rua né... Até engordei depois que tô presa. Bebia de raiva, por causa dos problemas, achava que ia resolver..."

"Eu não tenho muita lembrança do meu pai, porque ele me morreu, tinha seis anos e ele ficava no Pará pra trabalhar e só vinha de seis em seis meses. Tive muita convivência com ele não, nem me lembro do jeito dele. Ele morreu por lá mesmo e ninguém foi lá no velório, a gente nem sabe onde está enterrado".

"Meu primeiro marido era assaltante, foi preso várias vezes, mais a gente viva bem, me respeitava em casa. Os próprios amigos dele armaram e mataram ele. Meu filho, que está preso, sempre deu problema, é o caçula do primeiro casamento, parece com o pai dele".

"A mãe deu uma caixa de engraxate pra ele trabalhar, mas ele ia era roubar e a gente achava que era do dinheiro dele que ele comprava as coisas. Quando a gente descobriu, já era tarde, não deu mais pra corrigir. Desde os 11 anos que ele vem sendo pego pela polícia. O que ele fala é lei. Ele é muito difícil".

"A filha dele mais velha é igual ele, raça ruim igual o pai. Tem muita criança na família, aí fica bem animado, a gente comemora Natal por causa delas. Eu que sempre resolvia as coisas porque minha mãe é bem velha, não escuta direito e agora são minhas filhas que vê as coisas com advogado e olha a mãe. Nunca tive problema com isso, meu marido que mexia e as drogas eram dele, aí me colocaram junto".

Genograma da família de Irene

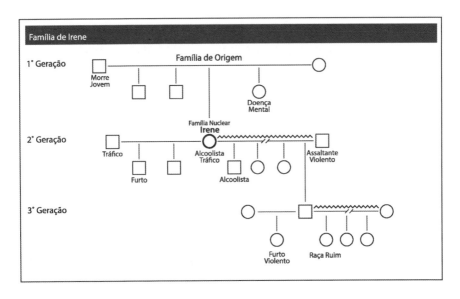

A HISTÓRIA DE PEDRO

Pedro morava no interior do Espírito Santo, divisa com a Bahia. Tem uma família de cinco irmãos sendo ele o caçula. Seus pais, quando Pedro ainda era criança, bebiam muito e sempre brigavam. Durante as brigas, seus irmãos mais velhos ficavam incumbidos de fazer a separação dos mesmos.

Numa das brigas o pai tentou matar a mãe com uma faca. Isso fez com que ela fosse para a casa dos pais deixando as crianças com o marido, mas Pedro sempre acompanhava a mãe. No relacionamento dos pais, nessa época, havia muitas idas e vindas, por várias vezes a mãe saía e ia para a casa dos pais, mas nunca se separaram de fato. Os dois pararam de beber depois de alguns anos, quando o pai e a mãe começaram a apresentar problemas de saúde.

O irmão mais velho e a irmã mais nova eram os preferidos pelo pai. Pedro era sempre defendido pela irmã mais velha, os dois sempre tiveram muita amizade e eram muito unidos. Entre Pedro e o pai havia muitos conflitos, o pai sempre o chamava de *"vagabundo"* porque não via o que Pedro fazia como trabalho, pois ele executava pequenos serviços num parque de diversões que estava na cidade. Aos 13 anos começou a viajar com o parque, mas sempre voltava pra casa, por causa de sua mãe que não estava bem de saúde. Quando discutia com o pai, ele voltava para o parque. Os pais ficaram casados por 23 anos até o falecimento da mãe em 2002, quando Pedro estava com 14 anos. Depois disso, ele saiu mesmo de casa, para trabalhar em um frigorífico na zona rural. Todos da família o acusavam de usar drogas por causa da vida que tinha de viajante mas, até então, nunca tinha experimentado drogas, só trabalhava com elas.

Aos 18 anos relata que começou a usar drogas por causa da família. Depois de muita acusação, ele começou a dizer que a usava, embora não fizesse, ainda, de fato. Isso o deixou muito revoltado e, um dia, resolveu experimentar maconha e outras drogas. Percebe-se que a família de Pedro lhe impôs o estigma de vagabundo e drogado e este veio a realizar efetivamente o que lhe foi imposto. O problema do alcoolismo está mais evidente no ramo materno de Pedro, como também o comportamento delituoso de furto por parte dos primos.

Em relação ao ramo paterno, apresenta distanciamento familiar sem contato com a extensa família paterna. Com os irmãos tem bom relacionamento e mais afinidade com a irmã mais velha. Ficou por um tempo *"brigado"* com o irmão do meio por causa do roubo de uma bicicleta quando este estava bêbado, mas logo se reconciliaram. Este também é usuário de drogas.

O irmão mais velho tem a responsabilidade de resolver as *"coisas"* da família. Pedro foi preso a primeira vez aos 19 anos e ficou 10 dias detido por furto. Na segunda prisão, aos 20, cumpriu 11 meses em regime fechado e recebeu progressão para o regime semiaberto. Agora, está recolhido por não se apresentar para dormir na prisão. Sua pena é de sete anos e quatro meses. Sempre roubava sozinho, não andava em turmas. Estava trabalhando com um tio, tirando coco, e roubava para manter o vício.

Alguns relatos significativos da fala de Pedro:

"Quando a gente era criança, meu pai bebia muito, batia na gente e na minha mãe. Uma vez ele tentou matar ela, a gente sempre tentava separar os mais velhos, aí ela foi pra casa da minha avó, mas acabou voltando pra casa. Meu pai sempre preferiu os irmãos mais velhos, meu irmão e minha irmã. Eu, ele sempre me chamava de vagabundo, que eu não ia dar em nada, mas eu trabalhava e não mexia com nada errado".

"Minha irmã mais nova sempre me defendia e ficava do meu lado. Cansei de ouvir isso e com 13 anos saí de casa pra viajar com um parque e trabalhar, vinha em casa por causa da mãe. Aí, quando ela morreu, saí de vez, mas vinha visitar eles mesmo assim. Sou mais ligado com a família da minha mãe, quando tem comemoração vou pra lá."

"Quando tinha 18 anos, comecei a usar droga, maconha, por causa da família que é linguaruda e falou pra todo mundo que eu usava e eu não usava. Aí revoltei com isso e comecei a usar. Eu sempre roubava sozinho, não andava de turma".

Genograma da família de Pedro

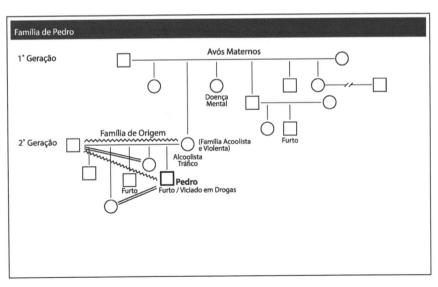

Ao olharmos para essas pessoas em suas famílias, usamos a Leitura Evolutiva e Instrumental dos Mitos tal como proposta neste texto, a qual considera que o Mito constitui, em sua essência, a concepção de mundo própria da família, onde se cria a realidade familiar e o mapa do mundo individual.

Acompanhamos as pessoas em suas falas contando suas histórias através de suas trajetórias, buscando os indícios de suas mitologias que possam indicar a propensão e determinantes do comportamento criminoso.

Na proposta da autora que norteou e orientou, convém revisar alguns conceitos que serão discutidos neste trabalho: os Mitos Construtivos e Organizadores e os Mitos Destrutivos e Desorganizadores. Entre alguns dos tidos como predominantemente construtivos e organizadores temos: O Mito de Propriedade, que se relaciona com a prosperidade do patrimônio, honra do nome e estabilidade familiar; Mito da Conquista, que determina maneiras de conquistar bens ou coisas. Geralmente, esses modelos familiares determinam um caminho e os *"conquistadores"* podem se tornar figuras míticas, as quais os outros familiares cultuam e seguem os passos. Mito da União, este favorece o pertencimento e a manutenção de padrões afetivos; Mito da Religião é organizado através da prática de uma religião e suas normas que podem ter significados diferentes para cada família e serem assimilados de maneiras distintas; Mito do Sucesso está relacionado a ser admirado e respeitado. O Mito da Autoridade norteia as hierarquias de poder da família.

Encontramos os conceituados como predominantemente nocivos e desorganizadores; o Mito do Poder, que é encontrado em famílias que abusam da autoridade, da doença, da maldade, entre outros. Os Mitos Nocivos e Desorganizadores é que vão proporcionar condições para o aumento do estresse familiar, como também para a manifestação de profecias e estigmas[3].

O Mito, nesta compreensão, pode contribuir tanto para a superação como para o fortalecimento das condutas construtivas ou favorecer comportamentos destrutivos, determinar certezas e verdades que os mantêm. As noções de justiça, dentre outros valores, são repassados através da família, se reproduzem através da escola, religião e outras instituições que modelam a história da humanidade.

Estes conteúdos podem se perpetuar ou perder a força, com possível ocorrência em, geralmente, momentos de crise ou de grande sofrimento na família, servem para testar a força dos mitos familiares.

---

3   Os estigmas se caracterizam como marcas de várias maneiras: desde as de aspectos físicos a características afetivas e emocionais que se destacam e passam a fazer parte das identificações pessoais. As profecias são determinações a serem cumpridas, na área pessoal, afetiva e profissional e abrangem uma perspectiva futura,

Esse momento é denominado *"momento crucial mítico"*, pois a autora citada acima afirma que, nas fases transicionais do ciclo vital, a mudança nos mitos pode ocorrer de maneira harmoniosa. Mas, quando os eventos são inesperados e traumáticos, os mitos, o sentido de vida familiar são, então, reavaliados e reorganizados, ocorrem juras e tomadas de decisão.

Nas famílias, encontramos vários rituais comuns, alguns como o ato de orar em conjunto e fazer as refeições nos horários pré-estabelecidos, mesmo os olhares de aprovação ou reprovação funcionam como um código.

Nas famílias que têm, na sua história, o comportamento criminoso, as lealdades e o respeito aos códigos determinados por ela, são importantes até para assegurar ou manter a união familiar. Os mitos podem determinar os legados e estar ligados a dar cumprimento às lealdades familiares e as expectativas.

Algumas considerações são necessárias como a distinção entre crime e criminalidade, de acordo com o dicionário Aurélio: *"Natureza ou estado do que é criminal"*. Conjunto de atos criminosos cometidos em um meio dado, tendendo a criminalidade a crescer nas cidades superpovoadas. Sabemos, no entanto, que a criminalidade se tornou um fenômeno biopsicossocial, pois, olhando pelo prisma de que o sujeito é produto de suas interações familiares e sociais, podemos perceber o quanto essas influenciam a forma como este indivíduo fará suas escolhas e manterá seus relacionamentos.

Ao defender sua Teoria da Saturação Criminal, Alvarenga (2010), ao citar Ferri, sociólogo e criminalista italiano que diferencia crime e criminalidade, sustenta que a criminalidade é um fenômeno natural da vida social, em que cada sociedade tem a criminalidade que comporta em razão das condições por ela criadas e mantidas, até que se dê a saturação, assim como o açúcar derramado em excesso na água. Dessa forma, de acordo com esse pensamento, o crime é um fenômeno anormal no indivíduo, sendo a criminalidade, entretanto, um fenômeno normal em determinadas sociedades.

Com esta diferenciação, pode-se perceber que a criminalidade se transformou num sintoma da sociedade, sustentada pelos problemas socioeconômicos, os quais se têm agravado com o passar dos anos, haja vista o crescimento da população e a deficiência das políticas sociais e públicas.

Ao longo dos anos percebeu-se que os tipos de delitos da população carcerária se modificaram, como também o crescimento da criminalidade. Segundo os dados do Instituto Brasileiro de Geografia e Estatística – IBGE (1901 a 2000), publicados nas diretrizes para a atuação e formação dos psicólogos do sistema penitenciário, percebe-se uma relevante discrepância do tipo de delito nas diferentes épocas.

Os registros de 1907 trazem os seguintes dados: "[...] 69% dos condenados eram filhos legítimos; 12% ilegítimos; 1%, os "expostos"; 18% tinham filiação ignorada; 54%

foram educados em casa materna e o restante dividia-se entre casa estranha, colégios, internatos e estabelecimentos análogos, asilos e estabelecimentos congêneres e lugares ignorados. Quanto à profissão, 38% trabalhavam na agricultura, 70% eram analfabetos e 28% mal sabiam ler e escrever. Referentes aos antecedentes jurídicos dos condenados, 96% eram primários. Dos 2.833 condenados na época, 2.422 tinham cometido homicídio; 53 tentativas de homicídio; 223 lesões corporais e 135 "violências carnais" (p. 34).

Observa-se, no início do século XX, o predomínio absoluto de crimes contra a pessoa, enquanto, em 1985, as estatísticas do IBGE indicam que 57,8% foram condenados por crimes contra o patrimônio. *"O problema do tráfico e do uso de drogas tem início na década de 60, e, no período entre 1965 e 1985, o número de condenados por esses delitos triplicou a partir de 2000".*

Diante desses dados, nota-se o quanto a criminalidade tomou novos rumos com crescimento notável durante os últimos anos, por estar abarcada por fenômenos muito complexos. Com isso, muitos jovens, por falta de perspectivas melhores, encontram como modo de sobrevivência a prática de crimes associada ao abuso de drogas, que deterioram e deturpam os valores morais, familiares e sociais.

Acrescenta-se a este quadro o crescimento populacional e os problemas socioeconômicos desse desenvolvimento. Formam-se, então, elementos fomentadores da realização de delitos e práticas violentas como decorrentes da deficiência das Políticas Sociais e Públicas.

Foucault (2007) denomina a prisão como uma instituição completa e austera, que se perpetuou por ser a forma mais imediata e mais civilizada de todas as penas. Entretanto, percebe-se que pouca coisa mudou em relação às prisões e à problemática social, a qual muitas vezes, é usada como justificativa dos crimes por aqueles que os cometem. As frequentes reincidências são um dado importante, para que se possa repensar a que papel e função a prisão está destinada.

Ao olhar pelo prisma de que este criminoso irá retornar à mesma sociedade que o aprisionou, vemos que se faz necessário reavaliar a função e a influência que o período de aprisionamento trará como produto final para esta mesma sociedade.

Foucault (p.222) faz uma crítica em relação aos fatores que podem gerar a reincidência: *"A prisão não pode deixar de fabricar delinquentes". Fabrica-os pelo tipo de existência que faz os detentos levar: (...) é de qualquer maneira "não pensar no homem em sociedade: é criar uma existência contra a natureza inútil e perigosa";* (...) A prisão fabrica também delinquentes impondo aos detentos limitações violentas; ela se destina a aplicar as leis e a ensinar o respeito por elas; ora, todo o seu funcionamento se desenrola no sentido do abuso de poder. (...) O sentimento de injustiça que um prisioneiro experimenta é uma das causas que mais podem tornar indomável seu caráter. Quando se vê assim exposto a sofrimentos que a lei não ordenou, (...) ele entra num estado habitual de cólera contra tudo que o cerca; (...) não pensa mais ter sido o culpado; acusa a própria justiça.

O discurso sobre a efetividade das prisões em relação à reintegração do preso vem abarcando vários saberes que fomentam projetos e leis que possam assegurar a humanização das prisões no sentido de promover a volta do preso à sociedade. Tal discussão atravessa décadas e pouco avanço se tem obtido.

No Sistema Penitenciário Brasileiro, conforme dados do Sistema de Informações Penitenciárias – INFOPEN, de junho de 2009, consta que a população carcerária abarca 469.546 mil presos cadastrados nos 1.771 estabelecimentos penais no país.

É notada, porém, a precariedade do Sistema Penitenciário Brasileiro, no qual a estrutura física dos presídios era construída com base na segregação, visando à punição dos sujeitos, ao controle social e não à sua socialização que, segundo GOFFMAN (2007), este tipo de *"instituição total é organizado para proteger a comunidade, contra perigos intencionais, e o bem estar das pessoas isoladas não constituiu o problema imediato (...)"*. Com a superlotação das celas, há uma contribuição para a proliferação de doenças, visto que as condições de higiene precárias têm servido, com muita frequência, à fomentação de condutas e ao aprimoramento de práticas criminosas.

Nessa região pesquisada, o Espírito Santo é apontado como um estado com elevado índice de conduta criminosa. Sua localização geográfica permite a migração de criminosos, principalmente do estado do Rio de Janeiro, fomentando o intercâmbio de novas práticas delituosas. Segundo uma pesquisa realizada pela Secretaria de Direitos Humanos da Presidência da República, quatro cidades da Grande Vitória estão no ranking de municípios que possuem o maior índice de homicídios entre jovens e adolescentes, o que coloca o estado em segundo lugar do ranking nacional, no que diz respeito à violência gerada diariamente, perdendo somente para Alagoas.

Foram encontrados como principais delitos, nos sujeitos pesquisados: o tráfico, furto, assalto e homicídio. Dentre outras variáveis identificadas estão a violência doméstica, infidelidade, drogradição, alcoolismo, desagregação e distanciamento familiar.

Nas histórias vistas até aqui, encontramos pessoas em sua trajetória enfrentando difíceis condições de vida, desde as fases iniciais de seu desenvolvimento, defrontando--se com problemas de complicada resolução.

Na história de Sininha, vemos o não reconhecimento da paternidade, a rejeição paterna e a busca do amor desse pai, assim como a prisão do mesmo, marcando profundamente sua vida.

O tumultuado meio familiar, com conflitos impelindo a permissividade ao crime, no qual vários parentes estão presos, a consequente convivência com o ambiente do presídio e o posterior envolvimento afetivo com o criminoso têm o acréscimo do uso de drogas por vários elementos da família.

Encontramos nessa família "**Mito da sobrevivência de qualquer maneira**"[4] e a força do sentido de "*Somos criminosos*" uma grande tolerância com o crime, pois seus membros convivem com ele de uma maneira permissiva e fatídica, como se não conseguissem fugir da profecia ou dessas condições de vida. Sininha dá cumprimento a essa profecia e se torna mais uma presidiária.

Já em outra história de vida, Irene convive com a perda do pai logo cedo, com a pobreza e a falta de apoio familiar, envolvendo-se desde cedo no vício da bebida, com pessoas ligadas ao crime. Permanece casada durante longo tempo, mas o marido violento é preso várias vezes e, mais tarde, é assassinado por companheiros com os quais compactuava o comportamento criminoso.

O filho caçula se envolve com drogas, de forma bastante violenta, tornando-se uma pessoa temida e respeitada na família.

Encontramos nessa família o "**Mito da Sobrevivência a qualquer preço**", pois se envolvem constantemente em condutas violentas nas quais o estigma da família ruim se mostra presente e determinante até na maneira como se referem à adolescente neta de Irene: "*tem o sangue ruim do pai, só pensa nela*", o que mostra o estigma familiar e, certamente, a expectativa do cumprimento da profecia.

Na história de Pedro, uma criança cresce em uma família de alcoolistas e violentos, envolvida em conflitos constantes.

Ele sente a rejeição paterna e, posteriormente, envolve-se com drogas, o que torna os vínculos afetivos fragilizados ou rompidos. Para manter o vício, envolve-se com roubo: nota-se uma vida sem outras perspectivas a não ser "*sobreviver a qualquer preço*" e a presença da repetição da prática criminosa na família "*Somos ladrões*", o estigma e o posterior cumprimento da profecia.

A droga e os conflitos fomentam esses sentidos e dificultam a conquista de outras perspectivas de vida. Ao considerar as outras histórias de vida ouvidas e estudadas, notamos que muitos vivenciam o abandono paterno ou materno.

A violência intrafamiliar é perpetuada e agravada pelo uso de drogas e abuso do álcool, as crianças não recebem o que é necessário ao seu desenvolvimento emocional e afetivo, vivem em ambiente estressante, em condições que agravam vários tipos de conflitos.

---

[4] O Mito da Sobrevivência responde ao instinto básico da preservação da espécie para garantir basicamente a alimentação, moradia e segurança, de acordo com determinados princípios, ou de qualquer maneira, ou, a qualquer custo.

Como vimos o sentido que prevalece nessa situação, em muitas das vidas estudadas, é o da Sobrevivência[5], um sentido básico em nossas necessidades humanas, mas muitas vezes estas pessoas não se desvencilham das características de suas famílias, incorporando, com frequência, o que foi nocivo em cada história.

Em sua relação com o mundo externo, os indivíduos procuram suprir suas carências através de comportamentos destrutivos gerados pela violência e desamor a que foram submetidos no seio familiar.

Vamos apresentar algumas falas de outras pessoas que nos contaram suas histórias e o relato de André exemplifica o abandono materno e a violência intrafamiliar, cuja situação cria condições para que se incorporem os estigmas, e se cumpram as profecias, fazendo valer o que lhes é destrutivo – nada mais importa desde que eu sobreviva.

"Uma vez que a mãe separou do pai e veio pra São João. Ela deixava a gente trancado no quarto... a gente não via televisão. Tinha um espaço da porta pro chão e a gente pegava o espelho pra tentar ver e ela lá na sala sozinha... Acho que uma mãe não deve ser assim, igual a minha... Ela abandonou a gente, deixou a gente na calçada do serviço do meu pai e disse que vinha buscar depois e nunca voltou. Isso dá uma mágoa na gente...". (André)

Assim, torna-se necessário apontar uma diferenciação no Mito da Sobrevivência: quando feita a qualquer custo, não prioriza as relações, sacrificando-as pelo estilo de vida, pois rompe com os laços familiares. O que importa é suprir as próprias necessidades, notando-se um imediatismo nessa busca de satisfação no que diz respeito à maneira como vivem essas pessoas. Com isso, vemos presente à desagregação familiar no histórico das famílias dos indivíduos pesquisados.

Percebe-se que os vínculos familiares identificados na pesquisa são frágeis em algumas famílias, gerando condições para a repetição do abandono familiar, seja ele paterno/ materno ou filial. A fala seguinte vem exemplificar como este fator influencia o indivíduo em suas escolhas:

"É difícil... Quando a gente era pequena meu pai bebia muito e batia na gente, era horrível... Depois ele separou da mãe e com a outra família a gente nem tem ligação... É tudo pra lá. Minha família é muito afastada, cada um por ele mesmo... Só com uma irmã que convivo, mas ela também não é certa da cabeça. Minha filha saiu de casa e tudo de errado aprendeu com ela, porque na minha casa não aceito esse negócio de droga... Não aceito o que meus filhos fazem, mas perdi o controle sobre eles muito cedo, eles sempre fizeram o que queriam". (Maria)

---

5   Verificar conceituação e diferenciação entre os tipos de Mitos no Capítulo I.

CAPÍTULO VI

Há um isolamento familiar, perda de comunicação e dos valores. É perceptível a condição de abandono e de pobreza na infância. No presente, as dificuldades do custodiado receber visita familiar na prisão, como segue sua fala abaixo:

"Não tenho notícia de ninguém"... "Você acha que minha mãe veio aqui alguma vez? Nunca... Não liga pra mim, pros netos. Quando eu tava na rua, ia visitar ela, aí ela perguntava o que a gente tava caçando lá, que as crianças fazem barulho demais e era pra gente ir embora. Eu tentava fazer minha parte de filho, mas ela nunca fez a parte dela, é esquisita mesmo...". (André)
"Eu ficava muito na rua... aí ia vendo as coisas e, como não gostava muito das coisas certas, iam fazendo as erradas e estou aqui até hoje". (Élson)

O abuso de drogas pode ser fator estressor, tornar-se o veículo para a violência sofrida no cenário familiar, ocasiona rompimentos de vínculos, distanciamento e também exerce grande influência na formação da identidade de suas crianças e adolescentes. Pode-se perceber, nas falas abaixo como, esses fatores afetam significativamente as relações familiares:

"Meu pai era bombeiro, ficou preso no quartel muitas vezes por causa de briga com minha mãe, ele era alcoólatra, muito agressivo com a gente também... Um dia ele trancou a gente no quarto e ligou o gás, ameaçou que ia colocar fogo e matar todo mundo, foi horrível, todo mundo chorando e com medo...". (Rosi)
"Quando a gente era criança, meu pai bebia muito, batia na gente e na minha mãe... Uma vez ele tentou matar ela, a gente sempre tentava separar, os mais velhos, aí ela foi pra casa da minha avó, mas acabou voltando pra casa...". (Pedro)
"O relacionamento de meus pais era envolto em muitas brigas, espancava a mãe e a gente assistia tudo. Meu pai era muito agressivo, batia na gente sem motivo". (Zenir)

Percebeu-se também que o ato criminoso, assim como os demais atos ilícitos, é repetido na cadeia familiar, transformado à medida que os indivíduos interagem, construindo sua rede social relacional nessas premissas de sobrevivência, as quais norteiam e constroem regras e códigos a serem seguidos por todos que fazem parte destes grupos.

"São as companhias com quem a gente anda. Nunca fiz mal pros outros, não sou ruim, nem era eu que começava as brigas, mas estava com os caras, aí tinha que me defender, mas apanhava mais que batia... Fui preso agora, porque pegaram um relógio comigo e nem fui eu que roubei, os caras me deram, aí paguei a cerveja pra eles com o relógio. Acho que sou é fraco de mente e as pessoas aproveitam...". (Marcelo)
"Eu tive que tomar conta das coisas, não vendia nada, mas como o pai não estava em casa, começaram a roubar uns bois da gente... Ele perdeu muita coisa depois que foi preso... O dinheiro

que tinha reservado estava acabando aí comecei vender as drogas que o pai tinha guardado. Tinha que dar conta de todos lá de casa e aí fui presa". (Célia)

No entanto, vê-se a influência das Figuras Míticas na família, inclusive na propagação dos Mitos Nocivos e Desorganizadores como os da Loucura, da Maldade ou da Doença, sendo que, entre outros, a figura Mítica Familiar é a pessoa que transcendeu limitações, determinou um caminho, deu origem a um percurso mítico em sua vida enquanto sua figura se perpetua e repercute em suas histórias e feitos. "Como assegura Krom (2000), muitas vezes essas pessoas transcendem as suas próprias limitações, com comportamentos inusitados e surpreendentes".

Nessas histórias foram encontradas estas figuras e também os guardiões dos mitos que propagam e mantêm a chama acesa, as quais ditam as regras e centralizam os valores familiares importantes, determinando a trajetória familiar. Em muitos casos, perpetuam os mitos nocivos e desorganizadores, o que pode levar a família a uma maneira disfuncional, ocasionando rompimentos e desagregação familiar. Pode-se perceber isso no seguinte relato:

"Meu filho, que está preso, sempre deu problema, é o caçula do primeiro casamento, parece o pai dele... A mãe deu uma caixa de engraxate pra ele trabalhar, mas ele ia era roubar e a gente achava que era do dinheiro dele que comprava as coisas... Quando a gente descobriu, já era tarde, não deu mais pra corrigir. Desde os 11 anos que ele vem sendo pego pela polícia. Ele é muito difícil. A filha dele mais velha é igual ele, raça ruim igual o pai. O que meu filho, fala é o que vale...". (Irene)

Vale ressaltar que, no caso de Irene, seu marido era assaltante e foi preso várias vezes até ser assassinado pelos próprios comparsas. O Guardião do Mito, nesse caso, é seu filho caçula, que perpetua o Mito da Sobrevivência de qualquer maneira, pois não rompe com os vínculos familiares, principalmente com as filhas, mas suas atitudes são pautadas na perpetuação deste mito, o que favorece a manutenção do comportamento criminoso.

Igualmente, as pautas familiares encontram-se enredadas nessa Figura Mítica do Mito Nocivo e Desorganizador, pois encontra a manutenção da conduta delinquente por meio desta. Os agregados a essa família também são pessoas que sobrevivem à margem da lei, com isso o comportamento criminoso encontra sempre uma forma de manifestação, uma vez que ele é tolerado dentro do cenário familiar.

Pode-se relacionar o comportamento criminoso aos Mitos Nocivos e Desorganizadores, uma vez que coloca os membros da família sobrevivendo de forma danosa, trazendo para si malefícios em relação à maneira que escolhem viver, na qual, muitas vezes, as consequências desse tipo de vida podem levá-los à perda da liberdade e ao distanciamento familiar.

Como decorrência, encontram-se foragidos da justiça e convivem diretamente com a morte, no matar ou morrer.

A presença dos estigmas e o cumprimento das profecias favorecem diretamente a formação e repetição dos problemas na família. Ao observar as falas dos pesquisados, nota-se que muitos se sentem estigmatizados e fazem cumprir as profecias, como a seguir:

"Meu pai sempre preferiu os irmãos mais velhos, meu irmão e minha irmã... Ele sempre me chamava de vagabundo, que eu não ia dar em nada, mas eu trabalhava e não mexia com nada errado... Quando tinha 18 anos, comecei a usar droga, maconha, por causa da família que é linguaruda e falou pra todo mundo que eu usava e não usava, aí revoltei com isso e comecei a usar...". (André)

"Por meu avô e meu pai terem sido subdelegados fizeram muitas inimizades. Nossa família é conhecida como matadores, tenho vergonha disso, não gosto, tudo que acontece vem pra cima da gente... A gente é respeitada na região, acho que é pelo medo mesmo...Mas eu não sou assim, eles é que acham que a gente resolve tudo na bala...". (Lucas)

Ou ainda:

"Desde os 14 anos é que visito meus tios na cadeia, eu que levava as coisas pra eles e achava interessante, tinha curiosidade de saber como era ficar presa... Meu primeiro namorado conheci dentro do presídio, daí foi só mudando. Engravidei e casei dentro do presídio. Minha vida toda está aí, tudo que eu fiz...". (Sininha)

Neste relato, fica clara a profecia, a sina de ser presidiária. O que acontece nesse caso é que Sininha aceitou sua condição de ser presidiária.

Um fator estressor ocorreu, para que tais comportamentos fossem assumidos por alguns de seus membros.

"Depois que minha avó morreu é que desandou tudo... A gente foi pra cidade e aí todo mundo foi se misturando e acabando preso".

Ao mesmo tempo, encontramos nesta família o Mito da União, que não abandona seus membros na prisão.

"Apesar de o povo ser todo encrencado com a justiça, a gente se ajuda e não abandona ninguém na cadeia...".

Nota-se, na pesquisa, que a morte apareceu em contextos diferentes, como assassinatos intrafamiliares, o que ocasiona rompimento de vínculos e assassinatos efetuados por pessoas fora das famílias, que podem gerar mudanças na organização destas e em como vão se estabelecer nessa nova condição, pois muitas vezes o mantenedor desta família é que é vitimizado.

O suicídio aparece de uma forma velada dentro de uma não aceitação da forma como ocorreu a morte e, muitas vezes, pode ocasionar sentimentos de culpa, como o ressentimento de que poderia ter sido feito algo que pudesse evitar tal acontecimento.

As falas abaixo ilustram o quanto a morte afeta a família:

"Quando meu pai matou meu avô, fiquei com ódio dele... A família da mãe não fala com ele até hoje. Acho que o pai não é muito certo da cabeça... Meu tio se matou uma semana após o falecimento do vô. Ele desconfiava que a mulher estivesse traindo ele... Mas ele estava brigado com meu avô, acho que foi o remorso que pesou... Não aguentou a pressão e o remorso". (Pedro)

"Minha primeira esposa foi estuprada e estrangulada pelo primo... A gente tinha um filho de dois anos que foi morar com minha sogra... Agora tenho outra família". (Vanderlei)

Um componente que está presente dentro do ciclo de vida da família é a ocorrência de recasamento. Em algumas situações encontradas nas entrevistas, pôde-se notar um conflito muito grande em relação a padrastos e madrastas. Para André, a experiência do recasamento de seu pai constituiu-se um fato difícil de ser esquecido.

"Minha madrasta só ligava pros filhos dela, a gente só apanhava. Aí acostumei, era todo dia nem fazia mais diferença. Ela só deixava a gente comer depois que o pai chegava e aí dormia com fome porque ele sempre chegava tarde". (Maria)

Ainda:

"Quando fiquei grávida, meu padrasto não aceitava e não deixava a mãe comprar as coisas pra mim, ela comprava escondido, ele é muito miserável, aí fui morar com uma tia". (Sininha)

Os segredos de família favorecem vários movimentos, acumulam tensões e provocam determinados arranjos familiares, favorecem a aparição de conflitos que podem se tornar de difícil resolução proporcionando a disfuncionalidade na família. A fala abaixo vem exemplificar:

"Quando minha irmã arranjou um namorado, meu pai não aceitou então ela fugiu com ele... Ela tinha 16 anos, já tem dois filhos e eu e minha mãe não vemos ela, a gente conversa por telefone escondido do meu pai... Se ele descobrir nem sei". (Célia)

CAPÍTULO VI

A próxima fala vem exemplificar um segredo interno familiar, que um ou outro membro da família o mantém:

"Meu pai nunca gostou de verdade de mim. Ele acha que sou filha do meu tio, mas pra mim sou filha dele. Ninguém sabe direito, pareço mais com meu tio e o pessoal fala que ele foi apaixonado por minha mãe... Ninguém fala muito nisso, mas sempre fui rejeitada pelo meu pai. Mas quando ele ficou doente, quem cuidou dele fui eu...". (Sininha)

Mesmo com tantas dificuldades, muitas famílias ainda se reúnem no natal, aniversário e outras festas comemorativas.

"Como eu falei, a gente tá sempre perto, a gente mora perto um do outro... a família é grande e sempre tá junta nas coisas, aniversário, quando alguém tem dificuldade a gente tá ali pra ajudar, sempre foi assim...". (Lucas)
"Final de ano e natal. Mas nem todo mundo tá junto e meus irmãos têm suas famílias" (Vanderlei).

Dessa forma, muitos valores foram extintos enquanto outros se perpetuam e são valorizados dentro do contexto familiar.

"A gente tinha o costume de orar pra comer e dormir, mas isso a gente não faz mais, só quando tô na casa da mãe que até hoje ela não aceita comer com boné, tem que tirar". (Eliseu)

Os indicativos de mitos mais habituais referem-se ao Mito da Sobrevivência e da União. Nota-se, com muita frequência, a presença de estigmas e profecias cumpridas. O Mito da Sobrevivência, a qualquer custo, torna-se nocivo à integridade da família, ocasiona o enfraquecimento e rompimentos de vínculos e a consequente desagregação familiar que vem ocorrendo nas gerações, visto que são muitos os conflitos e rompimentos favorecendo, cada vez mais, o distanciamento entre as pessoas.

Pode-se dizer, portanto, que se cria um círculo vicioso diante do qual as pessoas têm dificuldade para sair dessa situação. Este se torna um produto dessas condições de sobrevivência, ocasionando a manutenção do comportamento delituoso.

Os cortes bruscos, os rompimentos, vistos também como estressores no ambiente, foram percebidos na pesquisa como mais um fator que estimula a inserção do membro familiar na criminalidade. A morte mostra-se um elemento altamente estressor na família, serve como agregadora se houver o Mito da União e desagregadora se o mito principal for o Mito da Sobrevivência, pois provoca o distanciamento e enfraquecimento dos vínculos familiares.

Convém assinalar que nem todos os atos criminosos estão sendo repetidos de geração em geração nas famílias, mas são influenciados pelo modelo social, econômico e político vigente atualmente, que vem transformando os mitos, valores e crenças na família, e que merecem certamente estudos aprofundados.

Entretanto, o Estado possui projetos de ressocialização dentro das prisões que visam reintegrar esses transgressores à sociedade, uma vez que atualmente se tem um novo entendimento da importância da dignidade humana. Desse modo, muda-se o foco do castigo para oportunidades de recuperação do custodiado, para que este retorne à liberdade em condições de exercê-la com responsabilidade e dignidade.

Porém, ainda existe uma grande dificuldade para se alcançar a reintegração social do custodiado, isto é, a não reincidência criminal, o que ocorre, com frequência, quando o mesmo é colocado em liberdade. A maneira como é exercida a ressocialização no sistema penitenciário brasileiro não indica favorecimento totalmente à efetivação dos projetos que envolvem a reintegração social do sujeito apenado.

No entanto, percebe-se a grande necessidade de uma conscientização da sociedade civil organizada no que tange à reintegração do egresso à mesma, uma vez que esta mostra que não se encontra preparada para receber este indivíduo em sua condição de liberdade.

É responsabilidade também dos profissionais envolvidos nesse contexto assumir uma postura ética, responsável e humana. A compreensão das questões familiares determina que se pense em projetos e maneiras de auxiliar, apoiar e orientar a família em relação à mesma educação e criação de seus filhos assim como a convivência em seu ciclo de vida com as questões de difíceis resoluções.

A finalidade do processo de reintegração social deve estar pautada na diminuição da reincidência criminal e podemos pensar, mesmo que utopicamente, em promover o controle da criminalidade, o que atualmente teima em fugir ao domínio das ações políticas e judiciárias.

CAPÍTULO VII
AS PODEROSAS FORÇAS OCULTAS DAS PESSOAS E FAMÍLIAS EM SITUAÇÕES ESPECIAIS

"É imensurável a nossa capacidade de transcender as situações difíceis da vida".

Muitas situações no ciclo de vida das pessoas são determinantes para a mitologia que as famílias trazem através de suas vidas nas gerações que se sucedem sem interrupções. Alguns momentos tais como o casamento e nascimento dos filhos geram a movimentação de muitas expectativas que, energeticamente, potencializam a movimentação das forças míticas.

A esse respeito já discorri anteriormente quando se pensou sobre a formação das expectativas na família, que um dos seus determinantes são as necessidades pessoais e familiares que buscam a sua satisfação[1].

Outro momento de vital importância para a mitologia são os momentos cruciais para as pessoas e para as famílias nos quais as pessoas são impactadas por acontecimentos inesperados ou trágicos que necessitam da movimentação de muitos recursos para serem suportados ou modificados.

Tive a oportunidade de conviver pessoalmente no atendimento direto e através da orientação de trabalhos de alunos com as famílias que tiveram filhos com deficiência auditiva, portadores de anomalias tais como deformações craniofaciais ou fissuras labiopalatais, doenças neurológicas degenerativas e portadoras de cardiopatia, entre outras.

Durante muitos anos acompanhei estes trabalhos de atendimento e pesquisa com essas pessoas e famílias. Os Mitos se mostraram muito importantes para se desvendar

---

[1] Verificar explicação abrangente a respeito da importância das expectativas na mudança e formação das mitologias em Capítulo I.

a organização e movimentação dos recursos que foram angariados, para se lidar com as situações difíceis e estressantes nessas condições de vida.

Um aspecto a considerar é o significado que passa a ter determinado tipo de deficiência ou problema orgânico na família, que congrega, em si mesmo, vários determinantes, estando alguns presentes na cultura como os estigmas e as profecias. Acrescem-se os fatos ocorridos e a maneira específica de cada pessoa ou família de lidar com essas situações de vida, aspectos estes que fazem parte dessa história familiar e dentro da qual os Mitos, como os vejo, são determinantes.

Ao focar o interesse na família, vou considerar que este tipo de deficiência pode ocorrer em várias pessoas numa mesma geração o que favorece a aquisição de determinados significados. Diante desses acontecimentos, as mitologias familiares se movimentam respondendo a essas circunstâncias.

Vou discorrer, inicialmente, a respeito de famílias e pessoas portadoras de um tipo de deficiência auditiva. Convém destacar, portanto, alguns temas relativos à perda da audição.

Qualquer distúrbio no processo de audição normal, seja qual for o tipo, a causa ou severidade, pode ser considerado como uma deficiência auditiva. As deficiências auditivas podem ser classificadas como unilaterais ou bilaterais, quando estão afetados um ou dois ouvidos.

Quanto ao grau de comprometimento, essas deficiências seguem a classificação de leves, moderadas, severas e profundas; e podem ser condutivas, neurossensoriais, mistas e centrais, de acordo com a localização da alteração.

Algumas das principais consequências psicológicas da perda da audição, tanto na adquirida quanto na congênita, são a vivência do luto, a depressão e a ansiedade. Recentes pesquisas[2] têm descartado a existência de diferenças biológicas entre surdos e ouvintes, e ressaltado que é preciso considerar as diferenças psicológicas entre eles.

Em outros estudos[3] observam que a consequência mais devastadora da deficiência auditiva é o impacto causado na identidade, sendo esta definida como a maneira pela qual o indivíduo entende, descreve e protege o seu senso de self, incluindo o senso das suas habilidades pessoais, capacidades, necessidades, valores, aspirações e sonhos.

Quanto à surdez adquirida, pesquisas ressaltam[4] que as variáveis psicológicas, mais do que as audiológicas, podem diferenciar as experiências subjetivas. O impacto causado pela perda de audição é determinado por fatores experienciais com igual ou maior intensidade do que o causado por fatores biomédicos tradicionais. Desse modo, tal im-

---

2 Ballantyne, J., Martin, M.C. & Martin, A.,1993.
3 Rutman, D. & Boisseau, B. ,1995.
4 Kerr, P.C. & Cowie, R.I.D. 1997.

pacto não pode ser entendido simplesmente pela medida da intensidade da surdez, mas deve ser compreendido como uma experiência multidimensional.

As relações interpessoais são consideradas cruciais para a manutenção da autoimagem e dos papéis sociais. Alguns autores[5] apontam que a deficiência auditiva afeta negativamente as interações sociais, inclusive as familiares, provocando na pessoa com deficiência, frustrações, irritação e sentimentos de inferioridade.

A família, ao se deparar com a deficiência de um filho, ou de um dos seus elementos, se mostra impactada com esta situação nova, ou mesmo com a que já se repete na família, diante da qual tem que angariar conhecimentos, receber ajuda e se reorganizar para dar conta de todas as exigências que se fazem necessárias.

Terá a exigência de se adaptar às necessidades que se fazem presentes e também mobilizar os recursos financeiros para se locomover muitas vezes para lugares distantes onde se realizam os tratamentos necessários à patologia.

Os estudos focalizando situações especiais propiciam maior compreensão das necessidades, interesses e dinâmica destas famílias, esclarecendo principalmente, como as mitologias se comportam.

Foram investigados, em um estudo, os recursos utilizados pela família ao lidar com a deficiência dos filhos. Foi idealizado um questionário investigatório que foi aplicado em vinte famílias. Alguns dados foram importantes nessa investigação.

Verificou-se que, quando a família se mobiliza para dar conta da deficiência auditiva ou da fissura lábio palatal num filho, os outros problemas na família são minimizados, principalmente os conjugais, é como se houvesse uma trégua, tornando-se o filho, no caso, um foco central da atenção. O Mito da União se fortalece ou ressurge com força, com suas pautas de ajuda e cuidado.

Com frequência, os familiares se unem para dar conta das tarefas que se fazem necessárias, formando-se, muitas vezes, uma rede de apoio, com eles mesmos e os vizinhos ou pessoas da comunidade que auxiliam a família em relação a essa demanda, tal como a viagem e a estadia em cidade estranha para hospitalização e tratamento da criança.

Em outro estudo[6], considerando o quanto a família se movimenta em seu ciclo de vida, sofrendo mudanças e transformações, tendo que adaptar-se às novas situações de vida, no caso de existir um filho com deficiência auditiva, foi possível considerar o quanto a deficiência de um filho provoca determinados movimentos míticos.

---

5   Hallberg, L. & Carlsson, S. 1991..
6   A investigação intergeracional em pesquisa científica: "A família da criança deficiente auditiva". Orientação da aluna Simone Cerqueira da Silva, HRACF – Centro de Pesquisa Audiológicas / Hospital de Reabilitação Crânio Facial, Bauru – SP 1977.

Foram contatadas, em outra pesquisa, quinze famílias de crianças com deficiência auditiva neurossensorial bilateral profunda entre 2 e 4 anos de idade, que participaram do Programa de Implante Coclear, no Centrinho da USP. Conhecido carinhosamente como Centrinho, o Hospital de Reabilitação de Anomalias Crâniofaciais da Universidade de São Paulo é um dos maiores centros de referência da América Latina para tratamento destas anomalias[7].

Verificamos que as famílias demonstram um tipo de organização funcional, tornando-se muito forte o apelo maternal e as pautas de ajuda e cuidado às mães, que são as principais responsáveis pela criança e a deficiência não é apontada como maior dificuldade, mas sim, a reorganização que se faz necessária e os cuidados que se precisa dispensar são considerados prioritariamente.

Aproximadamente 86,7% dos casos contam com a ajuda da família extensa ou de amigos mais próximos, mostrando aí o resgate e fortalecimento das pautas do Mito da União para lidar com a deficiência auditiva da criança. É possível concluir que os mitos identificados norteiam esta reorganização familiar e mantêm o nível de funcionalidade dessas famílias.

É visível a compreensão de que, quando as pessoas se propõem a um tratamento próprio ou de familiares, eles se reorganizam e mobilizam forças e angariam recursos para tal proposta. Por outro lado, o próprio Centrinho USP[8] conta com vários recursos de acompanhamento multidisciplinar e psicológico que proporcionam, auxiliam, resgatam e visam fortalecer estes recursos e promover e desenvolver outros.

Como os adolescentes também participam desses programas, surgiu um interesse de buscar uma maior compreensão quanto ao sentimento do adolescente em relação à sua própria família, quanto ao momento de ele ser atendido e ao que acontecia com esta no atendimento e na demanda das tarefas que a mesma tinha que cumprir, como de haver necessidade de submeter-se a uma cirurgia para correção ou cura de alguma enfermidade.

Este estudo[9] focalizou adolescentes com perda auditiva pós-lingual e verificou possíveis desajustes em áreas de seu desenvolvimento, identificou como era sua visão da família e quais recursos míticos foram usados ou se fizeram necessários. Participaram dez adolescentes, de ambos os sexos, portadores de perda severa ou profunda auditiva, que fazem parte do implante coclear no Hospital.

---

7   http://www.centrinho.usp.br/
8   Centrinho da USP (Bauru) já citado anteriormente.
9   "A percepção de família pelo adolescente com perda auditiva pós-lingual". Orientação à aluna Dagmar Targa e Abreu Bianchi trabalho de pesquisa para a finalização de curso de Especialização em Psicologia Clínica no Centro de Pós Graduação, Centrinho- U.S.P. - Bauru-SP, 1998.

Foi investigada a percepção de que o adolescente portador de perda auditiva adquirida, em nível profundo, tem de sua família.

Foram estudados 10 deles, na fase pré-cirúrgica, de ambos os sexos, com idade de 13 a 18 anos, e que são atendidos pelo Programa de Implante Coclear do Centro de Pesquisas Audiológicas do HRAC/USP/Bauru. Utilizaram-se, como instrumentos de coleta e interpretação dos dados, o Desenho de Família com Estórias (DF-E) de Trinca, o Questionário do Adolescente R-4 de Oliveira e a Leitura que proponho dos Mitos familiares.

A percepção de família destes jovens se mostrou caracterizada por duas formas: de satisfação, quando o adolescente percebe que a família organiza-se para atendê-lo e, de insatisfação, quando sente que a família detém conflitos, mostrando-se incapaz de atender às suas solicitações.

No primeiro caso, inclui-se a maioria dos jovens estudados. Interessante considerar que os pais, atuando como modelos ou como figuras míticas, são fortes detentores de recursos para a família, propiciam possibilidades de identificação e indicam caminhos de superação das condições estressantes.

Convém agora atentar para os portadores de fissura labiopalatal, um problema já conhecido na história da medicina e que tanto sofrimento tem propiciado às pessoas que são portadoras, pois atinge o rosto e, durante muito tempo na humanidade, serviu para a produção de estigmas e profecias, justificando a rejeição e marginalização das pessoas algo que, infelizmente, ainda ocorre e com a qual elas muitas vezes têm de lidar durante toda a vida.

Atualmente a compreensão humana evoluiu devido aos conhecimentos científicos, entendendo-se que as fissuras de lábio e palato são deformidades congênitas. Podem ser unilaterais, bilaterais ou medianas. Surgem na fase embrionária da vida pré-natal e têm uma etiologia controversa, que podem ser resultantes de fatores genéticos e/ou ambientais.

A deformidade labial, pela localização e possibilidade de sequelas funcionais e estéticas, é motivo de angústia dos pais desde o nascimento da criança. O tratamento exige, além da equipe multidisciplinar, a participação e adequação da família na qual ela tem que acionar sua força para se sustentar e seus recursos internos e externos para atender a essa demanda.

A realização das cirurgias necessárias para a correção denominadas como primárias deve ocorrer: queiloplastia (lábio), aos três meses de idade do bebê, e a palatoplastia (palato), a partir dos doze meses. Os pais, no Hospital de Reabilitação de Anomalias Craniofaciais/USP, participam da rotina pré-cirúrgica e pós-cirúrgica, podendo permanecer tempo integral junto ao bebê.

Foi realizado este estudo a seguir, nesta situação, em que os pais submetem os filhos ainda bebês a uma cirurgia corretiva, no caso, a facial de bebês com fissura labiopalatal.

Buscou-se o reconhecimento das expectativas, ansiedades e receios de vinte pais, sendo dez de bebês entre três meses a um ano objetivando o aprimoramento do atendimento psicológico que lhes é dispensado nesse momento de suas vidas.

Concluiu-se que os pais de bebês, embora informados da primeira cirurgia reparadora, demonstram a necessidade de acolhimento afetivo e necessidade de expressar as emoções que foram vivenciadas desde o nascimento do filho, falando de sua história com o bebê e de sua situação com a doença.

Os principais sentimentos relatados acerca da cirurgia foram: ansiedade causada pela espera cirúrgica, o medo da anestesia, mas, ao mesmo tempo, demonstraram tranquilidade por confiarem na proteção divina e na equipe do HRAC.

Foi possível verificar que os pais, tanto de bebês como de adolescentes, buscaram responder a essa situação de vida, no enfrentamento da doença, resgatando o Mito da União, com suas pautas de afetividade e cuidado mútuo, bem como o Mito da Religião assumindo os preceitos de uma determinada crença, ancorando sua fé na divindade, passando esses mitos a funcionar como eixos organizadores familiares.

No atendimento que foi dispensado aos pais nessa situação, verificou-se a importância de estabelecer a situação de "escuta" que o estudo possibilitou e a necessidade de um trabalho de apoio a eles. Estes estudos sugerem um modelo de trabalho que pode ser desenvolvido junto às famílias que se encontram nessa situação.

Nesse modelo,[10] após breve diagnóstico, realizou-se a Entrevista Devolutiva ao casal participante. Formulou-se um roteiro do atendimento efetuado aos pais: 1º.) O acolhimento das emoções e sentimentos dos pais frente à situação de cirurgia dos filhos forneceu oportunidade de atividades projetivas, 2º.) Esclarecimento de dúvidas ou informações sobre a cirurgia do filho; 3º.) Possibilidade de fortalecimento do papel do casal, da família dos seus recursos e validação do enfrentamento como pais, nas tarefas que se fazem necessárias; 4º.) Identificação de possíveis crises, dificuldades e conflitos entre os cônjuges em nível individual; 5º.) Fornecimento de orientações, aconselhamentos e encaminhamentos, quando necessário.

Os indicadores da mitologia presente nas famílias foram utilizados para a tarefa realizada. Sabe-se que é comum a repetição na família de várias patologias, entre elas a deficiência auditiva e a fissura de lábio e palato. Apresentarei, a seguir, um estudo proveitoso no sentido de entender como a deficiência, sendo repetida em várias gerações, influencia a mitologia.

---

10 "Modelo de Atendimento Psicoterápico junto aos pais durante a espera da primeira Cirurgia Corretiva Facial de Bebês". Orientação de Sandra M. de Almeida., 2003.

Outro aspecto importante investigado foi saber qual é o significado que adquire a deficiência auditiva ao repetir-se e como estes significados têm a ver com as mitologias identificadas[11].

Foi convidado para este estudo um homem com 37 anos, denominado aqui como Josué, matriculado no Hospital de Reabilitação de Anomalias Craniofaciais da Universidade de São Paulo (HRAC - USP), Bauru-SP, que fazia parte do Programa de Implante Coclear do Centro de Pesquisas Audiológicas (CPA) da Instituição. A sua queixa da perda auditiva teve início na adolescência e tornou-se progressiva até o diagnóstico atual, que é o de deficiência auditiva neurossensorial profunda bilateral.

Neste trabalho foram resgatadas as histórias de três gerações na família de Josué, que é onde, frequentemente, comporta-se a nossa memória familiar, sendo feita, após a conclusão do mesmo, uma devolutiva e realizado com esta pessoa o trabalho recomendado com as mitologias familiares.

Vamos juntos agora aprofundar o olhar no percurso destas histórias, ao adentrar no Ramo Paterno desta família.

Os bisavós paternos e maternos, imigrantes europeus, vieram para o Brasil e estabeleceram-se em colônias, encontrando o país em uma determinada situação sócio-histórica pois, de acordo com a política migratória, europeus que vinham para o Brasil trabalhavam com a agricultura, por ser esta a atividade viável econômica e politicamente.

Na primeira geração, a atividade agrícola foi a forma de garantir o sustento e a subsistência familiar. Estão claras as mobilizações de todos os membros da família na Luta pela Sobrevivência.

Os filhos, à medida que cresciam, passavam a auxiliar os pais no trabalho, situação comum na época entre imigrantes, uma vez que a união representava a garantia de subsistência do grupo. A organização de encontros e reuniões era frequente, da mesma forma que a existência de diálogos e de cooperação mútua, determinando a presença das pautas afetivas que caracterizam o mito da união, principal sentido nestas famílias.

No seguimento referente à próxima geração desta família do Ramo Paterno, os avós Lúcio e Gema se conheceram em uma colônia agrícola, onde seus pais trabalhavam e moravam. Tinham cerca de 20 anos quando se casaram. A partir do casamento, Lúcio continuou exercendo a atividade rural numa cidade no interior do estado enquanto Gema cuidava dos afazeres domésticos.

O casal teve treze filhos, dos quais sobreviveram dez, pois perderam duas meninas e um menino com apenas um ano de vida. Os filhos tinham que ajudar os pais e não puderam frequentar a escola por muito tempo. Desde a infância até a idade adulta, cos-

---

11 "A repetição intergeracional e o significado atual da deficiência auditiva", orientação da monografia de Isa Gonçalves na conclusão do Curso de Especialização em Psicologia Clínica no Centrinho USP.2001.

tumavam brigar, batiam uns nos outros, ofendiam-se verbalmente e gostavam de beber em bares diariamente.

Norberto e Clóvis, dois dos irmãos, ao se casarem, tiveram filhos com um tipo de deficiência física, o que lhes dificultava a locomoção, motivo pelo qual cada um mobilizou-se para superar as dificuldades, sem, contudo, contar com a ajuda dos demais parentes. Na adolescência, João, um dos filhos, se envolveu com drogas. Não ia à escola e não permaneceu em nenhum emprego até a idade adulta.

Estão presentes nessa família, conflitos entre irmãos e entre os próprios pais, agravados por episódios de violência, casos de alcoolismo e envolvimento com o uso de drogas. Eventos traumatizantes mostraram-se presentes, indicados pelo suicídio do marido de Marta, uma das filhas, nessa mesma família e pelo falecimento do ainda jovem, irmão Natanael.

No outro ramo familiar do Ramo Materno, o bisavô (pai do avô materno de Josué), a família também veio para o Brasil no início do século passado para trabalhar na lavoura. Os filhos vieram ainda pequenos, foram crescendo e ajudavam os pais na pequena propriedade adquirida pela família. Reuniam-se habitualmente, organizavam festas, comemorações e gostavam de beber. Giovana, a mãe, geralmente cuidava da organização dessas reuniões, estava sempre disposta a ajudar as pessoas.

Com a morte do marido e o aparecimento da deficiência auditiva em alguns membros da família e, principalmente, com o alcoolismo de Artur e Nelson, seus dois filhos, Giovana passou a se preocupar muito. Faleceu ainda lúcida, com mais de 90 anos. Após um ano, faleceu também Artur. Anísio, por conta de um derrame cerebral, perdeu a visão.

No outro Ramo Materno, a família da bisavó (mãe da avó de Josué), imigrantes com filhos pequenos que vieram para trabalhar na lavoura. Como o pai, alguns filhos começaram a perder a audição e mantiveram o mesmo ofício. A família consegue comprar terras, mas começa a se fechar em si mesma e diminui o contato com outras pessoas e com o meio social mais amplo.

Nota-se que, apesar da deficiência, as pessoas se desenvolvem e mantêm uma comunicação dinâmica própria e, neste caso, começam a se afastar de outras pessoas e se fechar na própria família.

Na geração seguinte do Ramo Materno, na família dos avós, Josué, Ari e Rúbia, se casaram e tiveram sete filhos, todos tinham deficiência auditiva como a mãe. A repetição dessa deficiência na família ocorre através das gerações; exceto um filho, Anísio. A perda de audição que, ao longo do tempo, tendia a se agravar na medida em que iam sendo confirmados os diagnósticos, cresciam as dificuldades para aceitar esta deficiência, o que acarretou muitas vezes uma busca assistemática pela reabilitação, não adesão aos tratamentos e à espera pelo milagre de voltar a ouvir.

Não passavam por dificuldades financeiras. Rúbia preparava festas, solicitava a presença dos filhos e, posteriormente, dos netos. Eram muito amigos e a maior preocupação era o sentido da união familiar. Todos tinham que ajudar os pais com a agricultura e muito trabalho. Havia incentivo para que estudassem, mas a maioria não chegou a completar o ensino fundamental.

Foram casando-se, exercendo outras ocupações, constituíram família e muitos foram para a Capital. Mais tarde, Ari e Rubem se mudaram para a capital e levaram com eles os filhos solteiros. Ari adoeceu, sentia muitas dores musculares, condição que o deixou de cama e o levou à morte.

Rúbia falece aos 70 anos. Esta família se mostra buscando maneiras de lidar com a deficiência, desenvolvem uma maneira própria de se comunicar e buscar melhoria das suas condições de vida.

Na terceira geração da Família Nuclear, a família de Josué, Genaro e Carmem se casaram e foram morar em uma colônia agrícola. Quando Josué nasceu, os pais já tinham duas filhas e, mais tarde, tiveram Nilton. Nos primeiros anos de vida, as duas filhas mais velhas já apresentavam dificuldades de audição. Nilton faleceu com um ano, pois era muito doente; Josué foi quem auxiliou os pais nos cuidados com o irmão caçula.

Naquele mesmo ano, a família foi para a capital em busca de melhores condições financeiras. Nasceu André e todos voltaram para o interior devido aos problemas de saúde desta criança, que também recebeu diagnóstico de deficiência auditiva.

Ao retornarem, foram morar em uma fazenda, local onde nasceram os últimos filhos, Lúcia e Cláudio, ambos com problema de audição. Anos depois, toda a família foi morar na cidade. Carmem, então, começou a trabalhar e deixava os filhos em uma creche. Josué completou o primeiro ano do ensino médio. Os outros cursaram a quarta série do fundamental, exceto Lúcia, que não desenvolveu a fala devido à severidade da deficiência auditiva.

Ela ficava em casa e cuidava dos afazeres domésticos. Na fase da adolescência, Josué e André começaram a perder a audição. Josué se envolveu com drogas e só conseguiu abandonar o uso do álcool e da maconha dez anos mais tarde. Ele sempre evitou situações sociais e contatos interpessoais duradouros, tanto com amigos como com namoradas.

Josué acreditava que as drogas poderiam ajudá-lo, tornando-o mais forte, mas, ao perceber os reais efeitos causados por elas, esforçou-se para abandonar o vício e conseguiu. Genaro, porém começou a beber diariamente, a bater em todos, inclusive na esposa, e a se envolver com mulheres e jogos.

Dois anos depois, foi demitido. Comprou um bar na cidade e a situação se agravou, pois não se preocupava com o novo trabalho. Não incentivava o desenvolvimento dos filhos, dizia que eles não conseguiriam fazer nada porque eram surdos. Notam-se ai as dificuldades para buscar auxílio e se lidar com o estigma da deficiência.

Envolvia-se em todos os assuntos e nas tomadas de decisões, como se eles não fossem capazes de solucionar problemas. Carmem quis se separar do marido, mas continuou mantendo a relação para poupar os filhos. Genaro perdeu o bar e todo o dinheiro. Parou de beber, não saía de casa e as brigas diminuíram.

Das filhas, Zilda foi a primeira a se casar e logo ficou viúva. Mais tarde, engravidou de um homem casado e foi expulsa de casa pelos pais, que se arrependeram e a chamaram de volta antes mesmo do nascimento da criança. Iris, André e Cláudio também se casaram. Todos continuaram morando na mesma cidade.

Lúcia foi estuprada dentro da casa dos pais. Ela, Genaro, Carmem e Josué mantiveram, e ainda mantêm segredo, a respeito deste fato. Não foi possível realizar um aborto, por conta do período de gestação, e Lúcia teve o bebê. Carmem acreditava que a criança seria uma companhia para a filha surda-muda e que, dessa forma, ela não ficaria sem cuidados e acabaram aceitando e criando a criança.

Josué não se casou, pois temia ter filhos com deficiência auditiva. Para ele, sempre foi difícil aceitar suas limitações. Queixava-se do preconceito social, das dificuldades de trabalho e da comunicação interpessoal. Foi o único a procurar um tratamento sistemático em uma cidade vizinha e insistia para que os irmãos e a mãe fizessem o mesmo. Atualmente, Genaro e Carmem residem na mesma casa com os filhos Zilda, Josué, Lúcia, e os netos, Daniela e Danilo. Carmem ainda trabalha e Genaro é aposentado.

Lúcia cuida da casa e Josué é pedreiro. A maior preocupação de Carmem e Josué é manter a união da família. Aos domingos, costumam almoçar juntos. Diante de conflitos pedem ajuda especialmente a Josué e Genaro é excluído das discussões. A família não tem muito contato com outras pessoas, costumam desconfiar de desconhecidos e recebem poucos amigos em casa.

A organização de encontros e reuniões é frequente, da mesma forma que a existência de um tipo de comunicação e de cooperação mútua, determinando a presença das pautas afetivas que caracterizam o Mito da União, principal sentido nesta família. Na primeira e na segunda geração, nota-se a presença de rituais como organizações de festas e comemorações, momentos nos quais todos os membros da família participam e compartilham suas dificuldades e seus sucessos, contribuem para a manutenção do mito da união.

São enfatizados os papéis de Giovana (bisavó de Josué) e de Rúbia (avó materna de Josué), que podem ser consideradas como Guardiãs deste Mito, visto que cabe a elas a responsabilidade pela propagação e execução dos rituais.

Após a morte de Rúbia, Vinícius, um de seus filhos, passa a ser o guardião. Anos mais tarde, com seu falecimento, Lúcia, outra filha de Rúbia, é quem se incumbe de preservar as pautas míticas. Nos momentos em que são confirmados os diagnósticos de deficiência auditiva na família, verificam-se o apoio e auxílio de todos, fortalecendo o sentido presente da união, e respondendo à estrutura de lealdade por ele determinada.

A ocorrência da deficiência auditiva na primeira geração pode ser considerada como um evento crítico da trajetória familiar, causadora de ansiedade e de estresse, um momento crucial mítico, por desvendar e clarificar a presença das pautas míticas. O reaparecimento das complicações auditivas na segunda e, mais tarde, na terceira geração, fortalece os vínculos afetivos e a ajuda mútua.

Ao mesmo tempo, surge o sentido da "Família Surda"[12] pontuada pelas várias repetições da deficiência auditiva e pelas limitações desta situação familiar.

A família se une em torno de si mesma fortalecendo as pautas de união e as relações sociais se restringem progressivamente ao círculo familiar. A expectativa maior surge com a falta de conhecimento acerca da própria deficiência e se restringe à espera por um milagre de voltar a ouvir.

Dessa forma, é possível identificar a presença de três Mitos que se mostram presentes: o Mito da Luta pela Sobrevivência que, perpetuado desde as primeiras gerações, implica prioritariamente na capacidade de transcender as situações de muito sofrimento. Atualmente mostra sua força o **"Mito da Família Surda"**, o entendimento da família com o estigma de surdos e a probabilidade do cumprimento da profecia, além do da "União", que favorece o pertencimento e a manutenção dos padrões afetivos, que se encaixam e se fortalecem mutuamente.

Na Família Nuclear de Josué estão presentes os mitos das famílias de origem, vistos anteriormente. Destaca-se a manutenção dos rituais que, como atitudes obrigatórias, contribuem para a preservação mítica.

Assim, como nas gerações anteriores, cabe aos Guardiões do Mito, representados por Carmem (mãe de Josué) e, atualmente, por Josué, a responsabilidade pela organização de encontros familiares e pela aproximação de todos os membros.

O acolhimento à Zilda (irmã de Josué) que ficou grávida de um homem casado foi um evento significativo, mostrando a união familiar em um momento crítico. Outra questão relacionada ao tema é a decisão de Carmem (mãe de Josué) quanto a permanecer casada com o marido.

O motivo que a faz continuar na relação, apesar da agressividade dele, bem como o envolvimento com outras mulheres, jogos e bebidas, é a manutenção da família e a proteção dos filhos.

---

12 O Mito da Família Surda situa-se no tipo do Mito predominantemente Nocivo e Desorganizador ver conceituação completa no capítulo I.

CAPÍTULO VII

O segredo existente em relação ao estupro de Lúcia, irmã mais nova de Josué, implica na consolidação de uma aliança estabelecida para manter oculto o ocorrido. A situação ilustra, novamente, a existência das pautas de ajuda e cuidado, pelo fato de os familiares acreditarem que o nascimento de uma criança, mesmo tendo sido gerada por ocasião de uma violência sexual, faria com que Lúcia tivesse companhia quando não pudesse mais ser cuidada pelos pais.

Quanto ao Mito da Deficiência Auditiva, pode-se dizer que a consequência dessa deficiência geneticamente herdada, antes de ser uma realidade familiar subjetiva, refere-se a uma situação objetiva que acarreta tanto as dificuldades auditivas quanto psicológicas, dentre as quais se destacam o sentimento de inferioridade, a baixa autoestima e as esquivas sociais.

São nítidos os padrões de repetição intergeracional na família nuclear, marcada por estresse constante relativo ao surgimento dessa deficiência em todos os membros, exceto em Genaro. Há a crença difundida de que pessoas com deficiência não são capazes e não podem aprender. Com base nisso, evidencia-se a falta de incentivo aos estudos e a intervenção dos pais nas decisões e na vida profissional dos filhos.

Os membros se mantêm unidos para evitar preconceitos e estigmatizações, garantindo um forte movimento das forças homeostáticas, que impedem ou dificultam o intercâmbio com o meio externo e, consequentemente, a resolução de alguns problemas relacionados à deficiência.

Josué conseguiu abandonar o uso do álcool e das drogas, buscou um processo de reabilitação em um centro especializado de uma cidade vizinha, o conhecimento de que uma pessoa com deficiência pode desenvolver ao máximo suas potencialidades e criar um caminho novo, demarcando, talvez, o percurso de uma figura mítica familiar[13].

Atualmente, ele tem dificuldade para acreditar nas próprias capacidades, enfrentar situações de relacionamento interpessoal e tem medo de gerar filhos com deficiência auditiva.

Mas, ao mesmo tempo, Josué assegura outro caminho familiar para lidar com o problema causado pela deficiência auditiva, com a possibilidade de refletir, questionar a respeito da própria deficiência e abrir as fronteiras rígidas de sua família, criando opções de flexibilizá-las.

---

13 Figuras Míticas estas são, como conceituei, pessoas que transcendem limitações, determinam caminhos e dão origem a um percurso mítico, através de suas vidas, enquanto sua figura se perpetua e repercute através de suas histórias e feitos. Frequentemente os pais assumem este lugar e facilmente são cultuados pelos próprios filhos.

A partir dessa compreensão, levando em conta o uso desta Leitura Evolutiva e Instrumental Mítica, amplia-se o entendimento do significado que a deficiência auditiva tem para essa pessoa que participou deste estudo.

Com a clarificação dos mitos familiares e com a identificação dos conteúdos intergeracionais foi possível compreender a visão do contexto, garantir a possibilidade de encontrar novos caminhos para lidar com a deficiência auditiva e entender o significado que o sujeito atribui atualmente à sua própria deficiência.

Alguns outros trabalhos interessantes foram desenvolvidos com pessoas portadoras de outras patologias como, por exemplo, um jovem rapaz de aproximadamente 25 anos de idade portador de uma sequela de meningite tinha queixas de ansiedade e problemas familiares, sendo um caso em que eu fazia supervisão[14], em uma clínica escola.

Foram convidados ele e seus pais, com quem morava, a realizar o resgate de suas histórias. Houve participação de todos, identificando-se a força do Mito da União numa família italiana que sempre se repetia em várias gerações.

Outros problemas surgiram e foram contextualizados tais como a dependência do jovem em relação à sua mãe, numa rigidificação de algumas pautas do Mito da União. Foi possível buscar outras soluções para velhos problemas e resgatar outras formas de funcionamento mais apropriadas.

Em outro momento, dediquei meu olhar ao estudo das doenças cardiovasculares, as quais se encontram também associadas ao estilo de vida imposto pelo mundo moderno e aos fatores de risco. Esse tipo de adoecimento implica em readaptação e resignificação de papéis para o paciente e família, decorrentes das necessidades impostas por esta condição. Em um trabalho de orientação[15] tivemos por objetivo compreender e relacionar a visão de pacientes e familiares quanto à doença cardíaca e o que isto desperta em cada um.

Ao estudar vários casos, verificou-se que essas pessoas detinham grande responsabilidade, acentuada autoridade, poder familiar, e muitas vezes uma personalidade controladora. Os resultados alcançados apontam para uma proximidade nas respostas.

Percebeu-se certo desgaste emocional pela perda da onipotência do paciente cardíaco, pela própria pessoa no sentido da modificação de sua competência, quando teve que se afastar do trabalho em função de intervenções cirúrgicas ou de procedimentos que se fizeram necessários, o que, muitas vezes gerou certo abalo na família. Houve, em geral,

---

14 Monografia final "Os mitos na família de um paciente com sequelas de meningite" de Cristiane de Lima Gonçalves, apresentada para conclusão do Curso de Psicologia, Universidade Paulista de Ensino UNIP Bauru- 2002.
15 "Dois olhares: a visão do paciente e da família sobre a cardiopatia". Orientação de Ivana V. Soares. Centro de Psicologia UNESP. Curso de Especialização em Psicologia da Saúde.

complementaridade dos papéis exercidos no âmbito familiar e na forma como interatuam essas pessoas na dinâmica da família.

Conclui-se também que, em função da necessidade, a atuação nessa população necessita ser ativa e persuasiva, pois requer frequentemente auxílio na mudança e adequação em seu estilo de vida, no âmbito pessoal e profissional.

Em uma ocasião, tínhamos uma demanda específica para um atendimento psicológico; um grupo de pacientes com doenças neurológicas em uma clínica escola onde exercíamos a coordenação e supervisão de casos. Nesta situação montamos um grupo de apoio a tais pessoas com reuniões semanais com a participação de psicólogos e fisioterapeutas para orientação e acompanhamento dos exercícios necessários.[16]

Trata-se de uma equipe multidisciplinar trabalhando com temas interdisciplinares. O respaldo teórico situou-se na teoria sistêmica, na psicossomática psicanalítica, nos fundamentos do grupo-terapia e nos eixos da Leitura Evolutiva e Instrumental dos Mitos Familiares conforme proponho.

Objetivou-se o fortalecimento do sentido de vida e do grupo de suporte[17], no qual o carinho, o cuidado e a comunicação constituem poderoso recurso terapêutico coadjuvante, para lidar com as pessoas doentes físicas e psiquicamente vivendo situações difíceis. Contou com dois alunos responsáveis por cada área de trabalho, além dos alunos rotativos que visitavam o trabalho, num número médio de pessoas atendidas de 10 a 12 por semana, sendo o trabalho realizado durante aproximadamente dois anos.

Foram desenvolvidas atividades de liberação de história de vida, recortes de lembranças entre outras atividades para resgate de seus sentidos de vida familiar e de indícios de suas mitologias objetivando o fortalecimento dessas pessoas, diante das tarefas e situações de vida estressantes no momento.

Existe uma diversidade de situações em que o poder mítico pode ser sentido, mostrando-se as condições especiais, momentos importantes para essas forças que são mobilizadas, testadas e sofrem modificações pelas forças contextuais presentes no momento de vida.

---

16 "Grupo de Apoio a Familiares e Pacientes com Doenças Neurológicas", Coordenação e Supervisão do trabalho de pesquisa e atendimento num projeto de extensão. Desenvolvido junto à Clínica Escola UNIP que buscou atender a uma demanda específica de procura para atendimento psicológico, 2003.
17 G. Caplan e M. Killilea in Caplan (1976), Os sistemas de suporte implicam padrões duradouros de vínculos que contribuem de maneira significativa para a manutenção da integridade física e psicológica do indivíduo.

CAPÍTULO VIII

UMA DAS PESSOAS INESQUECÍVEIS

Marilene Krom, Milena V. Manente, Regina H. B. Frederigue

"A vida é um tesouro, quando pode ser polida."
(Sr. Everaldo)

A vida me ofereceu a oportunidade de acompanhar muitas vidas, de participar, de compartilhar de muitas situações e, também, de aprender sempre com elas. Algumas pessoas se tornaram inesquecíveis pela força, coragem, resistência, bondade ou determinação.

A história fazia parte de um contexto, no qual eu organizava atendimentos em um clinica universitária para pacientes na área da psicossomática e abrangia um número grande de pessoas portadoras de doenças neurológicas degenerativas oriundas de uma clínica de fisioterapia que funcionava na mesma universidade.

Esta é uma história de força e coragem do Sr. Everaldo e de dedicação de duas profissionais que também o atenderam[1], tendo eu o acompanhado, durante alguns anos, por meio da supervisão aos atendimentos. Este relato foi escrito a três mãos.

A pessoa, do sexo masculino, na época com 59 anos, casado, três filhos, ensino superior incompleto, sofria com uma doença degenerativa que o acompanhava há muitos anos e, por conta disso, levou-o a um sofrimento mental bastante intenso. A vivência de falta de rede de apoio sentida por ele agravava ainda mais essa sua condição. Ele foi encaminhado pela clínica de fisioterapia para o atendimento psicológico.

A poliomiosite é uma doença sistêmica do tecido conjuntivo caracterizada por alterações inflamatórias e degenerativas dos músculos que os conduzem à fraqueza simétrica e algum grau de atrofia muscular (Manual Merck de Medicina, 1995). Trata-se de

---

1   O Sr. Everaldo foi atendido sob minha supervisão, durante os anos 2000 e 2002 por duas alunas estagiárias na época, Milena Valelongo Manente e Regina H. B. Frederigue, no Estágio de Psicossomática na Universidade de Ensino Paulista – UNIP.

uma doença com suposta etiologia autoimune, envolvendo, de acordo com Mello Filho[2], uma autoagressão do organismo em que os anticorpos agem como antígenos. Sua manifestação é insidiosa e compromete a qualidade de vida do portador, podendo gerar sofrimento e perdas no referencial de vida.

No contato inicial, as limitações físicas proporcionadas pelo agravamento da doença logo foram notadas, pois o mesmo chegou ao ambiente de atendimento de ambulância e necessitando recorrer à ajuda de pessoas para se locomover, até mesmo de cadeira de rodas. A psicóloga, ao se apresentar, observou suas dificuldades em levantar os braços para os devidos cumprimentos.

Pedida a permissão para conduzi-lo à sala de atendimento, justificou-se por preferir não caminhar com o andador ao local devido à distância entre a recepção e as salas de psicoterapia.

Realizava também sessões de pneumo e fisioterapia na mesma clínica, caracterizando um atendimento multidisciplinar, além do acompanhamento médico e medicamentoso com antidepressivos e corticoides.

Entretanto, sua dificuldade de aceitação da condição, desmotivação, queixa familiar e sentimento de desesperança demonstraram o seu comprometimento emocional. Esse senhor busca uma nova forma de ver a realidade, já que não sentia mais a alegria em viver.

A doença, à medida que progredia, foi gerando perda de referencial para Seu Everaldo, uma vez que provocou o afastamento da sua vida pública, gerou transformações na dinâmica familiar e no exercício das suas atividades cotidianas como higienização, alimentação, evacuação dos excrementos, locomoção, etc.

Tais mudanças foram acompanhadas de sofrimento, angústia, depressão, solidão, sentimento de desvalia, dificuldade de tecer qualquer projeto de vida, comprometimento na qualidade de vida, como demonstrou o seu diagnóstico inicial interpretado em verbalizações exemplificadas abaixo:

"Eu não aceito a doença, me sinto triste, amargurado"
"(...) Estou regredindo em qualidade de vida e relacionamento... Para mim, é triste e preocupante ver todo mundo crescendo e eu reduzido a nada (...). Enquanto vivi dentro deste contexto (trabalho) eu vivi e, quando parei, morri (...)".
"A vida é um tesouro quando pode ser polida."

---

2 Mello Filho ,19910Sua personalidade pode ser notada pela maneira como opinava com voz firme e forte, além dos gestos educados e da objetividade marcante nas suas argumentações. Sr. Everaldo chegou a cursar Sociologia, mas abandonou o curso por motivos pessoais.

O objetivo e desafio deste trabalho foram encontrar recursos construtivos e organizadores que pudessem auxiliar a vida dessa pessoa. Foi proposta, como complemento e para enriquecer o trabalho psicoterápico realizado na época, que se fizesse a reconstrução das suas histórias familiares de pelo menos três gerações, ou o que comportasse sua memória familiar.

A Leitura Evolutiva e Instrumental Mítica, como a proponho, foi usada sim como os recursos terapêuticos já descritos[3].

Os instrumentos utilizados foram a Entrevista Trigeracional e a posterior elaboração do Genograma, possibilitando identificar os conteúdos presentes nas histórias familiares, assim como os seus mitos familiares. O principal propósito da realização desta investigação consistiu em verificar a possibilidade de através dos mitos familiares encontrar recursos que possibilitassem disponibilizar um sentido construtivo e organizador para a vida da pessoa.

Nos contatos iniciais foi feita a proposta ao paciente de reconstrução de sua autobiografia em intervalos de cinco a dez anos, sendo relatados os acontecimentos mais significativos ocorridos.

Foi verificada a riqueza e importância dada à própria história de vida pelo participante, podendo observar-se motivação e entusiasmo durante toda a reconstrução, com o registro de que o encontro com a sua história e origens lhe era muito importante. As consequências da doença[4] e esta própria situação representam um momento de crise individual e familiar, como já cito, podem servir de enorme transformação no ciclo vital, no qual os mitos ganham maior força e significado, tornando-se mais presentes.

Num segundo momento, a análise de conteúdo desta entrevista permitiu identificar os mitos presentes na família de origem do Sr. Everaldo. Concomitantemente foi montado o Genograma[5], instrumento que apresenta uma rápida *gestalt* da organização e estrutura familiar, a fim de facilitar o trabalho e proporcionar uma maior compreensão destas histórias e origens familiares.

Finalmente foram proporcionados momentos de reflexão e análise desses conteúdos conforme já proposto[6]. Essa maneira de trabalhar vai ser revisada em capítulo posterior no qual falaremos da reconstrução e reparação[7].

---

3   Descritos em Prevenção e Terapia em Família e Mitos. M. Krom, 2000 e ampliados nos Caps. XI e XII.
4   Verificar ocorrências no Capítulo VII.
5   Genograma foi elaborado por M. Bowen na década de 50 e, de forma gráfica, apresenta dados familiares complexos, além de ser um rico instrumento gerador de hipóteses. Será mais bem discutido no Cap. X em Reconstrução e Reparação
6   Modelo de Trabalho preventivo e terapêutico apresentado em Krom (2000).
7   Capítulo final a seguir.

CAPÍTULO VIII

A INVESTIGAÇÃO INICIAL: RELATO CURSIVO DA HISTÓRIA FAMILIAR DO SEU EVERALDO

Família nuclear - Nascido em Caicó, no interior do Rio Grande do Norte, foi o primogênito numa família de três nascimentos, embora, seus dois irmãos do sexo masculino tenham falecido com meses de vida.

Morou com os pais até os seis anos quando, então, presenciou a morte do pai em função de um ataque epilético, quando ambos estavam num rio. Everaldo buscou ajuda de algumas pessoas perto do local, no entanto não obteve atenção delas, correu, então, até sua casa, mas, ao retornar, o pai já havia se afogado.

Após o acorrido, ele e sua irmã mais nova Graciele, juntamente com sua mãe, foram morar com a tia e avô maternos, residentes na mesma cidade. No entanto, em seguida à perda do companheiro, a mãe de Everaldo foi internada num Hospital Psiquiátrico. Um pouco mais tarde, sua irmã, aos 2 anos de idade, morre em decorrência de uma febre muito intensa.

Tornou-se esta pessoa, dessa forma, o único sobrevivente de uma família constituída de três irmãos. Na época em que morou com o avô, Everaldo recebeu muito carinho e cuidado, além de ter adquirido uma forte formação religiosa católica. Recebeu a primeira comunhão aos sete anos de idade e, posteriormente, a crisma. Além disso, participava de todas as atividades comemorativas religiosas da cidade.

Apesar da preocupação do avô, ingressou depois na escola na cidade de Natal, pois na cidade próxima onde moravam não havia o ginásio. A instituição em que estudou - Casa dos Estudantes de Natal (RN) –, recebia jovens carentes de recursos financeiros. Dessa forma, Everaldo necessitou trabalhar e estudar simultaneamente.

No período ginasial exerceu a função de líder estudantil e, posteriormente, assumiu a Presidência da Casa dos Estudantes. Devido ao seu interesse por questões de caráter social, iniciou sua formação superior em Sociologia, mas não chegou a concluir o curso no local.

Veio para a Cidade de São Paulo em 1971 não apenas em busca de trabalho, mas também de crescimento pessoal. Exerceu atividades numa indústria de fertilizantes, muito importante no Estado. Neste mesmo local, conheceu sua esposa, a Sra. Rosana, dez anos mais jovem. Namoraram por seis meses até que soube da gravidez, o que acabou *"adiantando"* o casamento.

Da união de Seu Everaldo e Dona Rosana nasceu Itamar, posteriormente Jerusa e Ana Luiza, por volta dessa mesma época, já de muitas mudanças para a família que estava se iniciando, Sr. Everaldo obteve o diagnóstico da poliomiosite (doença de caráter degenerativo que compromete as fibras musculares). A partir daí, submeteu-se a uma rotina de exames e consultas médicas que passaram a ser frequentes. Além disso, em meio dessa fase tumultuada, o Sr. Everaldo perdeu o emprego e como não obteve outro, apesar da intensa procura, entrou com o pedido de aposentadoria pelo INSS aos 34 anos.

Em função de não mais se sentir adaptado à cidade de São Paulo, assim como também desejava que os filhos crescessem num ambiente mais tranquilo, mudou-se com a família para o interior do Estado.

Sem sentir qualquer manifestação fisiológica da doença, continuou trabalhando no interior exercendo diversas atividades como de locutor de rádio, professor de crisma, presidente e fundador da primeira Associação de Moradores.

Promoveu eventos marcantes para a cidade, assim como ingressou na carreira política, sendo vereador no município, com o intuito de ser prefeito posteriormente.

Com muita seriedade, nessa época, viajou pelo país em defesa do seu partido político, entrando em contato com personalidades da política brasileira. Neste período foi tão intenso o investimento no trabalho, o que acarretou certo distanciamento em relação aos interesses e atividades da família.

No ano de 1996, disputou, em sua cidade, as eleições para o cargo de prefeito. No entanto, não foi eleito, o que lhe trouxe muita frustração, como também indignação por parte de sua família que esperava o reconhecimento da cidade, já que haviam investido muito naquela população.

A partir daí, a família iniciou uma mobilização para deixar o local e se mudar para outro, também no interior do Estado de São Paulo, uma vez que esta buscava também melhores oportunidades para todos os seus membros.

No final de 1997 vieram para Bauru e passaram a residir numa casa cedida pela cunhada de Sr. Everaldo. Aqui sua atividade consistiu em frequentar um curso numa Paróquia da cidade. No ano seguinte, a doença piorou, restringindo grande parte das atividades realizadas pelo Sr. Everaldo.

Além da polimiosite, apresentou câncer de pele e buscou tratamento e cirurgias num Hospital Especializado da cidade, conseguindo a completa eliminação da doença. A busca pelo tratamento através da Fisioterapia, na Clínica Escola, ocorreu no ano 2000.

Eventos críticos:

1948 - Everaldo presencia a morte do pai e passa a morar com o avô materno.
1950 - Perda da irmã Graciele com dois anos idade após uma febre forte.
1971 - Mudança de Everaldo para outro Estado.
1974 - Everaldo inicia o namoro com Rosana.
1975 - Descoberta da gravidez de Rosana e ano do casamento de ambos.
1976 - Nasce o 1º filho do casal: Itamar.

CAPÍTULO VIII

1976 - Everaldo obtém o diagnóstico da Polimiosite; Nesse mesmo ano. entra com o pedido de aposentadoria pelo INSS aos 34 anos.
1977 - Nasce Jerusa.
1978 – Nasce Ana Luiza.
1980 – Mudança da família para uma pequena cidade do interior do Estado.
1997 - Mudança para uma cidade maior.

Relatos significativos:

Morte do pai: *"A única preocupação que eu sei é que minha mãe mandava se houvesse alguma coisa, eu podia chamar as pessoas. Em função disso é que, quando ele morreu, estava com ele e fui chamar em casa a minha família que ele tinha tido um ataque epilético (...) Olha, eu fiquei preocupado, não é preocupado, eu fui chamar, que é a função que me deram, mas nunca pensei que ele tivesse morrido, quando eu voltei junto com minha mãe e a outra pessoa ... as pessoas chegaram e falaram: Morreu Erculano, a população foi ver, a polícia chegou e também fui ver, eu me lembro de que fiquei no meio desse pessoal e envolvido com aquilo, mas não assim pensando 'morreu meu pai', aquela coisa toda, também não tinha consciência da morte como uma coisa fatal, uma coisa brutal na vida da gente. Eu nem fui ao enterro ... eu nem participei do velório, foram me buscar para tirar fotografia ..."*.

Vinda para São Paulo: *"Queria conhecer São Paulo, queria trabalhar, fazia o curso... eu vim para São Paulo, me encontrei com um primo, que me cedeu a casa, começamos a trabalhar, comecei a estudar... à procura de conhecimento, de desenvolvimento... Aí, depois, veio o lado do Hospital... Quando vivia em Natal, não fiquei preocupado com a saúde, era muito forte. Aí, depois que a saúde deu um basta. Depois daquela época só foi envolvimento com a parte do hospital".*

Esposa: *"Trabalhava na... era uma Indústria de fertilizantes; a situação maior foi no fim do ano, no almoço de confraternização, foi daí que começou o relacionamento... dançamos e tudo mais... porque a telefonista era um pouco isolada... só a via quando entrava e quando saia." A beleza, a educação, uma série de fatores que vieram juntos... Depois veio a gravidez e depois o casamento. E quando eu conheci a Rosana, já tinha a casa completa... Veja bem, ela ficou grávida e realmente, além de gostar, a responsabilidade. Acho que foi mais o querer, o gostar, do que a própria situação de ficar grávida... Gostava e sempre gostei muito dela, muito... "Gostava e gosto muito dela".*

Nascimentos dos filhos: *"É, foi muita irresponsabilidade, muita correria, muita preocupação (...) já pensou cuidar de três crianças pequenas (...) é não houve planejamento familiar como hoje as pessoas planejam... Você veja, nasceu a Jerusa, ela (esposa) foi visitar a irmã dela que teve um filho e teve vontade de ter um filho e, de repente, nos rela-*

cionamos, fizemos amor e veio a Ana Luiza, ela teve vontade de ter um filho... e o médico disse: dá um pouco de pausa (...). Olha, o Itamar é de 76 do dia 4 de janeiro, a Jerusa é de fevereiro de 77 e a Ana Luiza de novembro de 78, nem terminava praticamente o intervalo de nascimento já vinha fecundação novamente. Eu tinha ideia para cinco filhos... não sei a própria formação que eu tinha cultural.

Repercussão familiar: "Ela é que mudou de repente a vida dela, trabalhou, sempre trabalhou"...Até que deixou de trabalhar, tomar conta de casa e cuidar dos filhos. Havia sempre aquela preocupação pelos dois, pela felicidade, pela vida, pela situação toda. Aí eu perdi, eu deixei o emprego, começou minha vinda ao Hospital. Aí mudou inteiramente muita coisa... "Só dia de exame, dia de médico..."

Mudança para cidade do interior do estado: "Eu fui para rua porque estava aposentado por invalidez e a cidade era calma, tranquila. Na rua, de repente, eu pude abraçar o mundo... eu acho que eu consegui naquela época, depois disso não teve valor, porque faltou outro lado, talvez em relação à família, com relação à convivência familiar... Hoje em dia, analisando, depois que comecei a contar minha vida, é que comecei a refletir todo o processo de mutação da minha vida, antes disso, eu não tive uma preocupação de saber até onde o que eu fiz de bom, o que eu fiz de ruim, o que eu fiz de fato e, com aquele depoimento que eu fiz por escrito, eu resgatava essas coisas da minha vida, enquanto eu estava escrevendo, toda a passagem de vida que antes não tinha preocupação, as coisas iam apenas acontecendo, tinha que fazer até enquanto tinha limites físicos".

Relação com os filhos: "É, de fato, meu ego falou mais alto em tudo isso, meu ego, né. Superar é... realizar, enfim, fazer, é isso, pra mim foi sempre importante na minha vida... A gente dividiu o que podia com os três... pra compensar, fazendo... eu superava a minha deficiência física com minhas ações práticas, desenvolvimento é... de qualidades, de conhecimento, de autoridade, de autoafirmação...".

Busca de algo: "Olha, foi bom porque eu fiz muita coisa... hoje em dia eu não me valorizo tanto como era antigamente... Agora é uma busca para resgatar alguma coisa"...

A FAMÍLIA DO SR. ERCULANO - FAMÍLIA DE ORIGEM DE SEU EVERALDO

O Sr. Erculano nasceu em Ouro Branco (RN), possuía o apelido de galego por causa dos olhos e cabelos claros. Casou-se com Marina em 1940. Levaram uma vida humilde e de muito trabalho, dedicavam-se à atividade do artesanato, realizavam 'caronas' de couro (objeto colocado no lombo dos animais), vendiam-nas na feira da cidade.

Seu Erculano e Dona Marina tiveram 4 filhos (1º Everaldo, 2º Edilson, 3º Edílio e 4º Graciele), os dois do meio faleceram com meses de vida após uma febre forte. Essa pessoa sofria de epilepsia, tendo a mãe, em decorrência disso avisado seu filho Everaldo de que, caso acorresse algo, era para procurar ajuda. Sr. Erculano estava com o filho quando sofreu um ataque, faleceu em função de ter caído no rio e ter-se afogado, possuía 28 anos na época.

Eventos críticos:
1919 - Nasce Erculano.
1940 - Casam-se Erculano e Marina.
1942 - Nasce Everaldo.
1943 - Nasce Edilson, morreu com meses de vida.
1944 - Nasce Edílio, morreu com meses de vida.
1948 - Falece Sr. Erculano, aos 28 anos.

Relatos significativos:
Lugar de origem: *"O pessoal não saia do lugar não, eram muito presos à terra, aos costumes".* Pais/ casamento: *"A única coisa que falaram é que eles eram muito parecidos, eram louros, NE e, realmente, um fato muito interessante: no mesmo dia, com o mesmo padre, casou meu pai e o irmão dele. Houve o casamento dos dois, agora, se foi através do trabalho que eles se encontraram,...isso realmente eu não sei... O casamento foi feito assim de repente, os dois se prepararam sem muita solenidade foram para a igreja, agora minha mãe não estava grávida não, porque ela casou-se em 1940, eu nasci em 42... Olha, fisicamente, pareciam irmãos, correto. Essa impressão eu tirei porque na igreja o padre falou: ' vocês são irmãos, são tão parecidos"...*

Relacionamento entre os pais: *"Eu acho que eles tinham um bom relacionamento porque meu pai teve quatro filhos, né... então havia muita intimidade, morreu em 48, casou em 40, e nesse período teve filhos, eu acho que havia muita afetividade, eu acho que havia..."*

Lembrança do pai: *"Ele era alto, era magro, quieto, não me lembro de se me beijava ou me abraçava... Ele tinha tido dois ataques antes. Ele não fumava, ele só bebia, bebia muito, me lembro pelas informações. Parece-me que, por conta disso, o casamento não era muito aceito... Talvez tenha sido às pressas em função destas situações, penso eu, mas meu avô (materno) queria muito bem o meu pai".*

Repercussão da morte na família: *"... a morte do meu pai não se comentava, ainda mais diante de mim, não falavam nada sobre a morte... foi muito sentido a morte do meu pai com 28 anos de idade (...). Repercutiu tanto por parte do meu avô, como da minha tia (ambos do lado materno). Minha mãe ficou doente por conta disso, ficou depois internada, por loucura e aquela coisa toda. Meu avô paterno, minha avó sofreu muito, meus tios...".*

Profissão: *"...eu me lembro do trabalho deles, trabalhavam juntos com caronas[8]... Meu pai herdou do meu avô paterno esta profissão, trabalhava nela, minha mãe também trabalhava nessa profissão. Hoje não existe praticamente, era importante na época. Era conhecida, a família do meu pai por esta profissão - fazer caronas. Eles aprimoravam isso, era um artesanato, a semana inteira para fazer quatro, cinco, seis caronas era a condição da vida das pessoas... Era uma profissão importante e bastante procurada na época, a mais bonita, destacava-se no meio das outras."*.

A FAMÍLIA DO SR. JUSCELINO (AVÔ PATERNO DE EVERALDO)

A origem do avô paterno era portuguesa. Nasceu em Ouro Branco (RN); trabalhava no artesanato, realizava 'caronas' de couro e as vendia na feira da cidade acompanhado de seus filhos. O Sr. Juscelino casou-se por três vezes; seu primeiro casamento foi com Ane, mas esta morreu no parto juntamente com seu filho.

O segundo casamento se deu com a irmã da primeira esposa chamada Rute, de cujo matrimônio nasceu os filhos - João, Adoniram, Paulo, Alma (única ainda viva com 86 anos), Luiz, Norberto, Justino e Erculano (pai de Everaldo). O filho Adoniram morreu assassinado, mas não se sabe a data do crime nem sua idade na época.

Segundo relatos, era um rapaz namorador, muito bonito e sua morte talvez estivesse envolvida com *'mulheres e jogos'*. Do terceiro casamento do Sr. Juscelino vieram os filhos Manolo, João, Mara, Célia, França, Franca e Patrício (No entanto, não se têm qualquer informação ou notícias dessas pessoas).

Eventos críticos:
1885/9 - Casamento entre Juscelino e Rute
1919 - Nasce Erculano

Relatos significativos:
Morte do filho Adoniram: *"Alguém por ciúme, era bonito, parece é já viu né... namorado, namorada e num baile parece que, depois do baile alguém preparou um esquema e assassinaram ele".*
Avô: *"Meu avô era alvo, chamam até de galego, no Nordeste chama de galego...".*
Irmãos do seu pai: *"Pessoas simples, trabalhadoras, obedientes, todos trabalhavam, ninguém era melhor que ninguém, ninguém tinha mais bens do que o outro, a maioria morava em casas alugadas...ninguém se destacou em letras, ninguém teve profissões di-*

---

8   Caronas: nome dado ao material feito em couro para colocar no lombo dos cavalos.

ferentes... até diziam que filho de gatinho, gatinho é... por causa de meus pais beberem muito, achavam que eu também seria no futuro...fora isso eram pessoas trabalhadoras, honestas, solidários... Era a única profissão que tinham, sem elas estariam perdidos, não tinham profissão nenhuma, não tinham bens, não tinham capital... Trabalhavam e comiam o que produziam, se vendessem caronas tinham lucro, pagavam os compromissos com o material, com as despesas e tudo mais... Sei que eram unidos... acho que sim... acho que tinha troca de afeto, interesses e convivência...".

Alcoolismo: *"Dizem que bebiam muito, meus tios, meu pai, porque meu avô também bebia muito. Bebiam tanto que, às vezes, ia para feira com tios, meu pai, juntamente com meu avô e colocavam-nos no cavalo de tão bêbados que eles estavam.". "Todos eram bonitos, olhos azuis, todos...todos... todos, minha mãe era linda...."*

RELATO CURSIVO DA HISTÓRIA DE DONA RUTE - AVÓ PATERNA DE EVERALDO

Dona Rute era bonita, alva e de olhos azuis. Foi a segunda esposa (irmã da primeira que morreu no parto) do Sr. Juscelino. Viu-a pela última vez em 1981, quando retornou para sua cidade de origem com sua família (esposa e três filhos). Parece ter morrido doente e bastante debilitada; apresentou câncer no nariz.

Relatos significativos:

Casamento com a irmã da primeira esposa: *"Era muito comum este tipo de casamento, no Nordeste, os casamentos eram encaminhados, né, não havia escolha de namorado... Pelos pais, a mulher era submissa, os pais escolhiam os casamentos dos filhos... Eu acho que foi nessa mesma educação... E as mulheres geralmente tinham obrigação de casar, o casamento era o quê... era uma segurança, né. Saía da responsabilidade do pai e ia para o esposo... enfim, era esse o clima, essa é a formação... Estou falando 1930, mais ou menos".*

Reencontro: *"Em 1980 eu fui visitá-la em Caicó e meus filhos conheceram a bisavó... morava com meu tio Luiz, que vivia separado da mulher, vivia na rede dela, era cega também, tinha problema de câncer de pele (nariz), não, não... acho que ela morreu de velhice... O Itamar tinha quatro anos, a Jerusa tinha três... conheceram, mas não tiveram uma relação tão afetiva."*

Doença: *"Ela morreu cega, teve problema de câncer no nariz, numa rede sentada, não levantava não andava".*

RELATO DE FAMÍLIA DE ORIGEM DE MARINA — MÃE DO SR. EVERALDO

Ramo feminino. Relato cursivo da história de Marina. Filha de Sr. José Gustavo e de sua esposa, perdeu a mãe ainda muito cedo, recebendo, assim, os cuidados de sua irmã mais velha Anete. A Sra. Marina casou-se com o Sr. Erculano, dessa união nasceram Everaldo, Edilson, Edílio e Graciele.

No entanto, os dois filhos do meio faleceram logo após o nascimento em decorrência de uma febre alta. Além dessas perdas, enfrentou ainda o falecimento do marido, por causa de um acidente (ataque epilético dentro do rio). Em consequência dessa fatalidade, Marina foi internada num Hospital Psiquiátrico, permanecendo lá por um ano.

Nesse período, os filhos Everaldo e Graciele moraram com sua irmã e pai. Parece que é nesse período que esta sua irmã falece decorrente de uma febre intensa. A mãe do Sr. Everaldo, ao sair do hospital, não voltou a morar com ele. Casou-se novamente com José Moacir e desse segundo casamento vieram Nilo, Murilo, João, Fabrícia e Xande.

Este último filho não morava com ela, mas com alguns vizinhos que o adotaram, embora mantivesse contato com os pais legítimos. Xande morreu assassinado em um comício político aos 13 anos, aparentemente por brigas de rua. D. Marina sentiu muito. Engravidou pela sétima vez, mas se decidiu pelo aborto, pois estava cansada de ter filhos; ao provocá-lo, teve forte hemorragia e, posteriormente, sentia muita culpa.

A partir dessas ocorrências, passou a apresentar fases de euforia e depressão, vinda a ser internada novamente em hospitais psiquiátricos. Morreu aos 76 anos.

Eventos críticos:
1924-Nasce Marina.
1940-Marina casa-se com Erculano.
1948- Perde o esposo em um acidente, sendo pouco tempo depois internada num Hospital Psiquiátrico.
2000- Falecimento de Dona Marina.

Relatos significativos:
Descrição da mãe: *"Minha mãe era muito bonita, loira, contente, extrovertida, disposta,enfim dinâmica, muito entusiasmada, muito agitada, isso eu me lembro dela, olhos azuis. Gostava de se vestir, de dança e conversar, enfim, de cozinhar, tudo isso".*

Morte do Xavier: *"Eu estava em Natal eu soube pelo rádio e pelos jornais que deram cobertura à morte pelo fato de ser num comício político e as facções políticos deram entende,... usam às vezes esse tipo de deformação para tirar proveito político... Sei que minha mãe ficou muito abalada... é... o rapaz foi preso... estava em Natal, eu nem assisti o enterro, nem participei nada, soube como havia... vê como a relação era bem distante! Morava em Natal, trabalhava, estudava, então havia intimidade, não havia relacionamento por isso... Uma família foi construída sem a minha presença, sem a minha participação e convivência.".*

Internação da mãe: *"Ela já tinha problema de saúde e com a morte dele ela ficou triste, chorou muito, muito deprimida, quer dizer ficou"... já imaginou uma mãe ter um filho assassinado? Ela tinha depressão muito alta... chorava, ficava indisposta, ficava sem sociabilidade, agora, tudo começou pelo aborto provocado... isso aí complicou muito mais a saúde dela que já era muito precária desde a morte do meu pai, entendeu?... Ela esteve internada, correto, tomando medicação, ela ficou um pouco assim... Agitada, eufórica demais, entendeu agora? De não dormir, conversava muito, muito de sair. Enfim, ficou um pouco alterado, infelizmente no Nordeste havia sempre essa atenção, qualquer coisa era o escape local - o Hospital Psiquiátrico. Uma vez ela tomou choque e eu fui visitá-la, sinceramente. É na marra; o aspecto dela era deprimente, sentiu que ela havia sofrido muito e ela queria sair dali de qualquer maneira. Ela ficava muita sem dormir, conversava. "Não tinha espírito de paz; se não estava assim, estava triste". "É por isso que ela teve problema mental, pois foi um choque muito grande para ela"* (paciente se referindo à morte do pai). *"Minha mãe perdeu a mãe muito cedo e a minha tia Anete, que ajudou a me criar, é quem conduziu realmente a família".*

Vida da mãe: *"Depois do casamento, depois dos filhos, foi uma vida muito triste, eu acho, trabalhou a vida inteira, casou-se duas vezes, teve quatro filhos no primeiro casamento, depois teve seis no outro mais o aborto. Sempre trabalhou muito para manter, carregava a casa nas costas".*

Último encontro com a mãe: *"... ia só com a intenção de vê-la, passei todo o dia com ela. Depois que ela morreu não voltei mais. Era uma viagem com muita dificuldade; pagar avião, etc. Se eu não fosse, já viu? E, eu senti muito dela morrer, eu ia em junho e ela morreu em abril. Eu fui em outubro e 99, eu fui em 98 em julho... só pra vê-la porque ela não falava, não via, não tinha diálogo...ela falava 'Everaldo".*

RELATO CURSIVO DA HISTÓRIA DO SR. JOSÉ GUSTAVO (AVÔ MATERNO)

Sr. José Gustavo morava em Caicó - RN (sua origem talvez seja portuguesa) e vendia pães aos viajantes, que passavam pelo local. Teve uma formação religiosa católica bastante forte e transmitiu a Everaldo quando este veio morar com ele aos seis anos. Casou-se, mas a esposa faleceu pouco tempo depois de casados. Tiveram quatro filhos:

Sebastião ("Paizinho"), Anete, Marina e Sebastiana ("Nenezinha"). Chegou a casar-se novamente, mas não deu certo o relacionamento, pois parece que esta era alcoólatra. Costumava dizer que não encontrou nenhuma outra companheira que a substituísse. Também após ter assumido o cuidados dos netos (Everaldo e Graciele) preferiu não os expor a alguém que os maltratasse.

Relatos significativos:

Avô materno: *"Ele era muito calmo, era bondoso, ponderado..., enfim era pacífico, pela própria formação dele...". "Meu avô era zeloso, cuidadoso, muito bondoso... era muito querido em Caicó, vendia pão". "Geralmente o homem nordestino não é... não é... carinhoso, hoje pode até ser... era mais para procriar... só, e trabalhar para o sustento, e autoritário e mandão, entende? E muito violento às vezes...no sentido de que tudo que dissesse, era verdade não havia discussão... não havia interferência, não discordância, é assim a educação do homem nordestino... Não, meu avô era homem muito calmo, não discutia a minha tia era uma pessoa muito religiosa. Meu avô rezava os terços...". "Ele era conhecido por realizar casamentos, era ele quem aproximava os casais na cidade. Meu avô às 6 horas rezava o Anjo em pé e eu era obrigado a rezar com ele...".*

Tia materna: *"A minha tia Ana ia ser freira, não foi porque não tinha condição de pagar o dote"... é era um valor que pagava né... para ser freira tinha que doar um valor para pagar a Instituição...Ela que me educou, ela não se casou, ficou solteira.*

RELATO CURSIVO DA HISTÓRIA DE MADALENA (AVÓ MATERNA DE EVERALDO)

A dona Madalena faleceu ainda jovem, com pouco mais de 20 anos, de febre amarela. Tinha um irmão chamado Pedro. Teve quatro filhos: Sebastião, Anete, Marina e Sebastiana. Segundo o Sr.Everaldo, no período em que tinha contato com o avô e tios, falavam pouco dela.

Relatos significativos:

"Minha tia criou os irmãos, porque era mais velha, pelo fato também da perda da mãe, a falta que fez, fazia com que não houvesse muito comentário sobre ela..." "Nem foto dela eu tenho... Meu avô queria muito bem à minha avó (ele falava?) não... mas eu sentia".

Obs.: Estes dados foram possíveis de serem conhecidos no final do trabalho quando Sr. Everaldo sentiu a necessidade de ligar para sua família em Caicó/RN para saber um pouco da história desses membros. Segundo ele, sua atitude despertou a curiosidade das pessoas de lá, que o questionaram a respeito do seu interesse.

CAPÍTULO VIII

A COMPREENSÃO DOS MITOS E SUA INFLUÊNCIA NA FAMÍLIA

Na história intergeracional foram encontrados alguns mitos inter-relacionados neste momento de vida familiar do ramo masculino o **Mito da Luta pela Sobrevivência**, surge quando os membros (Sr.Juscelino, sua esposa Rute e os filhos do casal) se mobilizam na produção de caronas (artesanato construído num tempo demorado, devido aos diversos cuidados na sua preparação).

Os valores do trabalho e de propósitos se tornam determinantes. A luta pelo trabalho era a garantia da sobrevivência, definindo o que produziam e vendiam. Ainda próximo deste mito é possível identificar outros; o **Mito da União** um sentido forte todos trabalhavam juntos e repartiam os lucros e a sobrevivência dependia da união de todo.

Todos os membros do sexo masculino se dedicaram intensamente à mesma profissão, sem qualquer interesse em se sobressair em relação os outros. Exerciam a mesma tarefa, de forma a dividirem os custos e o trabalho.

Na história de Juscelino observa-se a perda da primeira esposa e do filho, durante o parto. Em função disso, ele decide se casar com a irmã desta, talvez como uma forma de compensar uma perda bastante significativa. Desse matrimônio resultam outros filhos, no entanto destes dois faleceram jovens.

Ao observar no aspecto intergeracional nessa família na primeira geração verificamos a presença de um mito bastante significativo: o **Mito da Doença**, inicialmente pontuado pelo alcoolismo visto como doença no Sr. José Avelino e evidenciado em todos os homens desta família.

D. Marina se casa com Sr. Erculano e desse relacionamento nascem quatro filhos dos quais apenas o primogênito sobrevive. A morte marca sua presença: ocorre o triste episódio da tragédia com o Sr. Erculano, que morre afogado em função de um ataque epiléptico, configurando um Evento Crucial Mítico[9], marcando a ferro em brasa uma pessoa e toda uma família, como também determinando a presença o fortalecimento ou mesmo a configuração de um Mito, neste caso, o **Mito da Doença**[10].

---

9   Algumas experiências de nossa existência se tornam marcantes ou drásticas que, além de marcar "a ferro em brasa" um tempo, servem para testar as forças presentes nos Mitos Individuais e nos Mitos Familiares. Nestes Momentos Cruciais Míticos, as forças familiares são colocadas em teste e mobilizadas no sentido de direcionar ou fortalecer determinadas condutas nas pessoas. Com muita frequência, estas situações são demarcadas através de juras ou tomadas de decisão que alcançam poderoso significado na vida pessoal. Verificar Cap. I.

10 Os estigmas se caracterizam como marcas de várias maneiras: desde as de aspectos físicos a características afetivas e emocionais que se destacam e passam a fazer parte das identificações pessoais. As profecias são determinações a serem cumpridas na área pessoal, afetiva e profissional e abrangem uma perspectiva futura; estas questões vão ser melhor esplanadas no capítulo III, IV e capítulo VIII. Cap. I.

A criança, o jovem, Everaldo foi profundamente marcado pela morte do pai, pois ainda muito pequeno assiste ao mesmo tendo um ataque epiléptico e se afogando no rio, não consegue ajuda em tempo. Este fato o marca profundamente e toda a sua família. Sua mãe trabalhava muito para ajudar o marido na produção de caronas, sofrendo, entretanto, uma perda traumatizante com a morte deste, o que, por sua vez, parece contribuir para a manifestação da sua doença mental, que acabou obrigando-a a internação psiquiátrica e afastamento dos seus filhos Everaldo e Graciele (esta faleceu também aos dois anos de idade na casa do avô materno).

A criança fica entregue ao avô materno quando a mãe adoece e mostra, durante a vida, estreita relação afetiva com ele. Logo após, sua mãe se casa ao deixar o hospital. Consta que a mãe continuava tendo contato com o filho e este mantém, durante toda a vida, uma boa relação afetiva com a mesma. Deste casamento surgem os filhos, sendo um deles assassinado num comício político, representando uma nova perda. No entanto, esta sucumbe à outra dor do aborto do seu décimo filho, vindo a ser novamente internada num Hospital Psiquiátrico com alternação de fases de euforia e depressão (aparentando tratar-se de um Transtorno Bipolar, segundo consideração do Sr. Everaldo).

Durante a infância, ele passou por perdas significativas como a morte do pai aos seis anos, a internação da mãe que veio a causar o afastamento desta, a morte da irmã, a saída da cidade para estudar em Natal/RN, local em que sofreu intensas privações materiais, pois a escola onde estudava era muito pobre.

O Mito da União aparece também no ramo feminino quando a D. Marina é internada num hospital psiquiátrico, ficando seus filhos, Everaldo e sua irmã Graciele, sob os cuidados do Sr. José Gustavo e sua tia Anete. Foi esta mesma tia quem cuidou dos irmãos na condição de mais velha, depois da morte prematura de sua mãe.

Neste outro ramo o feminino, o **Mito da Conquista e do Sucesso** é manifestado também pelo avô materno, o Sr. José Gustavo, quando este vendia os pães produzidos, por ele mesmo, aos moradores e viajantes que passavam pela cidade. Tornou-se uma pessoa de sucesso na região.

O **Mito da Religião** marcou também este ramo familiar: *"Meu avô, às 6 horas, rezava o anjo em pé e eu era obrigado a rezar com ele... A minha tia rezava o Ofício de madrugada... A minha tia ia ser freira, não foi porque não tinha condições...".*

Ao vir para São Paulo e sair de seu lugar de origem, no qual nasceram seus pais e avós, Everaldo promoveu um arranjo em sua mitologia que pode ser notado provindo do ramo feminino. O Mito da Sobrevivência se liga ao Mito da Conquista na busca de novos lugares e experiências.

Surge, assim, a concepção "**Sobreviver Conquistando**", o próprio local de origem mostrando-se bastante significativo para o mesmo (vamos relatar, abaixo, o desdobramento posterior desse trabalho). Isto é possível de ser notado quando o sujeito retoma alguns princípios culturais e morais que demonstram embasarem sua vida atual.

Dentre esses, a questão da vergonha da sua atual debilidade física, contrária à imagem do homem nordestino como representação de força e a necessidade interna desse indivíduo de não se deixar vencer pela doença, pois se julga responsável pelo seu corpo.

Há também a não aceitação da separação conjugal entre os casais e outros valores que estão fundamentados em sua origem cultural e familiar na qual o Mito da União é um sentido de vida familiar presente em seus dois ramos de procedência, tanto o paterno quanto o materno.

Já no ramo feminino, mais especificamente na história de Dona Marina, é possível notar uma sucessão de perdas (da mãe quando ainda bebê, do esposo, do filho Xande, do afastamento dos filhos após sua internação psiquiátrica e da a perda do filho abortado) que, por sua vez, marcaram a vida deste membro que demonstrava apresentar fases de muita tristeza.

A saída do local de origem também marcou sua vida, pois representou uma separação da família e de tudo que lhe era conhecido. Ao vir para São Paulo, recebe o diagnóstico da Poliomiosite e perde a condição de saudável, em seguida é demitido do emprego e não encontra outro no local em que moravam, sentindo-se obrigado a pedir aposentadoria aos 34 anos, o que implicou na perda da autoimagem da juventude.

Notam-se traumas e eventos estressores desde o início de sua história, que vieram a gerar um acúmulo de ansiedade muito significativo. O **Mito da Luta pela Sobrevivência** é potencializado por precisar lutar pela sua vida, o que depende diretamente dele.

Na família de Sr. Everaldo, pela óptica trigeracional, aparece a repetição do estresse, geralmente decorrentes de perdas, considerando, especialmente, a do pai em situações traumáticas e as posteriores, as quais, desde o seu início, foram marcadas por muitos eventos carregados de intensas cargas emocionais.

Everaldo, ao conhecer sua esposa, pensava que não mais se casaria, pois tinha 33 anos. Ao conhecê-la, tornou-se propícia a aproximação de sua mitologia, ocorrendo, assim, o casamento muito valorizado na cultura nordestina. Pode-se dizer que, nesse fato, manifestou-se o **Mito da União** e, apoiado ainda neste mito, é que acontece a concepção dos três filhos, muito próximos em termos de tempo um do outro e sem planejamento algum, já que o mesmo visava ter cinco filhos.

Observando sua história é possível notar a presença de muitos nascimentos que também evidenciam não terem sido planejados como ocorreu com D. Marina, sua mãe que, no primeiro casamento, teve quatro filhos (sendo Everaldo o único sobrevivente) e, no segundo, obtém mais cinco crianças. Entretanto, com a concepção da décima gestação, parece que D. Marina não desejava ter mais filhos, dessa forma, provocou um aborto que, segundo o relato, veio a lhe trazer sérias consequências físicas e psicológicas.

A importância do referido fato nessa segunda geração familiar é significativa, pois demonstra que alguns padrões se repetiram na terceira geração quando Everaldo afirma que tudo que realizou em sua vida não teve planejamento. No ano seguinte ao casamento acontece a descoberta da doença, o que veio a provocar um grande estresse nessa família, associado ao que se deu no início do relacionamento do casal, nascimento dos filhos, perda do trabalho e busca de outro sem sucesso. Assim, esse período na vida deste sujeito favorece grande carga emocional para o mesmo e ao cumprimento da profecia manifesta no **Mito da Doença**.

O **Mito da Conquista** é possível de ser verificado na vida de Sr. Everaldo quando expõe o que o ato de fazer representa: *"Parado significa atraso, significa retrocesso... Quando se tem um emprego, vê-se o mundo de forma diferente"*.

Dessa forma, pode-se observar o grande valor atribuído por esta pessoa ao trabalho. Devido ao fato de Everaldo ser o único sobrevivente da família, já que seus irmãos faleceram com pouco tempo de vida, talvez todas as expectativas de sucesso dos familiares voltaram-se exclusivamente para ele.

De fato, a busca pelo conhecimento e pelo fazer tornou-se muito marcante ao longo de sua vida, já que exerceu diversas atividades, dentre as quais a política pode ser apontada como a manifestação do **Mito da Conquista e do Sucesso** por Everaldo ter-se envolvido com partidos e figuras políticas importantes no governo do País.

O *"***Sobreviver Lutando e Conquistando***"* ocorre quando os Mitos da Sobrevivência e da Conquista surgem estreitamente entremeados neste momento de vida, pois este passa a existir muito intensamente na vida de Everaldo na busca pelos tratamentos e controle da doença, por se tratar de uma doença degenerativa que compromete os músculos e todos os movimentos e dificulta, por conseguinte, a sua qualidade de vida.

OBSERVAÇÕES A RESPEITO DA APRESENTAÇÃO DO GENOGRAMA:

O local escolhido para a apresentação do Genograma foi a própria Clínica Escola, onde se deu o atendimento psicoterápico. Foi proposto para a pessoa o trabalho de reconstrução das suas histórias familiares, disponibilizando-se, para isso, um material para possibilitar essa construção. O paciente auxiliou na montagem do Genograma revendo os nomes dos membros de cada família.

O reconhecimento dos conteúdos:

Alguns itens se destacam:

Everaldo (a respeito dos avós e tios paternos): *"Eles eram conhecidos na região e na cidade pela profissão deles... Negativo era o alcoolismo. De positivo eram bondosos, amáveis, havia integração como família".*

Everaldo (domínio sobre as circunstâncias): *"Sempre dominei as coisas, sempre decidi, foi minha formação, não por vaidade... Eu acho que houve, eu fui autoritário, queria superar os problemas... Sair pelo mundo, dono de mim mesmo, sem obedecer ninguém. Morar sozinho, você impõe seus valores, não para o lado do mal".*

Everaldo (força): *"O nordestino realmente é um forte... Conviver com a seca... Procurar o lado de procriar é muito importante, trabalhar e sustentar a família".*

Everaldo (a respeito da força da mãe): *"O pessoal dizia que minha mãe tinha sete vidas... Olha, sofreu muito minha mãe... Tinha um remédio que tomava e ficava entravada...Tinha mais força do que eu... Em 1998, levantava da rede, que eu ficava admirado... Morreu magrinha...".*

Everaldo: (Conquista): *"Meu pai não estudava, era diferente... O estudo me levou para Natal, de Natal me levou para São Paulo, eu tinha ânsia de estudar, queria vencer e conquistar...".*

Everaldo (luta): *"Olha, eu não sei até que ponto a palavra vencer é... Significa realização pessoal. Primeiro, eu não terminei o curso de Sociologia que tanto era uma busca. Profissionalmente o que aprendi em São Paulo na prática não usei mais. Terceiro, enquanto eu tinha atividade, eu me sentia forte, me sentia vitorioso, depois de tudo isso passado, eu me senti num vazio...".*

"Talvez eu não soubesse realmente contornar as minhas situações em função da minha situação física, era automaticamente psicológica, também. Queira ou não, a situação física me deixava desequilibrado... Deixava-me muito ansioso para superar a minha deficiência física... Eu era doente e nem sabia que estava tão doente ao ponto de como estou hoje".

(Obs.: Para a apresentação do genograma, solicitou-se a presença de toda a família, ficando o próprio paciente encarregado de convidá-los (a pedido do mesmo). No entanto, os membros familiares do paciente não compareceram com a justificativa do Sr. Everaldo de não poderem vir, pois trabalhavam e tinham suas respectivas ocupações).

Quanto ao que foi transmitido através das gerações

Everaldo (do ramo paterno): *"Passaram responsabilidade, né... Passaram integração, solidariedade, tudo isso de pessoas sadias, de fé... Eu sempre tive um perfil dentro dessa ordem, trabalhar, de ser responsável, de ser honesto, ser sincero, ser amável... Eles ficaram sempre junto com os pais, nunca saiu de Caicó, eu tive outro tipo de vida. Saí pra Natal, depois fui para São Paulo, isso realmente alterou o conteúdo de vida. Enquanto eu fiquei sozinho, sem família durante vinte anos, eles ficaram juntos o tempo todo...".*

Everaldo (do ramo materno): *"Eu acho que o lado humano, a parte da solidariedade, o lado religioso, do respeito, o lado de ser responsável como pai, eu acho que nesse sentido...".*

A devolução destes conteúdos:

Everaldo: *"Eu acho que eu também larguei tudo e vim para formar uma nova família... Eu conduzi procurando dar o melhor... Era para mim uma questão de honra, mesmo com dificuldade, vencer barreiras, empolguei-me muito com isso. Em São Paulo veio a realização de ser pai, casar... Foi sim: tenho três filhos, hoje, uma neta...".*

Everaldo (em relação à família): *"Naquela época, eu dava um valor muito grande porque eu estava fazendo, estava alcançando, estava desempenhando... Então não via outros ângulos, não via outros lados... A família via o meu sucesso, talvez visse a minha realização, via a minha vontade, nunca realmente tomou partido. Acompanhava o meu ritmo ou aceitava. Eu era prepotente, autoritário, determinante".*

(Obs.: Na apresentação foram ressaltadas também as suas conquistas)

A não aceitação da doença, o sofrimento psíquico:

"A única coisa na vida que eu não estava preparado, eu não fui preparado, não sabia das consequências que a Polimiosite podia acarretar... Eu não fui preparado, não tinha a menor ideia de que seria o que eu estou vivendo hoje... Nunca mandaram pra um psicólogo, pra um psiquiatra, nunca mandaram para um Neuro, um terapeuta... Eu fui um bode expiatório para descobrir o que eu tinha...".

"Estou travando, tem algo errado comigo. Eu não estava assim há seis meses, você me viu, a doença está realmente devastando, destruindo tudo... Eu procuro conviver com a realidade, só Deus sabe o equilíbrio que eu faço...".

As preocupações quanto ao futuro: *"E eu enfrento enquanto eu estiver com o andador. Eu sou um homem feliz. O dia em que não puder andar sem o andador, eu morri... Eu não aceito esta realidade. Olha, vencer, eu acho que já fez parte da minha vida, vencer o quê? Agora são dificuldades. Vencer as dificuldades... (também pode ser visto como vencer)".*

Comentários:

Houve engajamento desse senhor no trabalho proposto, demonstrando, inclusive, ter sido prazeroso para ele o resgate de suas histórias familiares. Os conteúdos míticos foram reconhecidos. Entretanto, num primeiro momento, talvez em razão de estar enfrentando um período delicado da doença, demonstrou defensividade em reconhecer alguns desses conteúdos ainda presentes em sua vida.

Nos atendimentos que se seguiram após a primeira fase do trabalho, relatou ter sentido o desejo de ligar para sua tia em Caicó/RN, a tia "Nenezinha", de 76 anos, para perguntar o nome de sua avó materna. Justificou ter ficado com vergonha de não saber nada de sua história para me contar. Parece que este trabalho mobilizou alguns dos conteúdos internos da pessoa.

Ao final, na construção do genograma familiar, o paciente mencionou que gostaria de mostrar o resgate dessas histórias para seus familiares no Nordeste, assim como para sua esposa, filhos e neta. Isto pode ser identificado como uma necessidade de reafirmar e, segundo ele, dizer para essas pessoas como foi que se reorganizou e quais sentidos conseguiu resgatar.

Foi possível rever as suas histórias, possibilitou-se um momento de resignificação e viabilizou-se situar seu ciclo de vida num contexto mais amplo na presença dos Mitos como os sentidos organizadores desta complexa rede familiar.

A REAÇÃO DE SR. EVERALDO: O RETORNO ÀS ORIGENS

O trabalho de Leitura Instrumental Mítica, quando terminado, mobilizou recursos internos de enfrentamento da crise e sofrimento mental desta pessoa.

Foi lhe permitida a leitura da monografia realizada com este trabalho e lhe oferecida para que pudesse visualizar documentada sua história, o que se observou como muito proveitoso ao mesmo, pois a concretização do estudo o encheu de vaidade e orgulho de sua origem nordestina.

O senhor fez questão de enviá-lo também a alguns familiares da sua terra natal que responderam positivamente ao estudo por meio de cartas carregadas de emoção e trocas de segredos familiares.

Ao longo dos atendimentos pode-se perceber mudanças na forma do Sr. Everaldo lidar com a doença e na presença dos seus membros familiares. Houve maiS engajamento nas atividades sociais na cidade. Além disso, demonstrou-se um acentuado desejo de seu retorno às suas origens despertado durante esse processo.

Assim, em 2004, o Sr. Everaldo volta para Caicó, viaja sozinho mobilizando recursos para sua locomoção e contando com ajuda das pessoas que encontra no avião e aeroporto. Lá se engaja em muitas atividades sociais importantes de defesa na inclusão dos deficientes na comunidade como publicação em jornais, palestras em escolas de ensino fundamental, médio e superior, programas de rádio...

Também realizou cursos, tomou parte em fóruns para debates de questões sociais gerais importantes, participou de significativas festas regionais e posses políticas, frequentou a APAE na condição de sócio e colaborador, teve planos para retornar ao curso superior de filosofia e se engajou na preparação de uma biografia pessoal. Permaneceu lá aproximadamente por dois anos.

Através de cartas, ele nos enviava notícias de como estava se saindo na experiência de retorno à cidade de origem. Soubemos estar residindo com um jovem que cursava filosofia mas, que, ao término do curso, tentaria a vida em São Paulo. Esse cuidava das atividades domésticas enquanto Sr. Everaldo trabalhava com o auxílio do computador.

Nota-se, nessa fase de vida de Sr. Everaldo, o resgate da sua vitalidade através do engajamento em atividades sociais espelhando os Mitos "**Sobreviver, Lutar e Conquistar**" com a utilização dos sentidos da Luta da Conquista e dos valores do trabalho reconhecidos na família de origem, que passaram a assumir proporções de lutas sociais pelo bem comum.

A familiaridade com a cidade de origem é também manifestada na maneira com que ele é abrigado pela comunidade, mesmo sem a família poder, por ser muito pobre e não apresentar espaço físico adequado para acolhê-lo.

Posteriormente, voltou à sua cidade no interior do estado de São Paulo, pois havia piorado muito, encontrando-se atualmente carregado de decepções, pois, segundo o Sr. Everaldo, a Família Nuclear incompreende a sua necessidade de retornar para a terra natal com suas limitações (nesta altura a doença já avançara, resultando em limitação definitiva de locomoção sem a cadeira de rodas).

A esposa ameaça com pedido de divórcio e a relação conjugal se compromete seriamente. Mesmo assim, esta pessoa não para. Retoma os projetos na luta pelos portadores de necessidades especiais e recebe convites para dar entrevistas em rádios e meios de comunicação impressos.

O trabalho do resgate da Mitologia Familiar foi propício, significando uma forma de intervenção terapêutica, pois esse senhor enfrentava crises em todas suas dimensões: física, psíquica e social, sendo esta última bastante evidente no ambiente familiar. Quanto à Família Nuclear, ofereceram-lhe engajamento significativo e atendimento no que fosse necessário, ao que seus membros não demonstraram interesse ou aceitação.

Ao longo do processo terapêutico, constatou-se que as histórias, sejam de sua trajetória de vida ou do ramo familiar, demonstravam proporcionar sentimentos prazerosos e emoções boas.

O trabalho com a Leitura Evolutiva e Instrumental Mítica demonstrou mobilizar alguns conteúdos do seu mundo interno. Os conteúdos familiares foram reconhecidos pela pessoa e serviram certamente como eixos construtivos e fortalecedores. Segundo

Simonton (1987), é fundamental para o processo de cura a vontade de viver, o que ficou evidente nesse caso, no que demonstrou energia para investir no resgate de seus sonhos.

Ao retornar para a cidade de origem, na região Nordeste, e finalmente concretizar esta ideia, demonstra muita gratidão pelo trabalho terapêutico realizado, observado nas cartas enviadas e verbalizações do mesmo.

A fase terminal, proporcionada por uma doença degenerativa, representa um momento de crise não só para o doente, mas para toda a família. Os resultados encontrados ultrapassaram as nossas expectativas, uma vez que demonstrou ter promovido um resgate do gosto pela vida.

Talvez, o mais importante a ser considerado foi o significado atribuído a esse trabalho pelo Sr. Everaldo, evidenciado nas manifestações de gratidão e valorização de sua história e o sentido de reconhecimento de que a sua vida valeu a pena.

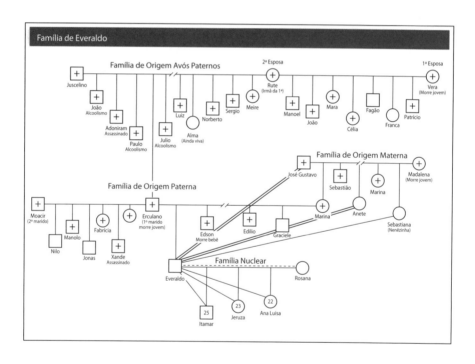

CAPÍTULO IX

O USO DOS RITUAIS EM TERAPIA

*"A palavra suscita o símbolo que sugere o ritual e favorece
a mudança"*

Ritual é uma palavra que tem sido utilizada de forma ampla tanto em termos populares, quanto nas disciplinas acadêmicas onde se torna necessária maior precisão em sua definição. Ao iniciar, vou diferenciar os diversos tipos de intervenção e, ao mesmo tempo, abarcar as possibilidades de intervenções ritualistas que os clínicos podem criar.

Em primeiro lugar, considerar a utilização do ritual em terapia familiar, suas raízes antropológicas e finalizar com a sua definição.

O ritual foi introduzido formalmente nos modelos sistêmicos de terapia familiar por Mara Selvini Palazzoli em seu livro *Self - Starvation*[1], onde descreve os primeiros trabalhos do grupo de Milão no qual participavam também G.Cecchin, G. Prata, L. Boscolo, definindo-se o ritual como uma ação ou uma série de ações acompanhadas por fórmulas verbais para intervir na família em sua totalidade.

E, como todo ritual, este deve consistir em uma sequência regular de passos dados no momento oportuno e no lugar adequado.

Para exemplificar, relato um dos rituais utilizados junto a uma criança pequena que havia deixado de se alimentar após a morte de um irmão de quatro dias. Nada se tinha falado a respeito deste fato.

Foi solicitado aos pais que falassem sobre ele com a criança. Também a ouvissem, que juntassem as roupinhas do bebê, enterrando-as, ao mesmo tempo em que se conversava e se despedia do recém nascido.

---

1   Selvini Palazzoli. 1974

Os pesquisadores citados afirmam que os rituais familiares deste tipo se encontravam entre as técnicas mais importantes e eficazes que haviam concebido no curso dessa investigação para uma intervenção rápida e decisiva com as famílias disfuncionais.

Destacaram, também, que o poder do ritual reside mais na mensagem analógica que na verbal, além de manifestarem a dificuldade de encontrar rituais distintos para famílias diversas em diferentes situações de vida.

Posteriormente, Van der Hart amplia estas bases conceituais mediante o estudo dos rituais vistos pela antropologia. *Rituals in Psychoterapy: Transition and Continuity*[2], que assim define os rituais: atos simbólicos que devem executar-se de um modo determinado com certa ordem, que podem estar ou não acompanhados por fórmulas verbais. Acentua também a importância da experiência e do compromisso para não se falar de rituais vazios.

Van der Hart amplia a definição acima acrescentando a noção de rituais vazios, os quais não podem ser considerados somente da perspectiva do terapeuta, mas também da experiência do participante, o que vai acentuar a importância do compromisso e do envolvimento com a execução do mesmo.

Na antropologia, Victor Turner[3] acentua a definição do ritual como referência a seres e poderes místicos; mais tarde, porém, amplia esta ideia considerando que o sagrado vai além da definição religiosa tradicional centrando-se na noção do especial, algo dotado de um significado fora do habitual.

A definição de Turner destaca que os símbolos são as unidades constitutivas dos rituais e explica a significação dos mesmos em três aspectos: 1) Capacidade de agrupar múltiplos significados com os quais contribuem as partes abertas dos rituais. 2) A maneira como o símbolo pode unir diversos fenômenos desiguais que não podiam associar-se em formas complexas por meio de palavras. 3) A capacidade dos símbolos para trabalhar tanto os aspectos sensoriais quanto os cognitivos do significado.

Uma aquisição importante se origina da obra de Myerhoff (1977)[4], que analisa o ritual no sentido em que ele define a realidade, que se produz em um espaço sagrado, fora da realidade habitual. Distingue-o dos costumes e dos hábitos pela utilização dos símbolos e informa que seu significado vai muito além das informações que transmite e das tarefas com as quais se associa.

Na definição do ritual que provém da antropologia, agrega-se a importância do poder dos símbolos, a necessidade da ação, os aspectos fisiológicos e a coordenação da ordem e da espontaneidade. Estes aspectos, juntos, combinam-se para criar o marco do especial no ritual que transcende o cotidiano.

---

2   Van der Hart. 1983
3   Turner. 1977.
4   Myerhoff. 1967.

As três etapas do ritual a que se referiu Van Gennep (1960)[5], pela primeira vez, têm sido aceitas.

A primeira é a separação na qual se efetuam preparativos para o ritual, sendo estes tão importantes para o processo como um acontecimento real em si mesmo. A próxima etapa é a transacional, em que as pessoas têm novas experiências e assumem novos papéis e identidades.

A terceira etapa é a reintegração na qual as pessoas voltam a conectar-se com a comunidade em uma nova situação. Nos rituais culturais as três etapas são bem definidas no Natal: arrumar a árvore, preparar as comidas, comprar presentes... Ou mesmo no casamento, onde existe toda uma preparação, trata-se de uma passagem para outra situação de vida.

Ao se chegar à definição do ritual empregado em terapia familiar, faz-se necessária uma distinção entre o uso do ritual em contextos culturais e o uso do ritual em contexto de terapia. Em rituais terapêuticos, trata-se de criar uma nova tradição, isto é, não fazer as coisas como se fazia anteriormente.

Em Imber-Black, Roberts J., Withing R.[6], encontra-se uma definição funcional do ritual que o conceitua como atos simbólicos co-evolutivos, incluindo os aspectos cerimoniais em sua preparação. Pode ou não incluir palavras. Contém partes abertas e fechadas unidas por uma metáfora orientadora. A repetição pode formar parte dos rituais em nível de conteúdo, forma ou circunstância.

Além da ação, os rituais têm à sua disposição a densidade e a polivalência dos símbolos. Os símbolos são a unidade mínima do ritual podendo, conforme Tunner[7], ter múltiplos significados e também expressar o que não se pode com palavras. Por exemplo, uma rede pode ter significado de subserviência ou de proteção. Eles têm a capacidade para vincular tempos, manter contradições e trabalhar as mudanças nas relações, provendo-nos de ferramentas concretas para lidar com as incongruências entre o real e o ideal e poder sustentá-las.

Os primeiros antropólogos sociais puseram em relevo como o ritual reflete e sustenta a ordem social e sinaliza vínculos comunitários específicos: o ritual sendo concebido como um elemento que promove a estabilidade grupal e oferece um lugar controlado e seguro para resolver problemas pessoais e sociais. Trata-se de um elemento que valida a organização social vigente.

Ao mesmo tempo em que valida a ordem social, pode também transformar esta organização e fornecer ou estabelecer novas normas e tradições. Por conseguinte, ele pode tanto sinalizar uma transição quanto efetuar uma nova.

---

5   Van Gennep. 1960.
6   Imber- Black, Roberts J., Withing R. 1991.
7   Tunner. 1967.

Como exemplo, no casamento, as diversas partes da cerimônia registram muitos significados: os acordos de fidelidade que se fazem, o anúncio de novos papéis de esposo e esposa... Na cultura ocidental, este é um modo de transição para uma nova Família Nuclear. Os pais entregam os filhos para simbolizar que estes se desprendem das suas respectivas famílias de origem.

Ao final da cerimônia, o casal sai em lua de mel para um lugar especial, assinalando o espaço novo para o par. Com o passar do tempo há a modificação da preparação para o casamento, pois muitos casais já moram juntos. Mesmo o tipo de cerimônia que se elege tem sofrido transformações.

A partir do momento em que para este entendimento se combinam tanto a perspectiva cultural quanto a perspectiva social da antropologia, o ritual funciona como um elemento para manter e, ao mesmo tempo, criar a estrutura social de indivíduos, famílias e comunidades sociais, mas também fornecer elementos para construir determinadas concepções do mundo.

O ritual pode conservar ao mesmo tempo os dois aspectos de uma contradição. Todos nós experimentamos os paradoxos fundamentais da vida/morte, proximidade/distância, ideal/real, bem/mal. O ritual pode incorporar ambos os aspectos das contradições pela maneira com que é possível manejá-las, simultaneamente. Por exemplo, na cerimônia do casamento é comum a declaração: *"Não estou perdendo uma filha, mas ganhando um genro"*.

Ao mesmo tempo, oferece espaço para o apoio e contenção das emoções, o qual pode ser observado na maneira como se organizam os rituais fúnebres: a presença dos amigos, as várias formas como se passa em várias culturas, a missa de sétimo dia serve também para conter e direcionar sentimentos profundos.

O ritual pode facilitar a coordenação social entre os indivíduos, famílias e comunidades; e entre passado, presente e futuro. Os vários rituais que marcam a passagem da idade adolescente à adulta, ainda presente em algumas culturas, demarca a passagem do jovem ou de sua família a uma nova situação social.

Ao destacar a importância sobre como os rituais são experimentados pelos indivíduos, encontramos estudos na neurobiologia em D'Aquili, Laughlin y McManus,[8] que trabalham com a hipótese a respeito das partes ativas de alguns rituais, tais como repetições, símbolos, música e danças estimularem descargas límbicas positivas, que permitem incrementar o contato entre as pessoas e a coesão social. Alguns estudos mais recentes apontam, também, a estimulação do cérebro direito pelo uso dos símbolos, haja vista os rituais conterem uma densidade significativa que as palavras não podem captar.

Na família, Wolin e Bennett (1984) sugerem que os rituais contribuem para a identidade familiar e facilitem a elaboração dos papéis, fronteiras e regras, tornando possível

---

8   D'Aquili, Laughlin y McManus (1979)

através dos rituais, um senso do eu, senso de ser parte da família e de um grupo. Conforme já mencionado, os Mitos Familiares são também mantidos e propagados através dos rituais na família. Nas de origem italiana é comum o almoço na "*mama*", ou sentarem-se todos juntos em uma grande mesa e, nas japonesas, os rituais de consulta aos mais velhos ainda perdura em algumas.

Uma das funções do ritual utilizado em terapia familiar é que ele consegue manter a possibilidade de se trabalhar concomitantemente na estrutura ou organização familiar e nos significados que têm as condutas sintomáticas na família. Ele vai permitir que se experimentem emoções fortes dentro de um marco seguro ao mesmo tempo em que se preservam as conexões interpessoais.

Pode-se tratar de perdas em uma família, em especial as situações que carecem de rituais culturais, tais como abortos, nascimentos de crianças incapacitadas, separação ou divórcio e outros. Como acentua Imber-Black,[9] o uso do ritual pode não apenas proporcionar lugar seguro para explorar as emoções intensas, mas também oferecer o apoio que pode promover a conexão com outras pessoas.

A conexão entre passado, presente e futuro por meio do ritual tem amplas consequências, levando muitas famílias a tratamento com uma aparente falta de fluidez entre os diferentes marcos temporais.

Por exemplo, estão tão envolvidos com os problemas do passado, que não têm esperança no futuro. Ou, estão tão envolvidos com preocupações do presente que têm dificuldades de valorizar e usar os recursos de seu próprio passado. Ao utilizar este recurso dos rituais é que elaborei a maneira de se trabalhar com os mitos familiares na apresentação destes conforme exponho no capítulo a seguir.

Por último, o ritual, com sua capacidade de vincular os aspectos analógicos e digitais da comunicação, oferece possibilidades de expressar e experimentar o que não pode colocar-se em palavras, quando as mesmas mostram-se limitadas para suportar o todo que necessita ser elaborado durante o tratamento.

Existe uma diferença entre os rituais terapêuticos e os que se produzem na vida cotidiana, porque eles não estão consolidados na história corrente da família. Ao planejar os rituais terapêuticos, torna-se necessário o cuidado especial de unir a família com o poder dos símbolos, ajudá-la na preparação do ritual e encontrar modos de comprometê-la em seu conjunto.

Ao utilizar o ritual em terapia, torna-se necessário que o terapeuta conceba maneiras de proteger o caráter sagrado do espaço ritual. A proteção que se faz presente nos rituais culturais mediante a declaração do feriado, das datas comemorativas ou mesmo os limites de uma igreja ou de uma sinagoga.

---

9   Imber-Black, 1988.

A mesma autora recomenda que se investigue anteriormente, antes com a família como a mesma lida com rituais na vida cotidiana, com as celebrações e tradições familiares, e com rituais do ciclo vital familiar e da vida cotidiana. As celebrações familiares se praticam ao redor de acontecimentos que se festejam nos rituais culturais, tais como Ano Novo, Páscoa, Natal, etc.

A sociedade já organiza o tempo, espaço e símbolos para estes rituais. As tradições familiares estão menos estabelecidas na cultura e são mais idiossincráticas de cada família, baseando-se num calendário interno e não externo.

Os aniversários, férias, pertencem a esta categoria. Os rituais do ciclo vital, bodas, festa para noivos e recém-nascidos, batismos, graduações e aposentadoria são acontecimentos que marcam a família e seu ciclo de vida.

Os rituais da vida cotidiana são relacionados à hora do almoço, preparação da mesa, maneira de se recolher recreação, carregados de significação à medida que a família cria papéis, regras e normas para executá-los.

Esta compreensão é a base para que o terapeuta, com seus clientes, tenha a condição de iniciar um processo de criar intervenções rituais, produzidas no processo de terapia. Considera a mesma autora que os rituais devem ser usados uma vez ou, no máximo, duas vezes no tratamento familiar.

Ao mesmo tempo, o próprio processo terapêutico inclui em si um ritual: separação do ambiente e criação de um ambiente próprio em que a pessoa se afasta do cotidiano. Existe a etapa da transição em que ganha maior compreensão do que ocorre e se adquirem habilidades novas e, na ultima etapa, o reagrupamento ou reinserção na sociedade, na qual as pessoas retornam ao seu meio em outra situação.

Embora existam diversas categorias de rituais que podem ser úteis em terapia, três delas são particularmente benéficas para os eventos e processos idiossincráticos de ciclo de vida. Estas incluem os rituais de transição, os curativos e os de redefinição de identidade[10].

Os rituais de transição têm como referência as alterações no ciclo de vida. Assinalam e facilitam a passagem por estas mudanças, alterando fronteiras e criando novas opções de relacionamento.

Um que ocorre com habitualidade é o ritual de saída, quando o filho sai de casa por algum motivo: estudar fora, morar sozinho ou com a namorada. Estes momentos e outros são propícios aos rituais principalmente se existirem questões a serem encaminhadas e resolvidas.

Num caso ao se entregar presentes à pessoa que sai, permite-se o afastamento, mas se assegura a afirmação e a continuidade do relacionamento.

---

10 Imber- Black in Mc Goldrick y Carter. 1995.

Os rituais curativos são descritos nessa abordagem da autora acima, uma vez que eles fazem parte da tradição humana. Todas as culturas têm rituais para assinalar perdas profundas, lidar com a tristeza dos sobreviventes e facilitar a continuação da vida depois da perda.

Entretanto, os rituais são necessários em revelações dolorosas, tristeza mal resolvida, doença, perda de papéis, expectativas de vida e sonhos, entre outros. Os rituais curativos são particularmente úteis quando os rituais culturais não existem: aborto, final de relacionamento importante, volta ao normal depois de um episódio de terror, etc.

A autora cita um caso de uma moça de 35 anos, que se apresentava deprimida e não conseguia seguir em frente na sua vida, pois tinha tido um relacionamento de oito anos com um homem de quem havia se separado, mas não conseguiu terminar como objetivava o relacionamento.

No processo terapêutico, foi inserida a preparação de um ritual. Durante um tempo, num período de uma hora por dia – quando necessário poderia ser aumentada – na qual ela iria reviver suas lembranças e escrevê-las: as agradáveis, desagradáveis, raivosas, tristes, da maneira como queria classificá-las.

Quando ela finalizou esta tarefa, foi possível a separação daquilo com o que intencionava ficar. Para se livrar delas, ela mesma sugeria que fossem queimadas, o que foi um empreendimento compartilhado entre ela e o terapeuta.

Vários elementos comuns aos rituais terapêuticos curativos foram utilizados neste caso, incluindo a afirmação da dor e perda, alternação entre agarrar-se e abandonar, e uma ação para simbolizar a finalidade.

Os rituais de redefinição de identidade funcionam para remover rótulos e estigmas dos indivíduos, casais e famílias e, muitas vezes, realinhar os relacionamentos entre a família e os sistemas mais amplos, o que é especialmente necessário quando detêm pontos de vista negativos em relação a uma família. Pode-se conseguir uma reelaboração de uma transição idiossincrática anterior do ciclo de vida que ocorreu de modo errado.

Novas opções de relacionamento, previamente impossíveis devido à limitação dos rótulos, tornam-se possíveis (Imber Coppersmith).[11] Um equilíbrio entre ser ao mesmo tempo igual e diferente dos outros se torna possível.

Uma situação interessante é o ritual de inserção de uma criança adotada numa família. Diferentemente de quando nasce uma criança, que já é cercada de ritual. Ao se adotar uma criança, pode-se aí pontuar o ganho de uma identidade nova. Algumas considerações vindas dos vários autores são importantes:

1. Os rituais terapêuticos são parte de um processo mais amplo, sua eficácia está no planejamento, na avaliação cuidadosa, especialmente em relação ao ciclo de

---

11 Imber Coppersmith, 1983.

CAPÍTULO IX

vida e dos eventos idiossincrásicos e no respeito ao vínculo entre família, pessoa e terapeuta. Os rituais não são jogos ou truques, mas surgem do contexto relacional que aprecia a tendência dos seres humanos de ritualizar e da necessidade do significado nos relacionamentos humanos.

2. O terapeuta procura descobrir os símbolos e atos simbólicos apropriados considerando a cultura na qual estão inseridos. Eles devem ser capazes de conectar com o que é conhecido e conduzir ao que é desconhecido. O terapeuta deve manter-se aberto ao desenvolvimento de múltiplos significados revelados pelas pessoas em suas relações com os símbolos utilizados.
3. O terapeuta planeja o ritual utilizando as referências familiares para o tempo e espaço. Pode ocorrer num determinado momento ou ao longo de um tempo. Consegue-se uma conexão com o passado, presente e futuro. O ritual pode ocorrer em casa ou em algum lugar combinado onde exista água se for esse o elemento escolhido, num bosque ou outro lugar. Se se determinar uma testemunha ou ajudante a sessão de terapia é o melhor momento e espaço.
4. É necessário estar atento às alterações de modo a incorporar contradições, agarrar-se a alguma coisa, podendo ser alternado como deixá-la para trás. Um ritual de término ou separação pode ser seguido de um de renovação e celebração.
5. O terapeuta deve tomar cuidado para deixar que a pessoa e família planejem e improvisem aspectos do ritual, de modo a garantir um funcionamento intensificado.
6. É necessário permanecer aberto à maneira como a família desenvolve o ritual, incluindo a decisão de não realizá-lo. Os rituais terapêuticos são criativamente planejados para salientar a participação do indivíduo ou da família na formulação de sua própria forma, emprestam muito dos rituais normativos do ciclo de vida e facilitam as transições necessárias, a cura e a expansão das possibilidades dos relacionamentos. A disposição da família deve ser avaliada e respeitada.

Nos rituais terapêuticos bem-sucedidos, o ritual e seu trabalho pertencem fundamentalmente à família.

COMO USO OS RITUAIS TERAPÊUTICOS:

Na minha experiência profissional prefiro criar o ritual para cada situação juntamente com a pessoa envolvida investigando o significado dos elementos a serem usados. Têm-se mostrado forte para mim o uso que as pessoas fazem dos quatro elementos da natureza, ao observar a escolha que elas fazem dos mesmos.

Convém falar um pouco a respeito, os quatro elementos da natureza que são essenciais para a sobrevivência do ser humano: água, terra, fogo e ar. Essa expressão tem origem na Grécia antiga quando seus grandes pensadores tentavam descobrir que elemento formava todas as coisas.

O grande Thales de Milleto acreditava que a origem estava na água. Já Anaxímenes acreditava no ar e, por fim, Heráclito incluiu o fogo como agente criador. Mas foi Empedócles de Agrinito que adicionou terra a esses três conceitos e concluiu que tudo era formado por quatro elementos.

Já os filósofos pré-socráticos identificaram esses quatro elementos primordiais como sendo opostos dois a dois: água (fria e úmida), fogo (quente e seco), ar (quente e úmido), x terra (fria e seca). Esse conceito perdurou toda a Idade Média até o Renascimento, sofrendo, a partir, modificações.

O conceito de elemento atual já não é o mesmo na física e química moderna, que considera elemento os diferentes tipos de átomos, átomos, que formam as moléculas, as quais por sua vez, formam a matéria.

Atualmente os elementos são associados aos estados da matéria: terra - sólido água - líquida, ar - gasoso e o fogo é representado pelo plasma que não é matéria, é energia.

No Oriente, o conceito é também bem antigo, foi disseminado na Índia e China, e está presente no Budismo e Hinduísmo. Apesar de a origem do conceito estar na busca pela origem de todas as coisas, muitas crenças e filosofias ainda se baseiam nos quatro elementos.

Nesses casos, apresenta-se de forma simbólica e espiritual como uma maneira de integração do homem com a natureza, do homem com o universo.

Como estes elementos estão em toda a parte, em nossa vida e cotidiano, temos muita experiência anterior e maior identificação e simpatia com alguns do que com outros.

Justamente estes, com os quais se tem mais afinidade, podem ser utilizados tanto para os trabalhos de fortalecimento de alguns conteúdos psíquicos ou para a construção e uso dos rituais para banir, deixar para trás questões com as quais não queremos mais conviver.

A ótica Mítica permite aprofundar o olhar e observar questões estreitamente enraizadas em nosso psiquismo como os estigmas e profecias, as quais podem oportunamente ser trabalhadas utilizando os rituais.

Recordando, os Estigmas se caracterizam como marcas de várias maneiras: desde as de aspectos físicos a características afetivas e emocionais que se destacam e passam a fazer parte das identificações pessoais.

As profecias são determinações a serem cumpridas na área pessoal, afetiva e profissional e abrangem uma perspectiva futura.

Com o objetivo de trabalhar com estes conteúdos, idealizei rituais curativos que intitulei de **Rituais de Banimento e de Fortalecimento,** acentuando o poder emocional

CAPÍTULO IX

transformador das mitologias presentes conforme expostas nos momentos cruciais míticos[12], havendo o reforço pelo significado da palavra Banir no sentido de esconjurar, prometer ou jurar.

No cotidiano, temos várias práticas associadas; num pensamento positivo bane-se maus agouros, com água benta esconjuram-se ares maléficos de nossa casa.

Rituais de Banimento e de Fortalecimento: usar a ação e fala preferencialmente, mas pode-se usar posteriormente a imaginação e visualização quando se fizer necessário.

No trabalho com casais é interessante este uso que pode ser adequado a cada caso e a cada questão priorizada. No atendimento individual pode ser integrado tanto a técnicas hipnóticas como às psicosensoriais. Não existem rituais de banir e fortalecer prontos, podem ser construídos de acordo com as situações específicas que se requer fortalecer ou eliminar, juntamente com as pessoas envolvidas que são importantes para identificar o teor emocional e a intensidade das questões envolvidas.

De acordo com a experiência anterior, importante se faz conjugar a ação e a fala. Citando alguns exemplos: para deixar para trás, quando o elemento é água, que a água do tempo leve embora; quando o elemento é ar, que o ar espalhe aos quatro ventos e leve para longe, quando o elemento é terra que ela transforme dissolvendo lentamente estes elementos perniciosos, ou as acolha e fortaleça; quando é fogo que o fogo queime, destrua totalmente estes elementos de forma que nunca possam ser reconstruídos.

São aspectos importantes a considerar; o envolvimento, a intensidade e o compromisso. O envolvimento inclui o planejamento e a escolha dos elementos. A pessoa e local que irá fazer parte do ritual. A intensidade se caracteriza pelo tipo e teor das emoções envolvidas e da quantidade de energia dispendida. Podem-se incluir palavras que tenham acentuado conteúdo emocional. O compromisso implica na necessidade e possibilidade de mudança.

O que focar: além do já dito acima acrescentar: As situações impactantes e estressantes, os momentos cruciais importantes para a mitologia. As pessoas significativas ou marcantes que se quer esquecer, deixar ficar ou mesmo preservar em nossas memórias. Emoções de difícil convivência que atrapalham e dificultam a mudança e o avanço para as novas etapas da vida.

Em relação a quanto tempo se deve trabalhar atentar para: o momento atual, durante um tempo, ou longo do tempo, pois o mesmo ritual serve para se trabalhar conteúdos de igual teor emocional.

O palco para a execução é o lugar onde as pessoas preferam estar, o mais propício de acordo com suas experiências e com os elementos escolhidos. As pessoas podem visualizar o ritual quando se fizer necessário para eliminar os resquícios que precisam ser ainda trabalhados, ou inseri-lo para complementar outras técnicas de trabalho.

---

12 Momentos Cruciais Míticos são alguns momentos de nossa existência que se tornam marcantes pelas experiências intensas ou drásticas que, além de marcar "a ferro em brasa" um tempo, servem para testar as forças presentes nos Mitos Individuais e nos Mitos Familiares.

CAPÍTULO X

OS ESTIGMAS E PROFECIAS QUE SE REPETEM NAS FAMÍLIAS

"Existem forças que não reconhecemos que atuam poderosamente na formação de nossos problemas".

À medida que as pessoas se multiplicavam nas comunidades, tornou-se necessário distinguir umas da outras, surgindo, assim, os nomes próprios. E, quando estes não mais eram suficientes, várias formas de nomear foram adicionadas, mostrando ascendência, profissão, origem ou alguma outra característica que diferenciasse as pessoas que viviam numa única comunidade.

A partir daí, surgiram os sobrenomes, que deram origem às nossas ramificações familiares. Eles dizem respeito a uma história de permanência durante muitos séculos, à maneira como as pessoas viviam e se identificavam em suas comunidades: os ferreiros, os comerciantes, desde os mais simples aos mais abastados, aos nobres e tipo de nobreza.

O Silva, por exemplo, nome bastante comum atualmente, é um sobrenome de origem latina, classificado como sendo um toponímico, por ter origem geográfica; em latim a palavra *"Silva"* significava *"Selva ou floresta"*.

Tem origem em uma das famílias ilustres da Espanha, ligada aos reis de Leão, tem o seu solar na Torre de Silva, junto ao rio Minho.

O nome de família já é uma marca que traz em si uma história de antepassados e da forma como estas pessoas deram sentido às suas vidas, os acontecimentos sejam eles de longa duração, ou eventos estressantes como chamo os cruciais míticos*, que marcam muitas vidas como ferro em brasa, pontuam um tempo e um tipo de situação emocional que influencia as famílias e impregna vários acontecimentos.

CAPÍTULO X

À medida em que a família pode ser considerada como um sistema vivo avança no tempo, ocorrendo seu ciclo de vida familiar[1], um cruzamento com o ciclo de vida individual.

Ao considerar um exemplo, os pais entrando na fase em que o ninho fica vazio, eles se aposentam e os filhos ao mesmo tempo, saem de casa, moram fora, trabalham ou constituem outras famílias, começam a ter filhos. Todos os membros familiares vão avançando com suas questões, possibilitando que a família garanta aí tanto o desenvolvimento como a diferenciação de seus membros.

Diversos conteúdos na família podem nesses momentos favorecer o acúmulo da ansiedade e atuar como fortes estressores. É possível que o cruzamento ocorra em duas direções - vertical: mitos e tabus, segredos e expectativas nas famílias; - horizontal: os diversos aspectos das transições evolutivas.

A respeito dos mitos, segredos e expectativas, falarei após demoradamente. Convém registrar que existem muitas fases no ciclo de vida da família que geram determinados movimentos como: o casamento gera tensão pela mudança de vida e reorganização que se faz necessária à saída dos filhos para a escola, à adolescência, à fase em que o ninho fica vazio.

O envelhecimento está entre as muitas das que se podem antever, fora os outros acontecimentos familiares que são imprevisíveis e inusitados tais como perda de emprego e doença entre outras. A maneira como as pessoas percorrem as suas fases de vida e dão conta de suas funções e tarefas, assim como os recursos que utilizam para gerenciar estas façanhas, podem indicar o agravamento, a diluição ou a resolução desses conteúdos que se repetem de geração a geração.

A habilidade da família para manejar as transições em seu ciclo de vida pode ser afetada pelo grau de ansiedade vinda de ambos os lados. Tanto os conteúdos que atravessam as gerações e influenciam a maneira como se lida com os próprios filhos, a escolha de uma profissão ou o tipo do futuro parceiro, acrescido do estresse da vida familiar e de como cada um dos indivíduos, separadamente, segue em sua labuta diária, tornam-se fatores determinantes nessas transições.

O entrecruzamento desses vários aspectos apontados e o potencial de ansiedade e estresse, como o tipo do teor emocional cria clima propício para o aparecimento de várias sintomatologias e problemas com difícil resolução, que também podem repetir-se sistematicamente, visto que, em sua origem, existem os estigmas e profecias determinadas pelas mitologias presentes na vida dessa família.

---

1 McGoldrick M., Carter, E. l980.

OS ESTIGMAS E PROFECIAS QUE SE REPETEM NAS FAMÍLIAS

Há vários conteúdos que fazem parte da comunicação não dita, fatos e sentimentos que não são reconhecidos e não falados, mas se encontram atuantes na vida familiar, determinando com frequência ambiente estressante para todos os membros da família.

Um conteúdo familiar, muito importante diz respeito às Lealdades Invisíveis[2]. A Lealdade, em suas múltiplas formas de expressão, institui uma força, saudável ou não, que cria vínculos de conexão entre as gerações passadas e futuras, numa família.

Esse conceito da trama de Lealdade multipersonal implica a existência de expectativas estruturadas do grupo em relação à qual todos os membros da família adquirem um compromisso. Esta configuração sempre se mostra encoberta e é dificilmente reconhecida.

Uma fala muito comum em algumas famílias de imigração europeia é que sempre tinha que se ter um médico, uma freira ou um padre. Isto é, alguém tinha que assumir esses compromissos de curar ou redimir a culpa familiar. As Lealdades na família ligam membros uns aos outros num caminho mutuamente recíproco, facilitando intensas alianças, assim como gerando rompimentos que podem enfraquecer o suporte do sistema.

Algumas situações estressantes em que a lealdade mostra a sua força, *"alguém tinha que vingar aquela morte na família..."*, em muitas famílias em que existe assassinato ou morte brusca, os futuros descendentes se direcionam a carreira militar ou se tornam delegados, ou, quando existe doença incurável, muitas vezes esse fato influencia a escolha da profissão na área de medicina ou enfermagem.

Em situações de conflitos permanentes e estresse constante, muitos se direcionam às profissões com atitude de ajuda e cuidado com as pessoas. *"Eu vivia sempre vendo meus pais brigando, e ficava pensando o tempo todo em como ajudá-los, pois eles não conseguiam resolver sozinhos os seus problemas".*

A partir do momento que usei a Leitura Evolutiva e Instrumental Mítica, para acompanhar as famílias ou pessoas, tive a possibilidade de verificar a amplitude e diversidade destas situações, as circunstâncias e problemas que se apresentam e se repetem através das gerações e determinam a perpetuação dos estigmas e o cumprimento das mais variadas formas de profecias.

Pude averiguar algumas questões que já são conhecidas e outras que se fizeram descortinar, desde as mais corriqueiras às mais imprevistas. Questões tais como as dificuldades de relacionamento entre pais e filhos, marido e mulher, e com as famílias de origem, a gravidez na adolescência e exposição a fatores de risco.

Além dessas, outras se somam, tais como as já apontadas, a violência doméstica, a tendência ou uso da drogadição e a propensão a comportamentos depressivos, ou mes-

---

2   Borzormenyi N. e Spark, G.M. 1973.

mo a comportamentos abusivos ou criminosos, podem também ter seus determinantes na vida interna familiar.

É possível encontrar ocasionadores no tipo de adoecimentos orgânicos tais como câncer, alopecia, psoríase, entre outras. Num retrospecto histórico, nas primeiras concepções a respeito dos Mitos Familiares, relacionam-se as forças homeostásicas presentes na família que resistem às mudanças e buscam a manutenção do *status quo*.

Uma situação muito comum e contundente é como, diante da traição ou da violência doméstica, as mulheres negam ou minimizam estes acontecimentos *"ele já me traiu outras vezes e sempre volta"*... *"ele só se descontrolou um pouco, brigas acontecem em todas as famílias"*.

Nestes casos, o Mito de União, que é predominantemente positivo e construtivo na família, pode ser negativo quando suas pautas forem enrijecidas e não são questionadas. Quanto mais rígidas as pautas, mais complicadas são as situações para qualquer mudança ou negociação na família. Minha experiência revela que nos momentos difíceis, a organização familiar fica a descoberto. Tornam-se visíveis tanto as normas e as pautas familiares como também a sua força de sustentação.

Nesse momento, pode-se avaliar tanto o tipo de mitos como o sua força. De acordo com meus estudos, essa ligação que o Mito tem com as forças homeostáticas parece se equivaler com a mesma que o Mito tem com todo o sistema familiar, já que o Mito envolve tudo, sendo visto como o próprio sentido que a família atribui à sua vida.

Já vi vários casos de família contaminados por sua história com eventos marcantes relacionados à drogadição, que cerceiam e penalizam os filhos com medo de que a profecia se repita, *"Já temos muitos alcoólatras e drogados na família"*, *"ele vai se tornar mais um"*... *"é questão de tempo"*.

Outra situação que afeta o relacionamento pais e filhos diz respeito a como se lida com a autoridade e o poder na família, como são estes conteúdos que atravessam as gerações, *"ele não me respeita"*... *"precisava apanhar um pouco"*... *"este negócio de conversa fiada não funciona"*.

O jovem, por conta de sua situação evolutiva, frequentemente questiona o estilo e os mitos familiares. Quando estes se chocam com suas expectativas e necessidades, a situação se torna estressante.

O sintoma ou o problema na família pode se apresentar como uma busca de maneiras alternativas para se lidar com questões antigas. As crises e conflitos, quando solicitam uma reorganização, facilitam a flexibilização na família, gerando a movimentação mítica.

A marca familiar indica com precisão o nível de diferenciação alcançado no futuro pelos filhos, pais imaturos geram filhos imaturos e com propensão a ter alguns tipos específicos de problemas, embora não seja regra geral, pois muitas pessoas transcendem determinadas situações de vida.

A marca familiar é um fator determinante[3], o nível de autonomia individual pode ser previsto muito cedo. Igualmente o curso da história futura do indivíduo pode ser previsto pelo nível de diferenciação dos pais e do clima emocional predominante na família de origem.

Os mitos, como eixo de organização familiar, asseguram o estilo de funcionamento que vai direcionar a marca familiar.

No caso do Mito da Propriedade Terra, ou, muito comum, a Firma Familiar vai estabelecer inclusive uma escolha profissional norteada por essa mitologia e visando a sua manutenção.

Por exemplo, é frequente a escolha da profissão de agrônomo em famílias que têm propriedades rurais, ou de medicina em famílias de médicos ou de dentistas. Incontestavelmente, vários fatores determinantes se somam, mas existem também as questões relativas à marca especifica nessas famílias.

Outra movimentação diz respeito às triangulações na família, isto é, a maneira como as pessoas ficam presas no relacionamento de outras duas pessoas e servem à manutenção deste, sendo um caso bastante comum o filho triangular-se com os pais. Uma fala habitual é esta: *"Filho, diga a seu pai; ou, filha diga isso à sua mãe"*.

Na relação triangular, cada componente é representado sucessivamente por cada uma das três partes, na qual duas pessoas não conseguem se relacionar sem uma terceira, que, em geral, serve à função de diminuir as tensões no par inicial.

Qualquer triângulo tende a ser parte de uma pauta sistemática maior, que pode envolver o entrelaçamento de outros triângulos. Essas formações podem repetir-se através das gerações, sendo responsável pelo aumento vertical da ansiedade.

As triangulações, quando presentes, mostram-se responsáveis por verdadeiros pontos nodais, que indicam conflitos de difícil resolução, favorecendo a disfuncionalidade familiar.

Com muita frequência, as triangulações tendem, com o passar do tempo, a resolver-se em coalizões de dois contra um. O clima tensional é muito forte assim como o estresse familiar, condições fomentadoras de estigmas e profecias que estejam presentes no bojo familiar.

Um desenvolvimento saudável implica numa diferenciação até um ponto em que cada um pode funcionar de forma independente em cada relação, e não cair automaticamente em certa pauta relacional com essa pessoa, devido à relação que esta tem com outra.

---

3   Bowen, M. 1968.

Quando esse desenvolvimento não se torna possível, podem ocorrer determinados movimentos no funcionamento familiar.

Um movimento que ocorre com certa frequência é o corte brusco ou rompimento, que se refere a um distanciamento emocional, ou no ponto final de relações, no qual podem ser usados vários tipos de mecanismos, como a fuga ou o não falar.

Em uma situação, um filho acentuava: *"tive que deixar os dois, eles iam acabar me enlouquecendo, vim trabalhar em São Paulo e pouco volto"*.

Ou uma jovem: *"tinha tanta briga entre minha avó e o meu pai, que tive que vir estudar em uma cidade bem distante, foi a maneira que encontrei de lidar com isto, pois sempre me colocavam no meio destas confusões"*.

Tais rompimentos enfraquecem o sistema, deixando mínimos caminhos para a mútua troca de sentimentos e encorajam muitas alianças duplas, colaborando para a rigidez de determinadas pautas de funcionamento na família.

Uma situação muito frequente diz respeito à repetição do alcoolismo, a qual pode estar caracterizada através das gerações pelo padrão de apego ao álcool como saída diante das situações de estresse. Um relato de uma pessoa sobre suas lembranças familiares: *"o meu pai e meus tios bebiam todo final de semana, minha mãe o levava pra cama às vezes..."*. *"E agora meu filho começou a beber muito..."*. Um recurso passado através dos modelos relacionais e que se repete em momentos de instabilidade e crise: *"O meu pai também sempre bebia quando ficava nervoso"*. *"Ele sempre foi um bom pai e nunca deixou faltar nada em casa... Meu pai já bebia e a minha mãe suportava, pois era um bom pai"*.

Encontramos, com relativa assiduidade, o padrão de tolerância à drogadição como uma pauta enrijecida do Mito da União*. Uma situação bastante repetitiva refere-se à tolerância com o uso abusivo de drogas: um relato de uma pessoa de suas lembranças familiares: *"Meu pai mexeu um tempo com droga, meu irmão fumava e usava cocaína, eu tinha que acabar nisso"*.

Existem fortes sentidos presentes de *"somos alcoólatras"*, *"somos viciados"* que se mostram funcionando como estigmas familiares determinantes do cumprimento de algumas profecias. Certas situações geram específicos sentidos familiares.

Em um caso de uma mulher com depressão recorrente e história de infelicidade, encontramos a presença do "Mito do Poder": *"Meu pai me surrava muito e todos apanhavam muito"*, o que gera o distanciamento e ruptura dos vínculos e distanciamento entre as gerações: *"nunca mais confiei nos homens"*... *"eu nasci pra ser infeliz"*...

Muitas vezes, a identificação deste sentido de infelicidade é oriunda de histórias de famílias abusivas, relacionamentos agressivos, conflitos longamente curtidos e não resolvidos. Cria condições de formação destes estigmas e favorece o cumprimento de profecias.

Muitos homens originam-se de famílias patriarcais e de coronéis, poderosos e infiéis, o que exemplificamos com um relato: *"Meu bisavô tinhas muitas mulheres escravas, meu avô teve filhos fora do casamento e meu pai traía muito a minha mãe. Eu acho que minha mulher não vai reparar neste caso..."*.

Esses homens, muitas vezes, não se dão conta de que este comportamento está associado ao sentido de pertencimento a uma determinada família, por conta das mitologias que estão presentes.

Uma situação que causa dificuldade de estabelecimento de vínculos refere-se a perdas não resolvidas.

Em uma história, Mário, um homem de 44 anos, em seu terceiro casamento, queixa-se de suas dificuldades afetivas no sentido de dar continuidade aos seus relacionamentos: *"Já é o terceiro casamento em que eu invisto tudo e não dá certo..."*.

Ao olhar suas histórias na 1ª. geração, foram encontradas crianças abandonadas crescendo sem a presença materna. Na 2ª. geração, nos primeiros anos de vida, Mário perde a mãe e cresce sem desfrutar de seu amor. Sua fala denota a seguinte aspiração: *"Eu queria que elas (as mulheres) se parecessem pelo menos um pouco com a minha mãe"*.

A mãe é idealizada e procurada nas mulheres com as quais se envolve numa tentativa para resgatar esse afeto o que dificulta o estabelecimento dos vínculos com seus pares. Sua fala denota a sua falta e procura: *"eu queria que elas parecessem pelo menos um pouco com a minha mãe"*, e, *"é como se eu fosse sempre abandonado, não consigo me livrar disso"*...

Os segredos[4] podem estar presentes numa família e ser compartilhados por pais e filhos através de várias gerações. É possível que um fato real seja mantido em segredo, e que as fantasias ligadas a ele determinem o comportamento da família, assegurando possivelmente a criação de formas de ocultamento e não compartilhamento.

Os segredos envolvem informações ocultadas ou partilhadas diferencialmente entre ou no meio das pessoas, sugerindo as formações de divisões e alianças necessárias para a manutenção dessas mesmas informações.

Podem-se considerar segredos individuais os que envolvem o que uma pessoa mantém com outra pessoa, segredos internos da família envolvem situações em que, no mínimo, duas pessoas mantêm um segredo de outra, segredos de família partilhados naqueles casos em que todos os membros da família têm conhecimento dos mesmos e estão empenhados em mantê-los.

Os segredos podem estar relacionados com o sentimento de culpa, principalmente quando apontam uma relação com a transgressão de uma lei ou norma familiar, poden-

---

4 Karpel, A. M. 1980.

do esse sentimento de dívida, ao percorrer as gerações, dificultar os relacionamentos e a afetividade entre os membros de uma família.

Alguns se afastam, enquanto outros se mostram próximos e muitos se vão para tentar a sobrevivência longe da família.

Os segredos são um dos conteúdos que, quando presentes na vida familiar, geram um determinado clima emocional, criam condições propícias de manutenção de estigmas e de cumprimento de profecias, que fazem parte da mitologia familiar na qual se situam.

Eis a transcrição de um dos casos: *"meu tio abusou de mim e da minha irmã. Dividimos a nossa dor, mas não tivemos coragem de contar pra ninguém, não sabíamos o que as pessoas iam fazer..."*.

Outros verificados em contexto de violência doméstica, em suas diferentes modalidades ou situações em que existe história de transgressão de regras sociais, tais como roubo ou assassinato, ou em situações de morte por drogadição, suicídio ou mesmo a homossexualidade na família, geram poderoso estresse emocional e causam determinados movimentos familiares.

A manifestação, ou não, de um segredo, pelo poder nocivo e devastador, deve ser bem avaliada pela necessidade e utilidade do mesmo e sempre se pode contar com a ajuda de profissionais habilitados e treinados para auxiliar quando se fizer necessária a sua revelação.

A repetição da doença mental na família causa efeitos devastadores. Quanto mais insidiosa a doença e menos compreendida, mais nocivos se tornam esses conteúdos e existe maior facilidade de sua repetição. Uma família com vários antecedentes de internação: *"eu sabia, ali todos são meio loucos... Eu acho que ele (o filho) pode ter puxado essa gente".*

Aí encontrou o fantasma da doença presente no sentido que se atribui a essa família, de origem de sua mulher. Já dediquei um capítulo a esse tema, mas convém citar brevemente aqui: a repetição da violência, pois se sabe hoje que uma geração pode ser violenta por pertencer a uma família violenta.

O padrão agressivo pode mostrar-se repetitivo numa família, pois infelizmente as pessoas repetem em um círculo vicioso a violência pela qual foram vitimadas. *"A minha avó foi abandonada, cresceu na casa de patroas que a exploravam. A minha mãe casou-se com o meu pai, que era um aproveitador, abusava de todas as mulheres e nos espancava. Agora eu me casei com o meu marido, que bebe e me insulta...".*

Num círculo interminável de violência. Quando olhamos através das gerações, a violência mostra suas diversas faces. O sentido que existe na própria família é, diretamente, relacionado à questão da violência. A família se identifica como *"violenta"*, *"má"* ou se desqualifica o que expressa o seu estigma ou a impossibilita de deixar de cumprir a profecia da repetição.

Sem falar na predisposição genética para a repetição da doença na família. Existem determinadas situações emocionais que tornam a ocorrer e são facilitadoras do mesmo tipo de adoecimento, situações comuns são relacionadas ao estado depressivo, presentes em falas como *"nada dá certo mesmo"* ou *"nós nunca nos demos bem"*.

Em alguns estudos que realizamos, quanto às predisposições emocionais, uma família de certa senhora portadora de psoríase, verificou-se em três gerações a presença da violência doméstica, iniciando-se pela violência física praticada contra a esposa e filhos na 1ª geração e 2ª geração, o assédio sexual contra as próprias filhas, tendo, o alcoolismo como agravante: *"meu pai visitava o quarto das minhas irmãs quando bebia e passava a mão nelas"*. Na 3ª, um marido que a agredia verbalmente. No processo de reconstrução de suas histórias, conseguiu lembrar-se de que também era assediada. Conservava as marcas da psoríase: *"é onde meu pai passava a mão, quando embriagado"*. Isso é um estigma presente nas pessoas marcadas com a doença.

Um garoto de 8 anos com alopecia, na história clínica inicial, encontrou episódios de queda de pelos em outros familiares, muito sofrimento, com muitas perdas por morte.

A dificuldade de comunicação e de expressão de sentimentos foi a causa do adoecimento da criança relacionado à morte da avó materna, *"começou quando ela morreu, não deixamos participar do enterro"*, uma pessoa importante para ele. A dificuldade de vivenciar o luto das pessoas queridas, a falta de recurso da família de lidar com as perdas pode propiciar o estabelecimento da doença.

Os mitos possíveis de identificação em uma família qualificam-se em mitos nocivos ou desorganizadores, como já citado e, na medida em que possibilitam condições para aumentar o estresse familiar, provocam ansiedade, rupturas, cisões, coalizões, distanciamento físico, condutas depressivas, de alienação e drogadição, entre outras.

Com frequência, criam condições para o estabelecimento de estigmas e profecias familiares. Os **estigmas** familiares se caracterizam como marcas de várias maneiras: desde as de aspectos físicos até características afetivas e emocionais que se destacam e passam a fazer parte das identificações pessoais.

Já as **profecias** são determinações a serem cumpridas, seja na área pessoal, afetiva ou profissional e abrangem uma perspectiva futura. Os mitos familiares, à medida que envolvem, influenciam, organizam e, muitas vezes, determinam todos os outros conteúdos na família, podem ser utilizados para conhecer estigmas e profecias que são alimentados por eles, e também os mantêm recursivamente.

Com a identificação das profecias e estigmas, é possível reconhecer os erros e trabalhar preventivamente para que os mesmos não ocorram nas gerações futuras.

CAPÍTULO XI
RECONSTRUÇÃO E REPARAÇÃO

"Pode-se sempre usar a experiência e o tempo para ser feliz".

Aprofundar o olhar através das gerações possibilita um poderoso ganho pessoal, pois amplia a nossa visão dos fatos e do contexto onde os mesmos ocorrem. No caso de haver uma dificuldade no relacionamento interpessoal, na forma de lidar com as perdas em nossa vida ou, ainda, existir algum vício bastante arraigado que queremos extirpar, é possível verificar como esses fatos eram vistos e sentidos por toda a família e quais dificuldades e recursos essas pessoas tinham para tratar com tais situações de vida.

Assim, cada fato importante relacionado à vida de cada pessoa de nossa família pode ser visto e percebido num contexto maior e surge a compreensão de um caminho, uma direção de significados compartidos e um sentido de vida que permeia todas essas vidas em suas histórias.

A compreensão destes conteúdos vai possibilitar a escolha do que se quer levar para continuar a viver, do que realmente se quer deixar para trás. Permite-se que a água do tempo faça seu trabalho e se encarregue de levar embora tudo que pode ser inútil e nocivo para nossa vida.

Agora é possível essa ação, é um momento precioso, pois se pode trabalhar de várias maneiras o que surge. Proponho um tipo de trabalho para reconhecimento dos mitos e uma maneira de deixar o que não se quer carregar mais consigo. Recomendo, também, outro instrumento complementar, o ciclograma familiar[1].

Em uma variedade de situações, pude verificar isso ocorrer, sendo uma delas a repetição de um nome na família.

---

1   Verificar posteriormente no Cap. XI e XII a definição desse instrumento de trabalho, seu uso e como construí-lo.

Lembro-me de que, quando iniciava minha vida profissional e atendia a uma criança de quatros anos, ela me questionou se eu sabia por que ele tinha o nome do pai. Muitas vezes este questionamento perdura por toda uma vida.

Em outra situação, um jovem se debruçou para refletir sobre sua história e viu seu nome ser repetido e, pela primeira vez, soube a respeito dos fatos relacionados a essa primeira pessoa detentora do seu nome... *"Impressionante como ele marcou esta família, olha a maneira como ele cuidava de todos e, de alguma maneira, queria que eu desse continuidade a isto... Mas eu, sabendo disso, posso escolher agora o que quero fazer ou deixar de repetir..."*.

Dentre as inúmeras razões e forças que fazem um nome ser repetido, há uma variedade de situações.

Em muitas famílias, o nome congrega muitos sentidos de união, de força, coragem e com certeza tem relação com as mitologias presentes em cuja organização familiar uma jovem dizia: *"eles sempre gostaram muito de nome de santos de devoção e a religião é muito forte nesta família, agora sei todas têm que ter o nome de Maria"*.

No ciclo de vida familiar, muitos momentos são importantes para a mitologia familiar e, dependendo da maneira como se lida com eles, podem gerar crises, que vislumbram em suas entrelinhas elementos dos mitos.

O nascimento dos filhos gera alegria e congrega várias outras expectativas. É um momento interessante, pois a família incorpora uma nova pessoa e direciona certamente para esta criança não apenas expectativas intencionais ou não de realização, mas também de medo dos estigmas ou do cumprimento de profecias que estejam presentes nesse complexo familiar.

Um pai tinha medo que o filho nascesse com deficiência auditiva *"esta família é uma família de surdos... E creio que este medo vai me acompanhar por muito tempo"*.

> *"De novo esta fissura, é horrível as pessoas olharem pro seu filho e sentirem medo do que veem, eu já vi isto nesta família e não queria isto para meu filho..."*.

A adolescência dos filhos, o próprio adolescer gera no jovem determinados questionamentos e crises, e na família algumas preocupações agravadas ou não pela sua história. Antecedentes desde a gravidez na adolescência, abusos de drogas, envolvimento em comportamentos violentos ou promíscuos geram ansiedade e crises que revelam elementos presentes na vida interna familiar.

Quando estes acontecimentos se repetem, ganham força na família, provocam ansiedade e, na medida em que não são reconhecidos e se encontram ocultos, fazem um percurso nocivo na família.

Alguns adolescentes e jovens, quando se depararam com a trajetória de suas famílias, colocaram-se desta forma: *"agora eu sei por que não posso beber nem um pouco com toda esta gente que abusou do álcool na família..."*.

"Agora entendo, eles não saem do meu pé, me levam o tempo todo em médico, pois acho que acreditam que, por qualquer coisa, eu posso ficar louco também"...
"Com tanta mulher que ficou grávida na adolescência, não sei por que me vigiam tanto, mas acredito agora que acham que vou fazer a mesma coisa"...

A escolha da profissão é um momento muito importante para a vida de uma pessoa e, segundo estudos que já realizamos[2], as influências familiares são marcantes; aí nos lembramos das determinações das famílias antigas que direcionavam um filho para o celibato, ser padre ou freira, que seria responsável pela salvação e o outro, o médico, faria a cura familiar, ou encaminhado à área da saúde.

A figura bem sucedida[3] tem muito poder nestas decisões, assim como as pendências na justiça ou conflitos longamente acalentados podem encaminhar algumas escolhas específicas para o resgate e reparação familiar. Encontrei escolhas assim, determinadas à área jurídica ou mesmo à resolução de problemas.

Algumas situações são indicativas destes problemas em sua repetição e nos conteúdos que os impelem e mantêm a sua preservação:

"Com tantas pessoas bem sucedidas nesta área entendo como me direcionaram para este ramo também..."
"Agora eu percebo por que eu me dediquei à área médica, pois esta doença degenerativa foi muito pungente nesta família e causou muito sofrimento, e todos buscavam uma explicação...".
"Todos, de alguma maneira, foram levados ao trabalho na firma da família, pois só se fala nisso na minha casa".
"Com tanta separação na família, alguém tinha que cuidar desses problemas, acho que a psicologia foi busca de uma solução".
"A família cultua a medicina em três gerações, parece sempre a coisa certa a se fazer, eu até estou levando meu filho a isso, mas vejo que restam poucas escolhas para ele desta forma".
"Como o meu avô foi muito injustiçado, foi o correto algumas pessoas irem para a área da advocacia e assim continuei há duas gerações, eu nunca tinha pensado nisso..."

---

2   Realizei durante muitos anos com os alunos do ultimo termo da faculdade um estudo : " O resgate dos mitos familiares e sua relação com a escolha da profissão na família", no qual pude avaliar os vários tipos de escolha que ocorrem e a sua relação com os conteúdos presentes na vida interna dessas famílias.
3   A figura bem sucedida na família tem acentuado poder familiar e através de sua vida fornece elementos de uma especifica mitologia familiar.

CAPÍTULO XI

"Importante não é a profissão, mas a forma de fazer, pois todos na família gostamos das pessoas e o que se refere a elas... Isto eu quero preservar".

É muito comum nas famílias a repetição dos conflitos entre pais e filhos e entre os cônjuges, sendo eles muitas vezes acionados por determinados conteúdos ligados à mitologia familiar presentes nestas famílias.

"Nós sempre soubemos, os homens não prestam, sempre acabam traindo e muitas vezes não servem pra nada. As mulheres é que acabam tendo que sustentar os filhos ...Mas será que tem que ser sempre assim?"
"As mulheres são fortes e dominadoras, os homens se adaptam, então ficou difícil com meu marido mandão... mas acho que estamos mudando, né?".
"As mulheres são muito infelizes, eu acho que nenhuma deu certo no casamento de um jeito ou outro".
"Eu queria muito achar uma mulher que pudesse cuidar um pouco de mim, pois na minha família sempre foi assim... Mas com minha mulher está difícil".
"As mães sempre têm dificuldade de lidar com as noras, sempre acontece alguma coisa chata com elas".
"Os pais sempre são frios com os filhos, mas sei agora como eles se sentem. Ser filho não é muito bom, posso melhorar com meu filho".
"Nós temos dificuldade de lidar com a sexualidade dos filhos, é que fomos bem reprimidos... Hoje é diferente, temos que aceitar muitas coisas".

Algumas situações inusitadas se repetem na família e momentos de reflexão e trabalho com estes conteúdos podem também servir para desvendar segredos longamente acalentados.

Em uma ocasião específica, atendia uma família cujo filho adolescente havia encetado várias tentativas de suicídio, atirando-se de cima do telhado de sua casa.

Ao averiguar a história desta família, que tinha origem japonesa, pude constatar que o avô paterno do garoto tinha participado de ataque kamikaze na II Grande Guerra, cujo assunto não era comentado na família.

Um comentário seu durante o trabalho realizado: *"agora sabendo disso, eu digo que a minha vontade era voar e destruir mesmo".*

Em outra circunstância, uma jovem fugia de casa e encontrava-se andando na linha do trem, fato que ocorre repetidamente. Ao ser investigada a sua história familiar, constatou-se ser uma criança adotada que não sabia de sua situação, cujos pais eram andarilhos que caminhavam na linha do trem.

Ao ser revelado o segredo e trabalhadas as questões da adoção, ela disse em uma ocasião:

RECONSTRUÇÃO E REPARAÇÃO

"Eu sentia vontade de ir buscar algo que eu não tinha, mas agora doeu, mas me sinto em paz".

O envolvimento com drogas e com situações de risco é repetido na família em diferentes circunstâncias:

"Eles sempre mexeram com drogas usando e vendendo, eu tinha que acabar assim".
"Nós somos meio loucos, sempre nos arriscamos demais, será que dá pra parar isso?".
"A família é ruim mesmo, o sangue é ruim, esquentamos fácil e sempre dá briga, veja os outros".
"Somos doentes de um jeito ou outro, acho que é sina".

Uma figura extremamente importante para as histórias refere-se às figuras míticas, tanto dos mitos predominantemente positivos e organizadores como dos predominantemente nocivos e desorganizadores.

A figura mítica, como já vista, numa família é a pessoa que transcendeu limitações, com comportamentos inusitados e surpreendentes. Determinou um caminho, deu origem a um percurso mítico em sua vida enquanto sua figura se perpetua e repercute em suas histórias e feitos.

Frequentemente, os pais assumem este lugar e passam a ser cultuados pelos filhos. Temos algumas declarações destas:

"Penso muito em minha mãe, e coloco-a nesta situação para ver como agir".
"Ele sempre cuidava de todos e eu me acho na obrigação de cuidar".
"Ele sempre dizia que a gente tinha que mandar e os outros tinham que abaixar a cabeça, acho que por isso sou mandão".
"Ele sempre apelava pra violência, eu acabo sem querer fazendo o mesmo, mas eu não sou ele e nem quero ser".

Esta figura mítica é poderosa no âmbito familiar e, muitas vezes, neste trabalho pode ser resgatada de sua força positiva ou banida de sua influência perniciosa e destruidora. Em muitas situações, como já dito anteriormente, foram utilizados rituais terapêuticos. De acordo com cada caso, houve uma montagem do ritual, conjuntamente com o que era significativo para esta pessoa em especial.

Uma criança juntou os apetrechos do animal de estimação para despedir-se dele, pois a família não se expressava nos funerais e ele já desenvolvia doença psicossomática. Outro preferiu queimar cartas e fotos antigas e dizer determinadas falas de esconjuração, enquanto outro preferiu falar ao vento no alto de uma montanha dizeres de juras e determinações. Outra preferiu deixar nas ondas do mar pedaços de um documento antigo.

Existem muitos outros exemplos de casos a serem relatados, mas, para não me alongar demais, sugiro a consulta de obras publicadas[4].

No primeiro contêm relatos de casos de adolescentes que tinham vários problemas específicos e que foram contextualizados em suas histórias trigeracionais, nas quais apresento o trabalho realizado com essas famílias e adolescentes.

No segundo texto[5], além da Leitura Evolutiva e Instrumental Mítica, são apresentadas as histórias de quatro casais e realizado um estudo e trabalho com os mesmos. A seguir, apresentarei uma revisão quanto à forma de se trabalhar com os mitos em geral, em especial, com os mitos nocivos e desorganizadores.

No uso dos rituais terapêuticos: convém se reportar ao capítulo anterior em que descrevo os rituais terapêuticos onde enfatizo o eixo de sua construção norteada nos quatro elementos. Na minha experiência profissional, prefiro criar o ritual para cada situação juntamente com a pessoa envolvida, a partir da investigação do significado e experiência com os elementos a serem usados no ritual.

Ao usar a ótica mítica, que permite aprofundar o olhar e observar as questões estreitamente enraizadas em nosso psiquismo, como os estigmas e profecias, recordam-se como os Estigmas se caracterizam, assinalam marcas de várias maneiras: desde as de aspectos físicos às características afetivas e emocionais que se destacam e passam a fazer parte das identificações pessoais.

As profecias são determinações a serem cumpridas, na área pessoal, afetiva e profissional e abrangem uma perspectiva futura.

No trabalho com estes elementos, rituais curativos que intitulei de **Rituais de Banimento**[6], ao usar os quatro elementos[7] temos experiência anterior e mais identificação e simpatia com alguns que com outros. Justamente estes com os quais se tem mais afinidade podem ser utilizados nos trabalhos de construção de rituais para esconjurar os estigmas e profecias quando se quer utilizá-los terapeuticamente ou preventivamente.

Pode-se trabalhar também com os **Rituais de Fortalecimento** e acionar os mitos positivos e organizadores ou alguns conteúdos da própria história familiar, tais como o mito da união, ou figuras míticas que envolvam pautas de ajuda e cuidado entre outras.

Muitas pessoas preferem água para deixar (*gosto pois leva para trás*) e por outro lado gostam de usar a terra para frutificar e fortalecer, dá frutos e pode crescer e se fortalecer, (*quero embaixo desta árvore que gosto pois assim fica protegido do sol quente...*)

---

4   Livro Leitura e Diferenciação do Mito, 1995.
5   Família e Mitos, 2000.
6   Verificar os conceitos de rituais de esconjuração no Cap. IX.
7   Já discorrido a respeito no Cap. IX.

Outros preferem o ar, pois acreditam *(que vai mais longe e se espalha pelos quatro cantos fica difícil de achar...).*

Com frequência o fogo é escolhido para elementos fortes e perniciosos, segredos maldições estigmas e profecias. *(Quero queimar para destruir tudo isso que me fez sofrer tanto tempo..) (Esta marca de doença e loucura quero destruir totalmente e ver se consumir).*

Quanto ao uso dos Rituais de Banimento e de Fortalecimento, deve-se priorizar a ação e fala mas considerar o poder da imaginação e da visualização quando se fizer necessário.

Não existem rituais prontos, estes podem ser construídos de acordo com as situações específicas que se requer fortalecer ou eliminar, juntamente com as pessoas envolvidas que são importantes para identificar o teor emocional e a intensidade das questões envolvidas. Pois muitas vezes, há necessidade de ser repetido na ação ou na visualização.

São aspectos importantes a considerar; o envolvimento, a intensidade e o compromisso. O envolvimento inclui o planejamento e a escolha dos elementos. A pessoa e local que irá fazer parte do ritual. Interessante avaliar o tempo que a pessoa precisa para isso.

A intensidade se caracteriza pelo tipo e teor das emoções envolvidas e da quantidade de energia despendida, muitas vezes interessante aumentar a intensidade, falar à respeito pedir à pessoa que traga isso acumule para poder banir... (jogar fora, deixar aos ventos, queimar). Podem-se incluir palavras que tenham acentuado conteúdo emocional. O compromisso implica na necessidade e possibilidade de mudança.

Recordar o que focar. Além do já dito acima acrescentar: as situações impactantes e estressantes, os momentos cruciais importantes para a mitologia. As pessoas significativas ou marcantes que se quer esquecer, deixar ficar ou mesmo preservar em nossas memórias. Emoções de difícil convivência que atrapalham e dificultam a mudança e o avanço para as novas etapas da vida.

Em relação a quanto tempo se deve trabalhar atentar para: o momento atual, durante um tempo, ou longo do tempo, pois o mesmo ritual serve para se trabalhar conteúdos de igual teor emocional.

São momentos propícios tanto para banir conteúdos, como para fortalecê-los com dizeres de juras e determinações com o que se quer seguir adiante.

ROTEIRO PARA USO DOS MITOS EM PREVENÇÃO E TERAPIA:

O trabalho pode ser realizado com todos que queiram resgatar e desvendar suas histórias familiares ou, de maneira individual, ao buscar novas aquisições pessoais. Com toda a família, a partir de um problema específico, para o qual tenham procurado ajuda, ou para aqueles que queiram apenas trabalhar preventivamente no resgate e na revelação de suas histórias familiares.

Pode ser realizados visando ao reconhecimento dos mitos e à ampliação dos recursos próprios e familiares e, terapeuticamente, no desvendamento de conflitos, pontos de estresse familiares e exposição das profecias e estigmas presentes nessa história familiar. Alguns recursos são importantes e necessários a este trabalho: a entrevista, pelo menos trigeracional, buscando alguns dados das várias gerações, a execução do genograma, a construção do ciclograma para complementar e o uso dos rituais no trabalho terapêutico.

1) A entrevista trigeracional:

Reconstruir histórias através do relato das principais características de seus familiares, atuais e pregressos[8].

Consta de uma entrevista que, semiestruturada, investiga determinados dados a respeito de todos os membros da família, tais como: nome, idade, escolaridade, estado civil, número de filhos, saúde, profissão e expectativas, os aspectos marcantes de sua personalidade e significativos para essa família, podendo expressar as características e situações que foram significativas, vividas entre eles.

É possível a realização desse instrumento de pesquisa em mais de três gerações. Mas, de acordo com a prática, com frequência, a memória familiar não se estende além destas mencionadas.

Esta situação proporciona à família, ao casal ou às pessoas, a oportunidade de reconstruírem suas histórias, por meio do relato das principais características dos familiares atuais e pregressos. Muitas vezes, conjuntamente as pessoas que querem fazer este trabalho envolvem toda a família, ao conversar com parentes e procurar relembrar a sua própria história.

Este momento é importante, pois aí os laços afetivos podem se fortalecer, desavenças podem ser revistas e segredos, revelados. (verificar anexos)

2) O genograma:

Genograma[9]: instrumento que, em forma gráfica, apresenta as informações, de maneira a proporcionar uma rápida visualização das complexas normas familiares do ponto de vista clínico, uma rica fonte de hipóteses. De como, por exemplo, um problema pode estar relacionado com o contexto familiar, bem como a evolução, tanto do problema como desse contexto através do tempo.[10] (verificar anexos)

---

8   Verificar anexo roteiro para entrevista.
9   Genograma verificar modelo de execução em anexo no Cap. XII.
10 Bowen M. 1978.

RECONSTRUÇÃO E REPARAÇÃO

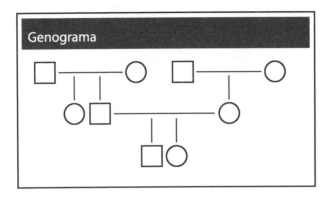

3) O ciclograma:

Este instrumento[11] elaborei para acompanhar, com a ótica mítica, a passagem da família em seu ciclo de vida, para verificar quais influências intergeracionais poderiam estar atuando nestes núcleos, facilitando ou dificultando o seu percurso familiar, e que relações estas influências poderiam ter com os mitos e com a construção do casamento.

Ele foi construído[12] referendando-se na teoria do ciclo de vida familiar proposta por McGoldrick e Carter (1980), na visualização gráfica proporcionada pelo genograma Bowen (1978), e na ideia da linha de tempo familiar Cerveny (1994). É uma contribuição para a leitura do ciclo de vida da família, que complementa os dados fornecidos pelo genograma. (verificar anexos)

4) Procedimento:

Para dar início a este trabalho, um membro da família, ou ela mesma, pode fazê-lo por iniciativa própria ou por convite. Após a coleta dos dados, põe-se em prática a execução dos instrumentos auxiliares que facilitarão a identificação dos conteúdos intergeracionais e o resgate da mitologia família.

A seguir, pode-se, de acordo com o conteúdo resgatado, apresentar o genograma, o ciclograma e o trabalho com as diferentes mitologias predominantemente construtivas e organizadoras, posteriormente, com as predominantemente nocivas e desorganizadoras favorecendo a reflexão a respeito. Pode-se utilizar o esquema a seguir.

---

11 Ciclograma verificar modelo de execução detalhado em anexo no Cap. XII.
12 Mitos e Família – Ciclograma

Anteriormente, convém ressaltar que, na pesquisa individual, há possibilidade de obter muitos ganhos conhecendo como as nossas famílias percorrem seus ciclos de vida, quais eventos são marcantes e histórias que são importantes rememorar.

Lembrar os momentos que foram difíceis e expectativas que se criaram, relacionar a repetição dos problemas com as dificuldades que se têm no momento e com os mitos que podemos identificar.

É mais difícil a própria pessoa identificar os seus mitos pois, em nós, atuam mecanismos psíquicos que, muitas vezes, os ocultam aos nossos olhos, sendo, assim, importante o auxílio de um profissional competente. Procurar ajuda psicoterápica sempre é de grande relevância.

Trata-se de oportunidade valiosa de melhoria e de aprimoramento pessoal. A reconstrução de nossas histórias através do relato das principais características dos familiares, atuais e pregressos.

Observação: exponho a seguir dois exemplos de genograma e ciclograma que se complementam mutuamente, pois o ciclograma apresenta a dinâmica do ciclo de vida de todas as famílias simultaneamente.

RECONSTRUÇÃO E REPARAÇÃO

CICLOGRAMA DA FAMÍLIA DE TADEU E CÉLIA

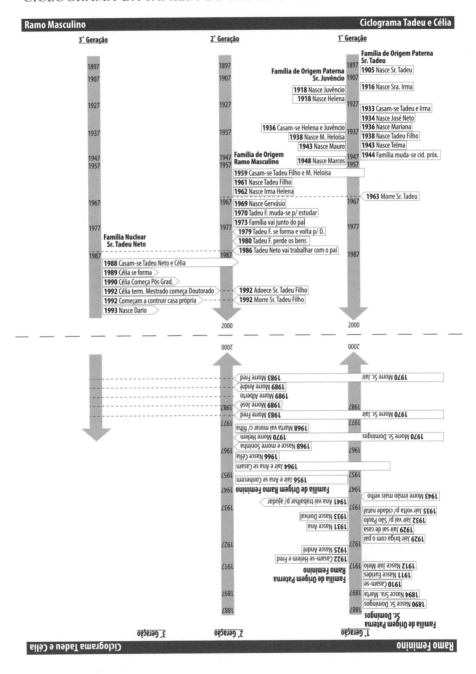

APRESENTAÇÃO E TRABALHO COM OS MITOS:

O trabalho tal como o tenho realizado, foi gradativamente enriquecido segundo minha experiência, com o reconhecimento e identificação dos diferentes mitos familiares e verificação do seu predomínio negativo ou positivo na família, a presença de estigmas e profecias familiares, o que me fez desenvolver um trabalho a ser realizado em etapas para engajamento e envolvimento das pessoas em estudo, considerando-se as especificidades de cada caso:

1ª etapa - apresentação:
É oferecida a possibilidade de se poder rever individualmente ou todos juntos as suas histórias familiares. Se for realizado em casal ou em família, se oferece aos pais a oportunidade de recontarem as respectivas histórias de suas famílias aos filhos (os dois pais juntos ou separados).

2ª etapa - rever e separar:
Rever cada história de família em particular, que compõe o Genograma, começando pelo ramo paterno ou materno respeitando as preferências.

Alguns aspectos a considerar: quais conteúdos são fortes em cada família? Qual conteúdo acredita-se que passaram para a próxima geração? O que a família ou a pessoa sente e quer fazer em relação a isso? Separar os aspectos construtivos dos nocivos e desorganizadores no ciclo de vida familiar. De acordo com a necessidade que se apresenta[13], pode-se usar os rituais inclusive os de esconjuração.

3ª etapa - escolher com o que quer ficar:
Avaliar os conteúdos que permearam a família durante este tempo verificando seu significado na família nuclear ou na vida das pessoas através de suas histórias. Se alguns conteúdos foram considerados em seus aspectos negativos, utilizar rituais terapêuticos e sediados na própria história, esconjurar (de acordo com as orientações) os aspectos nocivos que foram elencados. Ressaltar os aspectos construtivos familiares.

4ª etapa - contextualizar:
Pensar um problema ou as dificuldades que se tem neste contexto. Considerar as novas possibilidades que surgem sob esta outra ótica. Considerar os recursos disponíveis agora.

5ª etapa - seguir em frente:
O que posso usar da minha história. (aprender com ela)
O que eu sou e posso ser agora de acordo com estas novas escolhas.

---

13 Verificar o Cap. IX a respeito do uso dos rituais em terapia.

BIBLIOGRAFIA

ALMEIDA S.H, KROM M, TAVANO D, L. Modelo de atendimento junto aos pais durante a espera da primeira cirurgia corretiva facial de bebês. Revista Científica Eletrônica de Psicologia. Ano 1 – Número 2- 2004.

ALTMANN, E. B. C. Fissuras labiopalatinas. 4.ed. Carapicuíba: Pró-Fono, 1997.

ALVARENGA, D. P.D., Crime e criminalidade: distinção. Revista Jus Vigilantibus, 18 de julho de 2004. Disponível em: http://jusvi.com/artigos/1954 Acesso em: 10 Jan. 2010.

AMARAL, L. A. Conhecendo a deficiência. São Paulo: Robe, 1995.

ANDOLFI, M. et al. Por trás da máscara familiar. Porto Alegre: Artes Médicas, 1989.

ANDOLFI, M., ANGELO, C. Tempo e mito em psicoterapia familiar. Porto Alegre: Artes Médicas. 1998.

ARIES, P. História social da criança e da família. Rio de Janeiro: Editora Zahar, l978.

AYELMER, C. R. BOWEN . Family Systems Marital Therapy In: _____et. al. Interacción Familiar: Aportes fundamentales sobre teoría y técnica. Buenos Aires: Tiempo Contemporâneo, p. 164-194. 1980.

AZAMBUJA, C., SESTREN, S.V. Cultura alemã e gênero: questões psicossociais envolvidas na construção de gênero feminino em Blumenau. Trabalho de Conclusão do Curso de Psicologia. Universidade Regional de Blumenau. Blumenau, S.C. 2004.

AZEVEDO M. A., GUERRA V. A. A violência Doméstica na Infância e Adolescência. São Paulo, Robe 1998.

AZOUBEL NETO, D. Mito e Psicanálise: estudos psicanalíticos sobre formas primitivas de pensamento. Campinas: Papirus, 1993.

BAGAROZI, D., ANDERSON, S. Mitos personales, matrimoniales y familiares. Barcelona: Paidós. 1996.

BALLANTYNE, JOHN; MARTIN, M.C. MARTIN, Deafness. Antony editors. Ammanford, ., United Kingdom. 1993.

BARRERA, G. G. Repercussões no psiquismo infantil de cirurgias lábio-palatais realizadas nos primeiros dezoito meses de vida. Dissertação de Mestrado. Campinas: Instituto de Psicologia da Pontifícia da Universidade Católica de Campinas, 1982.

BATESON, G. Mente e Natureza. Tradução de Claúdia Gerpe. Rio de Janeiro: Francisco Alves, 1986.

BATESON, G. Pasos Hacia Una Ecologia de La Mente. Traducción Ramón Del Calde. Buenos Aires: Carlos Lohlé, 1972.

BENINCÁ, C.R.S. & GOMES, W.B. Relatos de mães sobre transformações familiares em três gerações. Estudos de Psicologia, 3(2). 1998.

BERGER, P., LUCKMAN, T. A construção Social da Realidade. Petrópolis: Vozes, 1974.

BERTALANFF. L. U. Teoria geral dos sistemas. Petrópoles, Vozes, 1973.

BEVILACQUA, M.C. Conceitos básicos sobre a audição e deficiência auditiva. Bauru: Hospital de Pesquisa e Reabilitaçãode Lesões Lábio-Palatais, Universidade de São Paulo. 1998.

BORZORMENYI N. Y SPARK, G. M. Invisible Loyalties: Reciprocity. In: Intergenerational Family Therapy. New York: Harper & Row, Publishers, 1973.

BOWEN, M. Family therapy in clinical practice. New York: Jason Aronson, l978.

BOWLBY, J. Attachment. vol I. New York: Basic Books, 1969.

BOWLBY, J. Attachment and loss. vol. III. Sadness and depression. New York: Basic Books, 1980.

BOWLBY, J. The nature of the chid's tie to his mother. Internacional Journal de psichoanalysis. 39. p. 1-23, 1958.

BRANDÃO, J. DE S. Mitologia Grega. Rio de Janeiro: Petrópolis. 1991.

BRASIL, V. R., Família e drogadição. In: CERVENY, M.de O.(org.) Família e ciclo vital. São Paulo: Casa do Psicólogo, 2004.

BRUNELLO, Piero. Pioneiri: Gli italiani in Brasile e il mito della frontiera. Roma: Donzelli, I994.

BIBLIOGRAFIA

CALIL. V. L .L. Terapia familiar e de casal: introdução às abordagens sistêmica e Psicanalítica. São Paulo: Summus, p. 17-33. 198CAMPBELL, J. O Poder do Mito. Tradução de Carlos Felipe Moisés. Associação Palas Athena. São Paulo. 1990.

CAMPBELL, J. The Hero with a Thousand Faces. 2@ Edição. Princepton: Princeton University Press. 1968.

CAPELOZZA FILHO, L.; SILVA FILHO, O. G. Fissuras lábio-palatais. In: Petrelli, E. Ortodontia para fonoaudiologia. Curitiba: Lovise, 1992. p.195-239.

CAPLAN, G. The family as a support system. In G. CAPLAN & M. KILLILEA (EDS) Support Systems and mutual help: Grune & Stratton (1976).

CARIOLA, T. .C.; SÁ, A. E. F. Atitudes e reações emocionais de pais com o nascimento de uma criança portadora de fissura labiopalatal. Pediat. Mod., v.26, n.6, p.489-494, Out.1991.

CARTER, B.; MCGOLDRICK, M., As mudanças no ciclo de vida familiar. Porto Alegre: Artmed, 1995.

CASSIER, E. Linguagem e Mito. São Paulo: Editora Perspectiva, l972.

CLIFFORD, E. Parental ratings of cleft palate infantes. Cleft Palate J., v.6, p.235-244, July 1969.

CLIFFORD, E.; CROCKER, E. C. Maternal responses: the birth of a normal child as compared to the birth of a child with a cleft. Cleft Palate J., v.8, p.298-306, July 1971.

CORTEZE, Dilse Piccin. Ulisses va in América: historia, historiografia e mitos da Imigração italiana no Rio Grande do Sul (1875-1914). Passo Fundo; EdiUPF, 2002.

COSTA, J. F. Ordem médica e Norma familiar. Rio de Janeiro: Graal, l979.

CRUZ, R. M.; MACIEL S. K.; RAMIREZ D. C.. O trabalho do psicólogo no campo jurídico. São Paulo: Casa do Psicólogo, 2005.

D'AQUILI, E. G. ;LAUGHLIN, C. D. Y MCMANUS, J. (comps.): The Spectrum of ritual: A biogenetic structural analysis, Nueva York, Columbia University Press. 1979.

DEAL, J. E, WAMPLER, S. L., HALVERSON, F.CH. The importance of Similarity in the Marital Relationships. Family Process, v.31, p. 369-382, 1992.

DELL, P. Beyond Homeostasis: Toward a Concept of Coherence, Family Process, v. 2, p.21-41, l982.

DROTAR, D. The adaptation of parents to the birth of na infant with a congenital malformation: a hypothetical model. Pediatrics., v.56, p.710-717, 1975.

ELIADE, M. Mito e Realidade. São Paulo: Perspectiva, 1989.

BIBLIOGRAFIA

ELKAIM MONY . Se me amas não me ames: Abordagem Sistêmica em Psicoterapia familiar e conjugal. Tradução de Nelson da Silva Jr.. Campinas, São Paulo: Papirus, 1990.

FALICOV, J. C. Family Transitions : Continuity and change over the life cycle. New York : The Guilford Press, l988.

FARIA, M.T. de B. F. Preparo para a hospitalização. In: MARCONDES, E. Pediatria em consultório. São Paulo: Sarvier, 1984. p.106-119.

FERREIRA, A. J. ET AL. Mitos Familiares In: Interacción Familiar: Aportes Fundamentales sobre teoria y técnica. Buenos Aires, Editora Tempo Contemporâneo, p. 154-163. 1971.

FLANDRIN, J. L. O Sexo e o Ocidente: Evolução das atitudes e dos comportamentos. Tradução Jean Progin. São Paulo: Brasiliense. 1988.

FOGARTY, T. A four dimensional concept of self. Systems Therapy, v.5, p. 82-88, 1971.

FOGARTY, T. On emptiness and closeness.(Part 2). The family.v. 3b, p.3-12, 1976.

FOUCAULT, M., Vigiar e punir. Petrópolis: Vozes, 2007.

FOUCAULT, T. M. História da Sexualidade. Rio de Janeiro: Graal, l977.

FREITAS, J A. S. Centro de Pesquisa e Reabilitação de Lesões Lábio-palatais. Bauru: Hospital de Reabilitação de Anomalias CranioFaciais - Universidade de São Paulo; 1994.

FRESARD, F. Relendo Darwin. Jornal de Santa Catarina, ano XXXVI, 10. 2008.

FROTSCHER, M. Etnicidade e trabalho alemão: outros usos e outros produtos do labor humano. Dissertação de mestrado não publicado. Mestrado em História. Universidade Federal de Santa Catarina, Florianópolis, S.C. 1998.

GABEL, C. L. M. Mitos familiares e escolha profissional: um estudo junto aos estudantes do curso de Psicologia da Universidade Regional de Blumenau com descendência germânica. Dissertação de mestrado não publicado. Mestrado em Psicologia. Universidade Federal de Santa Catarina, Florianópolis, S.C.. 2002.

GABEL, C.L.M. Manutenção e perpetuação dos mitos familiares após situação de desastre natural. In: Revista Brasileira de Terapia Familiar. Vol. II, n. 2. Rio de Janeiro: ABRATEF. 2010.

GERGEN, K. J., MCNAMEE, S. Therapy as Social Construction. London: Sage, 1985.

GIRON, L. Imigração italiana no RS: Fatores determinantes. et al. In. LANDO, Aldair 1998.

GOFFMAN, E., Manicômios, prisões e conventos. São Paulo: Perspectiva, 2007.

GONÇALVES R.I. KROM M. YAMADA O. M: A Repetição Intergeracional e o Significado Atual da Deficiência Auditiva. Psicologia Teoria e Pesquisa, vol. 19 Brasília may/aug. 2003.

GOOLISHIAN, H. A. Taller. Narrativa y Psicoterapia: Nuevas Direciones en Teoria y Pratica. In: FUNDACION INTERFAS. Argentina, 1991.

GOOLISHIAN, H. A., ANDERSON, H., WINDERMAN, L. Problem Determined Systems, Journal of Strategic and Systemics Therapies, v. 5, p. 1-13, 1986.

GOOLISHIAN, H. A., WINDERMAN, L. Constructivismo, autopoiesis y sistemas determinados por problemas. Sistemas familiares, v.12. P. 19-29, 1989.

GOOLISHIAN, H., ANDERSON, H. Los Sistemas Humanos como Sistemas Linguísticos. Implicaciones para la Teoria Clínica y la terapia familiar, Revista de Psicoterapia nº. II, P.41-65, 1988.

GOOLISHIAN, H., DELL, P. Order Through Fluction: An Evolutionary Paradigm for Human Systems. Presentado In: EN LA JUNTA CIENTÍFICA ANUAL DE LA A.K.A. Rice Institute Houston, Texas. 1991.

GUERIN, P.J. Jr. The stages of marital conflict. The family. v. 10. p. 15-26, 1982.

GUERIN, P.J.JUNIOR, FAY, F. The envelop of marital conflict: Social context and family factors. The family, v.10, p. 3-14, 1982.

HOFFMAN, L. Una posicíon constructivista para la terapia familiar. Sistemas Familiares, v.6, p.41- 53, 1989.

IMBER- BLACK , E. Transições Idiossincráticas de Ciclo de Vida e Rituais Terapêuticos, in Carter B., Mc Goldrick M. in As Mudanças no Ciclo de Vida Familiar. Artes Médicas. Porto Alegre. 1995.

IMBER- BLACK, E., ROBERTS J., WHITING R. Rituales terapeuticos y ritos en la Familia. Barcelona. Gedisa Editorial. 1991.

IMBER-BLACK. Os segredos na família e na terapia familiar. Tradução Dayse Batista. Brasil, Porto Alegre: Ed. Artes Médicas, 1994.

INGERSOLL, B. D., ARNDT, B. Uses of the Genogram with the Elderly and their families . Journal of Gerontological Social Work, v. l5, p. 105-119, 1990.

INSTITUTO DE PESQUISAS E PLANEJAMENTOURBANO DE BLUMENAU – IPPUB Diagnóstico sócio-econômico de Blumenau: Blumenau. 2000.

JACKSON, D. et al. Interacción familiar, homeostasis y psicoterapia familiar conjunta. In:_____et. al. Interacción Familiar: Aportes fundamentales sobre teoría y técnica. Buenos Aires: Editora Tiempo Contemporâneo, p. 164-194, 1980.

JACOBSON, N. S., GURMAN, A. S. Clinical Handbook of Therapy Familiar. New York: The Guilford Press, 1987.

JOHNSON, R. A. He: A chave do entendimento da Psicologia masculina. São Paulo:Mercuryo. 1987.

JORGENSON, J. Co-constructing the Interviewer. Co-constructing Family. In: STIER, F. Research and Reflexevity. London: Sage, p. 211-225. 1991.

JORNAL DE SANTA CATARINA. Suplemento 150 anos – Blumenau. Blumenau: vol.1, 02 de setembro de 2000.

JUVENTINO. Dal Bó [Org.] Simpósio internacional sobre imigração italiana e estudos. Caxias do Sul: EDUCS, 1996.

KARPEL, A. M. Family Secrets. Family Process. v.19, p.295-306, 1980.

KASLOW, F. W. Divorce and Divorce Therapy". In: GURMAN, A. S. IKNISHER, D.P. Handbook of. Family Therapy New York: Brunner/ Mazel. 1981.

KIEFER, S. Dr. Blumenau: vida e obra. In: Ferreira, C.; Petry, S.M.V. (orgs.). Um alemão nos trópicos: Dr. Blumenau e a política colonizadora no sul do Brasil/Dr. Hermann Otto Blumenau. Blumenau: Cultura em Movimento/Instituto Blumenau 150 Anos. 1999.

KIRK, S. G. El Mito: Su Significado y Funciones en las distintas culturas. Traduccion de Antonio Pigrau Rodrigues. Barcelona: Barral Editôres, l970.

KRAMER, R. J. Family Interfaces. Transgerational Patterns. New York: Publishers, Brunner/ Mazel, l985.

KROM M. "Atendimento à Adolescente Vítima de Violência Doméstica", Caderno de Resumos do III Encontro Local para Divulgação dos Projetos de Extensão à comunidade", Centro de Psicologia Aplicada. UNESP. Pág. 22. Setembro de 1998.

KROM M. "Reconstrução das Histórias Familiares: em Busca do Sentido na Família", Caderno de Resumos do III Encontro Local para Divulgação dos Projetos de Extensão à comunidade", Centro de Psicologia Aplicada..UNESP. Pág. 25. Setembro de 1998.

KROM M. JARDIM P. S., SIPOLI A P. M."O Atendimento de um Adolescente Fugitivo numa família de padrões rígidos". Anais do VII Encontro Regional da Associação Brasileira de Psicologia Social (Abrapso) UNESP. Pág.122. Setembro de 1998.

KROM M. O Encaixe dos Mitos na Construção do Casamento. São Paulo, p.164. Tese de Doutorado - Pontifícia Universidade Católica de São Paulo. 1997.

KROM M., BERNABE S. C. J., "A alopécia como doença de repetição na família" Caderno de Resumos do II Encontro do curso de Aprimoramento em Terapia Familiar "Em Busca do sentido na Família". Centro de Psicologia Aplicada. UNESP. Novembro de 1999.

KROM M., BORTOLETO H. R., PRADO M. J. M. " A construção de uma figura mítica na história da família". Caderno de Resumos do II Encontro do curso de Aprimoramento em Terapia Familiar "Em Busca do sentido na Família".Centro de Psicologia Aplicada. UNESP.Novembro de 1999.

KROM M., CREPALDI L.,TAKATSUKA K. "Atendimento de uma Família com Repetição de Drogadição", Anais do VII Encontro Regional da Associação Brasileira de Psicologia Social (Abrapso) . UNESP. Pág.121. Setembro de 1998.

KROM M., DE SOUZA C. R., BERNABE S. C. J., "A adoção como resgate do amor materno, através das gerações" Caderno de Resumos do II Encontro do curso de Aprimoramento em Terapia Familiar "Em Busca do sentido na Família". Centro de Psicologia Aplicada. UNESP.Novembro de 1999.

KROM M., DE SOUZA C. R., SIPOLI M. P. A., "O encaixe dos mitos na construção de um casamento satisfatório" Caderno de Resumos do II Encontro do curso de Aprimoramento em Terapia Familiar. "Em Busca do sentido na Família". Centro de Psicologia Aplicada. UNESP. Novembro de 1999.

KROM M., KAWASHIMA M. M. L. MARQUES N.C. "O Estudo de Um caso de Repetição de Drogadição". Caderno de Resumos do I Encontro do Curso de Aprimoramento em Terapia Familiar. FunDeb -Unesp. Bauru. 1998.

KROM M., MICELLI M. R., "A dificuldade da diferenciação diante do mito da união" Caderno de Resumos do II Encontro do curso de Aprimoramento em Terapia Familiar "Em Busca do sentido na Família". Centro de Psicologia Aplicada. UNESP. Novembro de 1999.

KROM M., OLIVEIRA N. C. "A Família do Portador de Fissura Lábio-Palatal: Características e Recursos", Caderno de Resumos do I Encontro Científico da Pós- Graduação do HPRLLP da USP – Centrinho - U.S.P. - Bauru. Pág. 12. Novembro de 1997.

KROM M., PERAÇOLI K. C. M, BUCCALON R. M. P. "Os Padrões Agressivos na Família e a Repetição de Conflitos". Caderno de Resumos do I Encontro do Curso de Aprimoramento em Terapia Familiar. FunDeb -Unesp. Bauru. 1998.

KROM M., PERES. M. A, MARQUES. R. M, CAMPOS. S. A M, "A inter-relação entre o atendimento individual e a terapia familiar num caso de violência doméstica", Caderno de Resumos. II Encontro de Divulgação dos Projetos de Extensão.. Câmpus de Bauru. Pág. 48. Novembro de 1997.

KROM M., SILVA C. S., CARVALHO V. B. "A Busca do Sentido através da Reconstrução das Histórias Familiares: O Mito da Ajuda e Cuidado". Caderno de Resumos do I Encontro do Curso de Aprimoramento em Terapia Familiar. FunDeb -Unesp. Bauru. 1998.

KROM M., SILVA S. C. "Família da Criança Deficiente Auditiva: Características e Recursos", Caderno de Resumos do I Encontro Científico da Pós- Graduação do HPRLLP da USP - Centrinho – U.S.P.- Bauru. Pág. 24. Novembro de 1997.

KROM M., SILVA S. C. "Violência Sexual Doméstica: a necessidade de um atendimento multidisciplinar". Caderno de Resumos. II Encontro de Divulgação dos Projetos de Extensão. Câmpus de Bauru. Pág. 47. Novembro de 1997.

KROM M., SILVA S. C., BEVILACQUA M C., YAMADA M. O. "Família da Criança Deficiente Auditiva: Características e Recursos", na revista PRO-FONO, Revista de Atualização Científica. Pág. 47 a 52. 1999. Março de 1999.

KROM M., SILVA S.C. "Violência Sexual Doméstica: a necessidade de um atendimento multidisciplinar". Caderno de Resumos. II Encontro de Divulgação dos Projetos de Extensão. Câmpus de Bauru. Pág. 47. Novembro de 1997.

KROM M., SILVA. S. C. "O Terapeuta na Busca dos seus Mitos Familiares: O Mito do Trabalho". Caderno de Resumos do I Encontro do Curso de Aprimoramento em Terapia Familiar. FunDeb -Unesp. Bauru. 1998.

KROM M., SIPOLI M. P. A., DE SOUZA C. R., "A repetição da violência doméstica e a psoríase na terceira geração" Caderno de Resumos do II Encontro do curso de Aprimoramento em Terapia Familiar "Em Busca do sentido na Família". Centro de Psicologia Aplicada. UNESP. Novembro de 1999.

KROM M., TAVARES S. A P., CARVALHO V. B. "A Relação dos Mitos Familiares com a Escolha da Profissão do Psicólogo". Caderno de Resumos do I Encontro do Curso de Aprimoramento em Terapia Familiar. FunDeb -Unesp. Bauru. 1998.

KROM M., TAVARES, S. P. "A violência na família em crise e a repetição intergeracional ". Caderno de Resumos do I Encontro do Curso de Aprimoramento em Terapia Familiar. FunDeb -Unesp. Bauru. 1998.

KROM PACCOLA, M. O Mito nas Histórias Familiares de Adolescentes com Problemas, pág. 263. Dissertação de Mestrado- Pontifícia Universidade Católica de São Paulo. São Paulo, 1992.

KROM, M. _.O Mito nas Histórias Familares de Adolescentes. In: XXIV CONGRESO INTERAMERICANO DE PSICOLOGIA, Santiago Del Chile, Anais...Ponencias Livres, p.79. 1993.

KROM, M. Família e mitos: Prevenção e Terapia, Resgatando histórias. São Paulo: Summus. 2000.

KROM, M. O Encaixe dos Mitos na Construção do Casamento. São Paulo, Tese de Doutorado - Pontifícia Universidade Católica de São Paulo. 1997.

KROM, P .M. Leitura e diferenciação do mito familiar -Histórias de Adolescentes com Problemas. São Paulo, Summus,1994.

LENZI, T. P. Apostila do Curso de Formação em Terapia Sistêmica. Movimento – Clínica e Escola de Psicologia Sistêmica: Florianópolis. 2003.

LIEBERMAN, S. Transgenerational analysis: the genogram as a technique of schizophrenic patients: marital schism and marital skew, American Journal of Psichiatry, p. 114, 1979.

LIEBERMAN, S. Transgerational Analysis: The genogram as a technique in family therapy. Journal of Family Therapy, s.l., p.1-5, 1979.

MAESTRI, Mário. A travessia e a mata: Memória, e História. Passo Fundo: EdiUPF, 2000.

MAESTRI, Mário. Os senhores da Serra: a colonização italiana no Rio Grande do Sul. Passo Fundo: EdiUPF,; 2ª ed. revista e ampliada. Passo Fundo: EdiUPF, 2000.

MANTOAN, M. T. E. A integração de pessoas com deficiência: contribuições para uma reflexão sobre o tema. São Paulo: Memnon,1997.

MANUAL MERCK DE MEDICINA: Diagnóstico e tratamento. 16 Edição- São Paulo: Roca, p. 1312-1315. 1995.

MARLI. RS: Imigração e Colonização. 2ª ed. Porto Alegre: Mercado Aberto, 1992.

MATURANA, H. R, VARELA, F. El arbol del conocimiento. Santiago Del Chile: Editorial Universitária, 1984.

MATURANA, H. R., VARELA, F. De máquinas e seres vivos. Santiago Del Chile: Editorial Universitária, 1972.

MATURNA, H., VARELA, F. T. Taller: Que pasa en la psicoterapia. XXIV CONGRESO INTERAMERICANO DE PSICOLOGIA, Santiago Del Chile: S.I.P. 1993.

Mc GOLCRICK. M. Morte na Família: sobrevivendo às perdas. - Porto Alegre: ArtMed, p. 166-184. 1998.

MCGOLDRICH, M. e CARTER B.. As mudanças nos ciclos de vida familiar. Porto Alegre: Artmed, 1995.

MCGOLDRICK, M. The joining of families through marriage: The new couple. In: _____The family life cicle. A framework for family therapy. New York, Gardner Press,. p.93-119. 1980.

BIBLIOGRAFIA

MCGOLDRICK, M. The joining of families through marriage: The new couple. In: _____The family life cicle. A framework for family therapy. New York, Gardner Press, p.93-119. l980.

MCGOLDRICK, M. The joining of families through marriage: The new couple. In: _____The family life cicle. A framework for family therapy. New York, Gardner Press,. p.93- 119. l980.

MCGOLDRICK, M., CARTER, E. The Family Life Cicle. A framework for family therapy. New York, Gardner Press, l980.

MCGOLDRICK, M., GERSON, R. Genogramas en La Evaluacion Familiar. Buenos Aires: Celtia S.A, l984.

MÉLEGA, M. J.; ZANINI, S.; PSILLAKIS, J. M. Cirurgia plástica reparadora e estética. Rio de Janeiro: Medsi,1988.

MELLO FILHO, J. Psicossomática hoje. Porto Alegre: Artes Médicas Sul, 1992. 385p.

MIERMONT, J. E COL. Dicionário de Terapias familiares: Teoria e prática. Porto Alegre: Artes Médicas. 1994.

MINISTÉRIO DA JUSTIÇA, DEPARTAMENTO PENITENCIÁRIO NACIONAL, CONSELHO FEDERAL DE PSICOLOGIA. Diretrizes para atuação e formação dos psicólogos do sistema prisional brasileiro. Brasília, 2007.

MINUCHIM, FISHMAN. Técnicas de Terapia Familiar. Tradução de Claudine Kinsch e Maria Efigênia F.R. Maia. Porto Alegre: Artes Médicas, 1990.

MINUCHIN, S. Famílias, Funcionamento e Tratamento. Tradução Jurema A. Cunha. Porto Alegre: Artes Médicas, l988.

MINUCHIN, S., LEE, WY.; SINON G. M. Dominando a terapia de família. Porto Alegre: Artmed, 200MIRANDA. C.F & MIRANDA. M. L. Construindo Uma Relação De Ajuda Belo Horizonte: Editora Crescer; 4ª Edição, 1983.

MYERHOFF, B. G.: " We don´t wrap herring in a printed page: Fusion, fictions and continuity in secular ritual". En S.F. Moore y B. G. Myerhoff (comps.) : Secular ritual, Assen y Amsterdam, Van Gorcum. 1977.

NEUBERGER, R,. O Mito familiar. São Paulo: Summus,1999.

NICOLS, M. P.; SCHUWARTZ, R. C. Terapia familiar: conceitos e métodos. Porto Alegre: Artmed, 2007.

ORTIZ, M.R.L. A psicologia hospitalar na atenção à criança e à família. In: CECCIN, R.B.; CARVALHO, P. R. A. Criança hospitalizada: atenção integral como escuta a vida.

ANEXOS

ROTEIRO PARA ENTREVISTA TRIGERACIONAL:

1) Investigando o problema:
- Fale sobre o problema pelo qual vocês estão procurando ajuda.
- Quando começou? Está ligado a alguma circunstancia específica?
- Como se desenvolveu o problema com o passar do tempo? Piora ou melhora em relação a alguma situação específica?
- Como este problema influi em você?
- Que pessoas da família têm conhecimento do problema? Como reagem a ele?
- De que maneira o problema se relaciona com cada um dos membros da família?
- Alguém da família tem um problema parecido? Como lidaram com ele?
- Que soluções tentaram para este problema?
- Quem tentou, e o que aconteceu?
- Como eram as relações familiares antes do problema aparecer?
- Que outros problemas existem nesta família, e como eles evoluíram?
- Que vai suceder se o problema continuar? E se desaparecer?
- Que mudanças imagina possível no futuro em relação a esse problema?
- Que expectativas você tem em relação a resolução desse problema?

2) O relacionamento de cada uma das famílias:
- O que você sente como problemas nesta família? (educação de filhos, problemas conjugais saúde ou outros).
- Como se tem lidado com esta dificuldade?
- Como é a comunicação nesta família?
- Quais os aspectos de concordância nesta família?
- Quais as ocasiões em que esta família está unida?
- Em quais ocasiões esta família se encontra separada?
- Quais os aspectos de discordância nesta família?

- Existe algum acontecimento que tenha permanecido, de certa maneira, oculto na família? (acidente, adoção, suicídio, problemas legais e outros).
- O que se faz normalmente ou que faz parte da rotina da família?
- Discorra sobre o que é obrigatório nesta família ?
- Tem havido mudanças nesta família? (nascimento, morte, troca de casa, emprego, saída de filhos, ou outras).
- Como influenciaram a família? Qual a reação de cada membro? Como a família se relaciona com outras pessoas que não são da família, e que são significativas para a mesma? Qual o papel que desempenham essas pessoas?
- A família tem experiência com profissionais de ajuda? Como tem sido essa experiência?
- Coloque algum outro dado que acredite importante em relação a esta família?

3) Os Membros de cada família:
- Nome completo:
- Idade, nascimento, idade atual, se houve morte o motivo e repercussão na família.
- Cidade de Nascimento: local de residência e mudança motivo se houve.
- Nível de instrução: atividade profissional e situação econômica.
- Doenças físicas, psicológicas, mentais .
- Utilização de álcool, drogas, medicação.
- Religião: outro tipo de prática? Motivo?
- Eventos Significativos: adoção, aborto, acidentes.
- Com quem o relacionamento dessa pessoa é melhor na família? Por que?
- É pior com quem? Porque?
- Com quem essas pessoas se parecem?
- Pais: com qual filho, parecido? Filhos: com qual dos pais ou parentes se parecem?
- Quem sempre ajuda nesta família?
- Quem sempre perturba?
- Em quem não confiam?
- O que cada pessoa tem como qualidade?
- E como defeito?
- Quem é o forte nesta família? Por que?
- Quem é o fraco? Por que?
- Quem é o problemático? Por que?
- Quem é o doente? Por que?
- Quem é o fracasso? Por que?
- Quem é o louco da família? Por que?
- Quem é o mau da família? Por que?

ANEXOS

SÍMBOLOS UTILIZADOS NOS GENOGRAMAS

Símbolos Utilizados nos Genogramas

- Identificação:
  - ☐ - Homem
  - ○ - Mulher
  - ③ - Idade
  - ⊕ - Morte
- Status de Casamento: ☐—12 anos—○
- Divórcio ou separação:
- Filhos:
- Adoção:

RELACIONAMENTOS:

Relacionamento

- Cortes Bruscos (distanciamento físico ou emocional):
- Desengajado (fraco envolvimento emocional):
- Conectado (nível funcional de relacionamento):
- Extrema Proximidade Emocional:
- Conflito:
- Ambivalente:

ROTEIRO PARA EXECUÇÃO DO CICLOGRAMA:

- Utilizar folha retangular.
- Dividir a Família do Ramo Paterno ou Masculino à direita, e do Ramo Materno ou Feminino à esquerda.
- Em linhas horizontais dividir a folha, em três níveis referentes às 1ª. 2ª e 3ª gerações. Na 1ª linha pontuar a data do ultimo evento assinalado nas famílias de origem (data de nascimento ou casamento das avós paternas e maternas), que segue na 3ª geração até a data atual (ano 2011) nas duas direções à direita e à esquerda.
- Assinalar os eventos críticos na linha do tempo, conforme assinalada, tanto na parte acima f. de origem paterna (à direita) ou embaixo (à esquerda) f. origem materna. (1ª geração). Dos dois ramos familiares.
- A seguir, descrever os eventos das famílias de origem paterna e materna em duas direções, em direção ao meio da folha.
- Por último, as descrições dos eventos do ciclo de vida da família nuclear ou a estudada, na direção da direita para a esquerda.

Observação:

Mostro a seguir exemplos de genograma e ciclograma, observar como se complementam mutuamente, pois o ciclograma apresenta a dinâmica do ciclo de vida, de todas as famílias ao mesmo tempo.

O ciclograma pode ser apresentado por inteiro ou pode ser utilizado em sua execução parcial do ramo feminino, masculino ou do ciclo de vida individual conforme se apresente a necessidade e o interesse.

ANEXOS

CICLOGRAMA

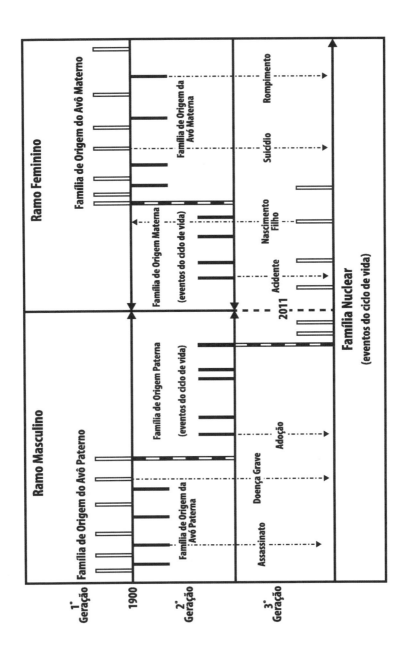

ANEXOS

CICLOGRAMA PARCIAL- RAMO MASCULINO

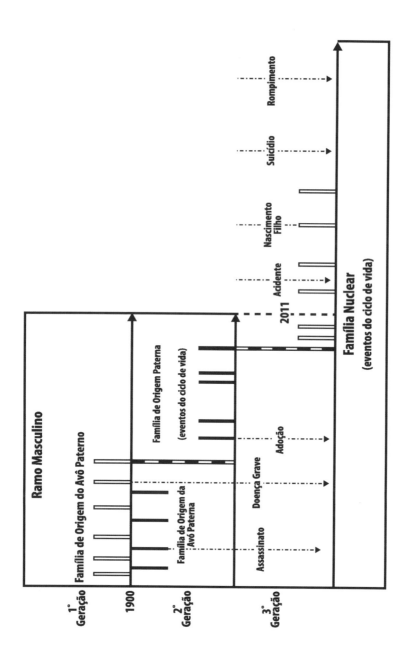

ANEXOS

CICLOGRAMA PARCIAL- RAMO FEMININO

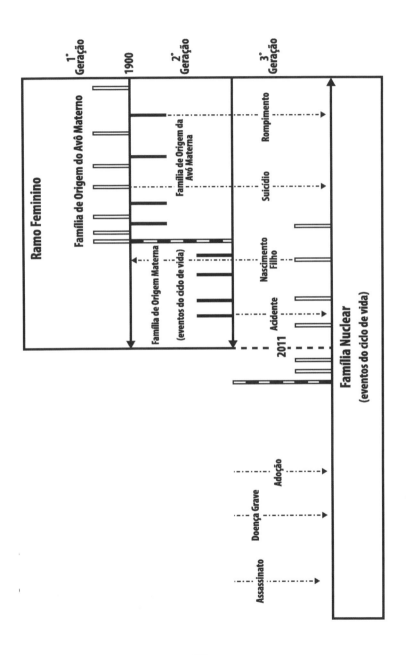

ANEXOS

CICLOGRAMA PARCIAL - LINHA DO TEMPO DA FAMÍLIA NUCLEAR

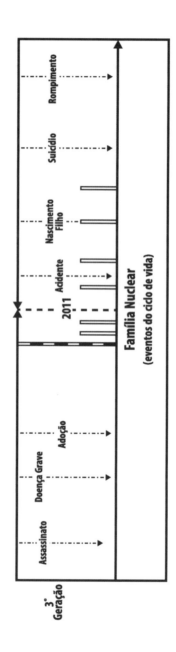

CONSIDERAÇÕES:

1. Além de ressalvar a sugestão do questionário da entrevista trigeracional, observar que para resgatar as histórias intergeracionais pode-se começar pela família atual. Como as famílias percorrem a sua vida em seu ciclo, considerar o seu início, eventos marcantes, histórias que são interessantes para relembrar. Momentos que foram difíceis individualmente e para a família e as expectativas que se criam. Verificar ainda o que era importante, o que era obrigatório, e o que era vital?
2. Relacionar a repetição dos problemas com as dificuldades que se tem no momento e com os Mitos que podemos identificar. É difícil identificarmos os nossos próprios Mitos, pois estão atuantes em nós mecanismos psíquicos que, muitas vezes, os ocultam aos nossos olhos.
3. Um profissional competente pode sempre nos auxiliar. Procurar ajuda psicoterápica sempre é importante, trata-se de oportunidade valiosa de melhoria e aprimoramento pessoal.
4. A ocasião de aprofundar o olhar em nossas histórias. A diversidade de conteúdos e riqueza de elementos que podemos resgatar bem como a identificação de episódios, que nos prejudicam e influenciam poderosamente, é uma oportunidade única que pode ser proveitosa para a nossa vida.

Este livro foi composto com tipografia Minion e impresso
em papel Off-Set 90g. na Gráfica e Editora Del Rey.